读客文化

讲透
资治通鉴 20

通篇大白话，拿起来你就放不下；
古人真智慧，说不定你一看就会。

华杉 著

江苏凤凰文艺出版社

图书在版编目（CIP）数据

讲透《资治通鉴》. 20 / 华杉著. —— 南京：江苏凤凰文艺出版社, 2023.7
ISBN 978-7-5594-7581-7

Ⅰ.①讲… Ⅱ.①华… Ⅲ.①中国历史 - 古代史 - 编年体②《资治通鉴》- 研究 Ⅳ.①K204.3

中国国家版本馆CIP数据核字(2023)第038139号

讲透《资治通鉴》. 20

华　杉　著

责任编辑	丁小卉
特约编辑	王佳鑫
封面设计	余展鹏
封面插画	周　末
责任印制	刘　巍
出版发行	江苏凤凰文艺出版社
	南京市中央路165号，邮编：210009
网　　址	http://www.jswenyi.com
印　　刷	三河市龙大印装有限公司
开　　本	710毫米×1000毫米　1/16
印　　张	20
字　　数	295千字
版　　次	2023年7月第1版
印　　次	2023年7月第1次印刷
书　　号	ISBN 978-7-5594-7581-7
定　　价	59.90元

江苏凤凰文艺版图书凡印刷、装订错误，可向出版社调换，联系电话：010-87681002。

目　录

编者注：为了保证阅读流畅性，本书目录列出每卷"主要历史事件"和"主要学习点"的页码，方便读者查找。

卷第一百七十七　隋纪一

开皇九年（589）至开皇十一年（591），共3年 / 001

【主要历史事件】

贺若弼于蒋山击溃陈军 / 006
陈叔宝躲于井中，被隋军俘获 / 007
陈国州郡全部被平定，陈国亡 / 011
江东世族造反，杨素受诏讨伐 / 022
杨广受任扬州总管，镇守江都 / 025
番禺首领王仲宣造反 / 025

【主要学习点】

对庸人不要讲逻辑，要诉诸情绪 / 005
君子居易以俟命，小人行险以侥幸 / 008
任何言语传达的信息都不如行动 / 019

卷第一百七十八　隋纪二

开皇十二年（592）至开皇十九年（599），共8年 / 029

【主要历史事件】

长孙晟出使突厥，安定北方 / 036
杨坚下诏推行新乐 / 038
杨坚在泰山设坛，祭告上天 / 041
南宁爨玩反叛，史万岁率军扫平 / 045
杨坚推行张胄玄新历 / 049
杨谅、周罗睺征高丽遇阻 / 053
突厥内乱，隋朝趁机招抚 / 059

【主要学习点】

不能讲"理"，只能讲"礼" / 034
人性的弱点是不能一以贯之 / 037
有止足之志，防满则退 / 043
管理者应该约束自己，依法办事 / 048

卷第一百七十九　隋纪三

开皇二十年（600）至仁寿三年（603），共4年 / 061

【主要历史事件】

突厥达头可汗入侵，朝廷出兵反击 / 064
杨坚废黜皇太子杨勇 / 071
杨素诬告史万岁，史万岁含冤而死 / 074
晋王杨广被立为皇太子 / 075
杨坚下令精简学校，改国子学为太学 / 079
杨素追击突厥思力俟斤，大败之 / 080
独孤皇后驾崩 / 081
蜀王杨秀被废为庶人 / 083
幽州总管燕荣被赐死，元弘嗣代之 / 087

【主要学习点】

行有不得，反求诸己 / 070
无欲无求，是一种生存之道 / 076
权势越大，受到的猜忌越大 / 086
对待诽谤的态度是，不在乎完美形象 / 089

卷第一百八十　隋纪四

仁寿四年（604）至大业三年（607），共4年 / 091

【主要历史事件】

杨坚病逝，太子杨广即位 / 094
汉王杨谅起兵造反 / 097
杨素生擒萧摩诃，杨谅请降 / 101
陈帝陈叔宝去世，谥号炀公 / 105
刘方大败林邑王梵志 / 107
杨广出游江都，场面盛大 / 109
楚景武公杨素病逝 / 113
杨广改设官职，改州为郡 / 116
杨广巡视北方，启民可汗子等朝见 / 117

【主要学习点】

唯有心中光明，才能智慧无碍 / 096
不要为情绪驱使 / 098
胜算可以知道，胜利不可强求 / 103
做人做事，必须要有附加价值 / 118
如果心怀不满，不要寻找共鸣 / 121

卷第一百八十一　隋纪五

大业四年（608）至大业八年（612），共5年 / 125

【主要历史事件】

杨广下令开凿永济渠 / 127
突厥启民可汗去世，其子始毕可汗继任 / 137
薛道衡为人参劾，杨广论罪令其自尽 / 137
陈稜渡海征伐琉球 / 140
杨广下令挖掘江南运河 / 142
杨广下诏讨伐高丽，天下骚动 / 144
征伐高丽失败，隋朝撤军 / 152

【主要学习点】

志向不能"志在必得"，爱好不能"兴趣广泛" / 129
己所不欲，勿施于人 / 134
逢君之恶是大罪 / 135
气质之学是读书的最高境界 / 141
凡事要有一个长期战略，不能想到就干 / 146
学会与问题共存，带着问题前进 / 148

卷第一百八十二　隋纪六

大业九年（613）至大业十一年（615），共3年 / 157

【主要历史事件】

各地盗贼蜂起，张须陀率众平叛 / 161
杨玄感起兵反隋 / 162
杨玄感兵败，首级被送至都城 / 170
王世充讨伐刘元进，坑杀降卒三万余人 / 175
延安刘迦论自称皇王，年号大世 / 178
突厥始毕可汗率军反叛，围困杨广于雁门 / 184

【主要学习点】

善战者不败，善败者不亡 / 160
没有最好的战略，只有最不坏的战略 / 171
兵力不能放在一处，一定要分正兵和奇兵 / 181

卷第一百八十三　隋纪七

大业十二年（616）一月至义宁元年（617）五月，共1年5个月 / 189

【主要历史事件】

苏威进言劝谏，被参革职 / 193
宇文述去世 / 196
张须陀讨伐翟让，兵败战死 / 198
窦建德自称长乐王，年号为丁丑 / 204
李密被推举为王，号称魏公 / 206
李渊秘密募兵，以图自重 / 212

【主要学习点】

拒绝接受，是一种心理上的脆弱 / 195
只有先暴露错误才能解决错误 / 202
有时候，让别人相信他被骗了，比骗了他还难 / 211

卷第一百八十四　隋纪八

义宁元年（617）六月至十二月，不满1年 / 217

【主要历史事件】

李渊写信与突厥结盟，与其交易骏马 / 219
杨广派兵讨伐李密 / 223
薛举自称秦帝，立儿子薛仁果为太子 / 227
萧铣自称梁王，改年号为鸣凤 / 238
李渊攻克长安 / 240
李密酒宴上杀死翟让，收服其部下 / 241
李渊迎代王杨侑即皇位，尊杨广为太上皇 / 244

【主要学习点】

不动心，才能守住初心 / 227
备者，出门如见敌 / 228
每一次应变，其实都是在制造新的事变 / 231
兵法不是战胜之法，而是不败之法 / 239

卷第一百八十五　唐纪一

武德元年（618）一月至七月，不满1年 / 249

【主要历史事件】

司马德戡召集骁果叛变 / 256
杨广被令狐行达缢杀 / 257
宇文化及立秦王杨浩为帝，自封大丞相 / 261
沈法兴占据江表十郡，自称江南道大总管 / 262
司马德戡欲袭杀宇文化及，事泄被杀 / 265
萧铣自立为帝，设立百官 / 265
隋恭帝禅位于唐，李渊在太极殿即位 / 267
王世充袭杀元文都，任用党羽把持政事 / 274

【主要学习点】

要识别、警惕廉价的人情 / 252
人生就是不断地教育自己 / 255
做物质的主人，不做物质的奴隶 / 259

卷第一百八十六　唐纪二

武德元年（618）八月至十二月，不满1年 / 279

【主要历史事件】

薛举病逝，太子薛仁果继位 / 281
王世充进逼李密，李密军败逃 / 285
宇文化及鸩杀杨浩，自即皇位，国号许 / 290
李密抵达长安，投靠唐朝 / 291
李世民击败宗罗睺，薛仁果出降 / 296
罗艺递表降唐，获任幽州总管 / 302
李密叛唐，为盛彦师斩杀 / 303

【主要学习点】

数胜必亡，骄兵必败 / 284
永远按老生常谈来决策 / 288
善用兵者，一是治气，二是伐谋 / 297
唯有信义，宁死不可放弃 / 307

卷第一百七十七　隋纪一

开皇九年（589）至开皇十一年（591），共3年

高祖文皇帝上之上

开皇九年（公元589年）

1 春，正月一日，陈主陈叔宝朝会群臣，大雾四塞，人鼻吸入，都是一种辛酸的味道。陈叔宝昏睡，直到下午才醒。

当天，隋国大将贺若弼从广陵引兵渡江。之前，贺若弼把老马卖掉，买了很多陈国船只，然后藏匿起来，另买破船五六十艘，停泊在码头。陈国间谍侦察到了，以为隋国无船。贺若弼又让沿江边防部队，每次换防之际，必先集中在广陵，大列旗帜，营帐布满原野，陈国人以为隋兵大至，火急发兵防备，结果发现只是隋军换防，又各自散回；之后习以为常，不再设防。贺若弼又派兵时不时沿江打猎，人马喧嚣。所以，最后贺若弼突然渡江，陈国人都没有察觉。韩擒虎率五百人从横江夜渡，在采石矶登陆，陈国守军都喝醉了，于是攻克。

晋王杨广率大军屯驻在六合镇桃叶山。

正月二日，采石戍主徐子建飞驰启告事变。正月三日，陈叔宝召公卿入议军旅。正月四日，陈叔宝下诏说："犬羊陵纵，侵窃京畿，蜂虿有毒，应该及时扫平。朕当亲御六师，廓清八表，现在，全国戒严。"任命骠骑将军萧摩诃、护军将军樊毅、中领军鲁广达并为都督，司空司马消难、湘州刺史施文庆并为大监军，派南豫州刺史樊猛率水军从白下出军，散骑常侍皋文奏将兵镇守南豫州。设立重赏，和尚、尼姑、道士，下令让他们全部服兵役。

正月六日，贺若弼攻拔京口，抓获南徐州刺史黄恪。贺若弼军令严明，秋毫不犯，有军士在民间私自买酒的，贺若弼将他立即斩首。所俘获六千余人，贺若弼全部释放，给予口粮，慰劳遣散，又交给他们皇帝敕书，命他们分道宣谕。于是所至之处，都望风披靡。

陈国大将樊猛在建康，他的儿子樊巡摄行南豫州事。正月七日，韩擒虎进攻姑孰。半天，攻拔，抓获樊巡及其家口。增援姑孰的皋文奏败还。江南父老一向听闻韩擒虎的威信，来谒军门者昼夜不绝。

陈国中领军鲁广达的儿子鲁世真在新蔡，与他的弟弟鲁世雄及所部投降韩擒虎，遣使致书招鲁广达。鲁广达当时屯建康，上书弹劾自己，到廷尉请罪；陈叔宝慰劳他，加赐黄金，遣还军营。樊猛与左卫将军蒋元逊率青龙船八十艘在白下游弋，以抵御在六合准备南下的隋兵。陈叔宝因为樊猛的妻子儿女都在隋军中为俘虏，担心他有异志，想要让镇东大将军任忠替代他，令萧摩诃前往劝导，樊猛不悦，陈叔宝不愿使他难堪，遂停止。

于是贺若弼自北道，韩擒虎自南道，两道并进，沿江陈国诸戍防据点，望风而走，全部逃光。贺若弼分兵截断曲阿要冲，继续深入。陈叔宝命司徒、豫章王陈叔英屯驻朝堂，萧摩诃屯驻乐游苑，樊毅屯驻耆阇寺，鲁广达屯驻白土冈，忠武将军孔范屯驻宝田寺。

正月十五日，镇东大将军任忠从吴兴入援京师，仍屯驻在朱雀门。

正月七日，贺若弼进据钟山，屯驻在白土冈之东。晋王杨广派总管杜彦与韩擒虎合军，步骑二万人屯驻于新林。隋国蕲州总管王世积以舟师出九江，击破陈将纪瑱于蕲口，陈人大骇，降者相继。晋王杨广上书言状，皇帝杨坚大悦，宴赐群臣。

当时建康甲士尚有十余万人，陈叔宝一向怯懦，不懂军事，只是昼夜啼泣，朝廷决策，一律委任给施文庆。施文庆既知诸将都痛恨自己，唯恐他们有功，于是上奏说："这些人一个个牢骚满腹，一向就对朝廷不满，在此危急时刻，哪能信任他们！"由是诸将凡有所启请，大多批驳。

贺若弼攻打京口时，萧摩诃请将兵逆战，陈叔宝不许。等贺若弼到了钟山，萧摩诃又说："贺若弼悬军深入，壁垒壕沟都还未坚实，出兵掩袭，可以必克。"又不许。陈叔宝召萧摩诃、任忠于内殿议军事，任忠说："兵法：客军贵在速战，主军贵在持重。如今国家足食足兵，应该固守台城，沿秦淮河设立栅栏防御工事，北军虽来，不与他交战；分兵截断江路，让他无法与后方通信联络。给臣精兵一万，金翅船三百艘，下江直捣六合大营，他们后方大军一定以为其渡江将士已被俘获，自然挫气。淮南土人与臣都是旧相识，听说我去了，必定都跟从。臣再扬声说要攻打徐州，截断他们归路，则诸军不击自去。等春天水涨，上游周罗睺等众军必沿流赴援，这是良策。"陈叔宝不愿听从。第二天，忽然说："兵久不决，令人心烦，可呼萧郎出击。"任忠叩头苦请不要交战。孔范又上奏说："请作一决战，臣当为陛下勒石燕然（指窦宪击破匈奴，在燕然山竖立记功石碑）。"陈叔宝听从，对萧摩诃说："公可为我一决！"萧摩诃说："打仗从来都是为国家和自己；今日之事，也是为保全老婆孩子了。"陈叔宝多出金帛给诸军以充赏赐。正月二十日，派鲁广达列阵于白土冈，居于诸军之南，任忠次之，樊毅、孔范又次之，萧摩诃军在最北。诸军南北绵延二十里，首尾进退，相互都不知道。

【华杉讲透】

对庸人不要讲逻辑，要诉诸情绪

昏君在上，总是最坏的人会爬上最高位，遇到任何事情，也自会选择最坏的决策，这就是逆淘汰的生态。陈叔宝开始时是装睡，谁也叫不醒；之后是拖延，不做任何决策；最后是侥幸，就想赶快有个了断。

越是懦弱的人，最后越会视死如归，因为他受不了那个压力。侥幸了断，是庸人之常情。他的懦弱和冒险都是一个原因，就是没有智力和意志力，没有智力，他就无法分析局势，识别风险；没有意志力，最后压力大到他自己受不了，就"爱咋咋地"，胡搞一气。

爱咋咋地！这是庸人最后的自暴自弃和飞蛾扑火，非常典型。读者要注意自己会不会有这样的心态。

那么，最后的决策又是如何做出来的呢？是修辞学做出来的，孔范说："请作一决，当为官勒石燕然！"官，是官家，就是陛下。孔范说，现在决战，我给你立石记功，陈叔宝就决策了。因为这句话里有一股英雄气，把他的情绪鼓起来了。而萧摩诃和任忠分析的，那是逻辑，是理性，超出了陈叔宝的理解能力。

所以，对蠢人你不要跟他讲逻辑，一切要诉诸情绪，在情绪上鼓动他，激励他，逼迫他，最后他听你的，不是同意你的分析，而是在意志力上向你妥协。

很多人都有陈叔宝的一面，你以为他在做决策，在行动，事实上他的所有动作或者不动作，背后都是自己的焦虑。实际上他不仅没有战略，而且没有意识，只有一个精神状态：在无意识中乱动作，以缓解自己的焦虑。他们最后都会走向同一条路，叫作"慌不择路"。

贺若弼于蒋山击溃陈军

贺若弼率轻骑登山，望见陈军各部队，于是奔驰而下，与所部七总管杨牙、员明等甲士共八千人，严阵以待。陈叔宝与萧摩诃之妻私通，所以萧摩诃初无战意（萧摩诃之前说"今日之事，兼为妻子"，原来还有这层含意）；唯有鲁广达率所部力战，与贺若弼对抗。隋军被击退四次，贺若弼麾下死了二百七十三人，贺若弼燃起浓烟，以隐蔽自己，窘迫之后，又再振作起来。陈兵得了人头，都先跑回去献给陈叔宝求赏，贺若弼知道他们骄惰，再引兵攻击孔范；孔范兵一触即走，陈军其他部队看到，骑兵先行崩溃，无法阻止，死了五千人。员明生擒萧摩诃，送交贺若弼，贺若弼命牵出去斩了。萧摩诃神色自若，于是贺若弼命松绑，以礼相待。

任忠飞驰入宫城，向陈叔宝汇报战败情况，说："陛下保重，臣无所用力了！"陈叔宝给他两袋金子，让他招募人出战。任忠说："陛下唯当准备舟船，投奔上流众军，臣以死保卫。"陈叔宝信了，敕令任忠出宫安排，令宫人准备行装等待，过了很久也没来。当时韩擒虎自新林进军，任忠已率数骑迎降于石子冈。领军蔡徵守朱雀航，听闻韩擒虎将至，众人恐惧，一哄而散。任忠引韩擒虎军直入朱雀门，陈人欲战，任忠挥手说："老夫尚降，诸军何事！"众人散走。于是城内文武百官全部逃遁，唯有尚书仆射袁宪在殿中，尚书令江总等数人在尚书省。陈叔宝对袁宪说："我从来对你不如对其他人，今日只能追悔羞愧。不只是朕无德，也是江东衣冠之道已尽！"

陈叔宝躲于井中，被隋军俘获

陈叔宝惶惧，将要逃避藏匿，袁宪正色说："北兵之入，必无所犯。大事如此，陛下又能去哪里！臣愿陛下正衣冠，御正殿，按梁武帝见侯景的先例行事。"陈叔宝不听，从坐榻下来飞跑而去，说："锋刃之下，不能和他相对，我自有计划！"带着十几个宫女出后堂景阳殿，将要自投于井，袁宪苦谏不从；后阁舍人夏侯公韵用自己身体挡住井口，陈叔宝与他争执，争了很久，才得以入井。既而隋军士兵窥视井中，呼喊，不应，准备扔下石头，才听到叫声；放绳子下去拉，惊其太重，等到拉出来，才发现陈叔宝与张贵妃、孔贵嫔系在一根绳子上。沈皇后居处如常。太子陈深年十五岁，闭门而坐，舍人孔伯鱼侍奉在侧，军士叩门而入，陈深安坐，慰劳说："军旅在途，各位辛苦！"军士们都向他致敬。当时陈国宗室王侯在建康的有一百余人，陈叔宝担心他们制造事变，全部召进宫中，屯驻在朝堂，派豫章王陈叔英监督，暗中戒备，等到宫城失守，他们相率出降。

贺若弼乘胜抵达乐游苑，鲁广达犹督余兵苦战不息，所杀获数百人，到了日暮，才解甲，面向宫城，再拜恸哭，对众人说："我身不能救国，负罪深矣！"士卒皆流涕歔欷，于是就擒。诸城门门卫都逃走，贺若弼夜烧北掖门而入，听闻韩擒虎已擒得陈叔宝，下令带过来，陈叔宝惶惧，流汗股栗，向贺若弼再拜。贺若弼对他说："小国之君面对大国之卿，跪拜是符合礼仪的。入朝也不失为归命侯，无须恐惧。"既而耻于自己功劳在韩擒虎之后，与韩擒虎言语冲突，挺刀而出；想要令蔡徵为陈叔宝写降书，命他乘骡车归降自己，事情不果。贺若弼把陈叔宝安置在德教殿，派兵守卫。

【华杉讲透】

君子居易以俟命，小人行险以侥幸

袁宪、任忠、鲁广达，还有沈皇后、太子陈深这些人，都是按规矩办事，努力进取，并接受命运的安排，就是《中庸》说的："君子居易以俟命。"该怎么办，就怎么办。最后国家亡了，接受，并有尊严地投降。陈叔宝呢，就是下一句话："小人行险以侥幸。"该有所作为的时候不作为，最后是胡乱行险决战，以图侥幸。决战失败了，还要躲井里，那井里躲得了吗？只是搞得自己毫无尊严，狼狈不堪。

规矩与尊严的关系就是，如果你守规矩，就无论成败，都有尊严，至少也有点体面。每个人都可能面对这样的事，不可抗拒的力量一定要灭了你，甚至要你死。在那个时候，我们至少要做一个体面人，自己的人格，是谁也夺不走的。

陈叔宝最后说："非唯朕无德，亦是江东衣冠道尽。"他错了，也没资格说这话，衣冠之道，从来都在，一直就在他跟前，袁宪、任忠、鲁广达、陈深，都是衣冠之道，是他自绝于衣冠，行蛇鼠一窝之道，最后鼠窜入井，与两位嫔妃狼狈成串。

高颎先入建康，高颎的儿子高德弘为晋王杨广记室，杨广派高德弘驰马到高颎处，令他留下张丽华，高颎说："当年姜太公蒙面以斩妲己，今天岂可留下张丽华！"于是斩于青溪。高德弘回去报告，杨广变色说："古人说'无德不报'，我必定要回报高公！"由此恨高颎。

正月二十二日，晋王杨广进入建康，以施文庆受委不忠，谄佞以蔽皇帝耳目，沈客卿重赋厚敛以取悦其上，与太市令阳慧朗、刑法监徐析、尚书都令史暨慧都为民害，斩于石阙下，向三吴人民谢罪。派高颎与元帅府记室裴矩收图籍，封府库，资财一无所取，天下人都称颂杨广，以他为贤。裴矩，是裴让之弟弟的儿子。

杨广因为贺若弼擅自提前发动决战，有违军令，逮捕他交军法审判。皇帝杨坚以驿马车召他回京，下诏给杨广说："平定江表，是贺若弼与韩擒虎之力。"赏赐绸缎一万匹；又赐给贺若弼与韩擒虎诏书，赞美他们的功勋。

开府仪同三司王颁，是王僧辩之子。夜里发掘陈高祖陈霸先陵墓，焚骨取灰，混在水里喝下。既而捆缚自己，向晋王杨广自首。杨广向皇帝汇报，杨坚下令赦免。下诏，陈高祖、世祖、高宗陵墓，指派五户守墓人家。

杨坚遣使把陈国灭亡的消息告诉许善心（去年出使隋国的陈国使臣），许善心穿上丧服，号哭于西阶之下，面朝东方，在干草堆上坐了三天，杨坚下敕书向他吊唁。第二天，再下诏命他返回宾馆，拜为通直散骑常侍，赐给衣服一套。许善心哭尽哀，入房改换服装，复出，北面而立，垂泣，再拜受诏，第二天入朝，伏泣于殿下，悲伤无法站立。杨坚环顾左右说："我平定陈国，唯独得到此人。既能怀念其旧君，就是我的诚臣。"下令许善心到门下省上班。

陈国水军都督周罗睺与郢州刺史荀法尚据守江夏，秦王杨俊督三十总管、水陆军十余万人屯驻汉口，不得前进，相持超过一月。陈国荆州刺史陈慧纪派南康内史吕忠肃屯驻岐亭，据守巫峡，在长江北岸凿岩，向南岸连接铁锁三条，横截上流以遏止隋军船舰，吕忠肃竭其私财以充军用。杨素、刘仁恩奋兵攻击，四十余战，吕忠肃守险力争，隋兵死者五千余人，陈人全部割下尸体鼻子以求功赏。既而隋军屡次战胜，俘虏陈军士卒，三次都直接释放。吕忠肃军心瓦解，弃栅而逃，杨素徐徐除去铁锁。吕忠肃又占据荆门延洲，杨素遣巴蜑军一千人，乘坐五牙船四艘，以抛石机击碎其十余条战舰，于是大破吕忠肃军，俘虏甲士二千余人，吕忠肃仅仅逃得自身一命。陈国信州刺史顾觉屯驻安蜀城，弃城逃走。陈慧纪屯驻公安，烧毁其全部储备，引兵东下，于是巴陵以东所有城池，不再有人据守。陈慧纪率将士三万人，楼船一千余艘，沿江而下，想要入援建康，为秦王杨俊拦截，无法前进。此时，陈国晋熙王陈叔文被解除湘州刺史职务，正在回京途中，走到巴州，陈慧纪推举陈叔文为盟主。而陈叔文已率巴州刺史毕宝等致书请降于杨俊，杨俊遣使迎接慰劳。这时建康平定，晋王杨广命陈叔宝手书招抚长江上游诸将，派樊毅去见周罗睺，陈慧纪的儿子陈正业去见陈慧纪，晓谕圣旨。当时诸城都已解甲，周罗睺于是与诸将大哭三日，解散部队，然后到杨俊处投降，陈慧纪亦降，长江上游全部平定。杨素下至汉口，与杨俊会合。王世积在蕲口，听闻陈国已亡，移书告谕江南诸郡，于是江州司马黄偲弃城逃走，豫章等诸郡太守都向王世积投降。

正月二十九日，杨坚下诏，派使者巡视安抚陈国州郡。

二月一日，废除淮南行台省。

2 苏威奏请每五百家设置一位乡正，让他负责一乡的行政和司法。李德林认为："当初废除乡官判事，就是因为乡里之间，不是亲戚，就是朋友，判决总是不公平，如今令乡正专治五百家，恐怕为害更甚。况且偏远荒凉的小县，有不到五百户人家的，岂可使两县共管一乡！"皇帝杨坚不听。二月二日，下诏规定："五百家为乡，置乡正一人；百家为里，置里长一人。"

陈国州郡全部被平定，陈国亡

3 陈国吴州刺史萧瓛能得人心，陈国灭亡，吴人推举萧瓛为主，隋国右卫大将军、武川人宇文述率行军总管元契、张默言等讨伐。落丛公燕荣率水军从东海抵达。陈国永新侯陈君范从晋陵投奔萧瓛，合并两军，抵御宇文述。宇文述军将至，萧瓛立栅栏工事于晋陵城东，留兵防守，派部将王褒据守吴州，自己亲自率军从义兴入太湖，想要掩袭宇文述身后。宇文述进击，攻破栅栏，回兵击萧瓛，大破之；又派兵从另一条道路袭击吴州，王褒换上道士衣服，弃城逃走。萧瓛以残部退保包山，被燕荣击破。萧瓛带着左右数人藏匿民家，被人生擒。宇文述进军到奉公埭，陈国东扬州刺史萧岩献出会稽投降，与萧瓛一起被押送长安斩首。

杨素攻下荆门之后，派别将庞晖将兵攻略土地，南至湘州，城中将士，没有固守的斗志。刺史、岳阳王陈叔慎，年仅十八岁，置酒大会文武僚吏。酒酣，陈叔慎叹息说："君臣之义，尽于此乎！"长史谢基跪伏流涕。湘州助防、遂兴侯陈正理在座，起身说："主辱臣死，诸君不是陈国之臣吗！如今天下有难，正是为国献身之时。就算不能成功，也显示身为臣子的节操。否则，青门之外，想死也不能（秦亡，东陵侯召平在咸阳青门外种瓜为生。陈正理的意思是宁死也不苟且偷生）！今日之机，不可犹豫，后应者斩！"众人都许诺。于是杀牲结盟，仍派人诈奉降书于庞晖。庞晖信了，按约定日期入城，陈叔慎埋伏甲士等待。庞晖一到，即刻抓捕，游街示众，与他的部属一起，全部斩首。陈叔慎坐于射堂，招合士众，数日之中，得五千人。衡阳太守樊通、武州刺史邬居业都举兵响应。隋国所任命的湘州刺史薛胄刚好带兵抵达，与行军总管刘仁恩一起攻击。陈叔慎派部将陈正理与樊通拒战，兵败。薛胄乘胜入城，擒陈叔慎。刘仁恩击破邬居业于横桥，也将他生擒。都押送到秦王杨俊处，斩于汉口。

岭南还未有所归附，数郡一起奉高凉郡太夫人冼氏为主，号圣母，保境拒守。杨坚下诏，派柱国韦洸等安抚岭外，陈国豫章太守徐璒据守南康抵御，韦洸等无法前进。晋王杨广派人送去陈叔宝写给洗夫人的信，晓谕她说陈国已亡，让她归附隋国。洗夫人集首领数千人，尽日恸哭，派她的孙子冯魂率众迎接韦洸。韦洸击斩徐璒，进入岭南，抵达广州，晓谕岭南诸州，全部平定；上表任命冯魂为仪同三司，册封洗氏为宋康郡夫人。韦洸，是韦敻之子。

陈国衡州司马任瓌劝都督王勇占据岭南，寻访陈氏子孙，立以为帝；王勇不听，率所部投降，任瓌弃官而去。任瓌，是任忠弟弟的儿子。

于是陈国全部平定，得三十个州，一百个郡，四百个县，杨坚下诏，建康城邑宫室，全部拆毁荡平，改为农田耕种，另在石头城设置蒋州。（陈霸先建国，至此三十三年而亡。）

晋王杨广班师，留王韶镇守石头城，委以后事。

三月六日，陈叔宝和他的王公及百官，从建康出发，前往长安，大小在路，五百里绵延不绝。皇帝杨坚下令，征用长安士民住宅，内外修整，准备接待，并遣使迎接慰劳。抵达的陈人都宾至如归。

夏，四月十八日，杨坚前往骊山，亲自慰劳南征部队。

四月二十二日，诸军举行凯旋入城仪式，献俘于太庙，陈叔宝及诸王侯将相，都乘坐原来的车驾，身穿官服，带着天文图籍等，按照次序，排成行列，仍以铁甲骑兵包围，跟从晋王杨广、秦王杨俊入城，列于殿庭。拜杨广为太尉，赐以辂车、乘马、衮冕之服、玄圭、白璧。

四月二十三日，皇帝杨坚端坐广阳门城楼，令带陈叔宝上前，及太子、诸王二十八人，司空司马消难以下至尚书郎共二百余人，皇帝先派纳言宣诏慰劳；然后令内史令宣诏，责备他们君臣不能相辅，以致灭亡。陈叔宝及其群臣都愧惧伏地，屏住呼吸，不敢说话，既而皇帝赦免了他们。

当初，武元帝（杨坚的父亲杨忠）率军迎接司马消难（事见公元558年记载），与司马消难结为兄弟，情好甚笃，杨坚以叔父之礼侍奉他。等到平定陈国，司马消难到京，特别免死，发配为乐户，二十天后又赦免，仍以旧恩引见。司马消难不久在家中去世。

四月二十七日，皇帝杨坚再登广阳门，宴请将士们，从门外夹道开始陈列堆积布帛，一直到南郭门。颁赐各有等差，一共用掉三百余万段。原陈国境内，免税十年，本土各州，免除当年租赋。

乐安公元谐进言说："陛下威德远布，臣之前请以突厥可汗为候正（侦察官），陈叔宝为令史，如今可以用臣的建议了。"杨坚说："朕平定陈国，本来是铲除叛逆，并不是要夸耀自己。公之所奏，并非朕心。突厥可汗都不知道山川地形，他怎么能做侦察警戒；陈叔宝整日昏醉，又怎么能工作？"元谐默然而退。

四月二十八日，皇帝杨坚进封杨素为越公，任命他的儿子杨玄感为仪同三司，杨玄奖为清河郡公；赏赐绸缎一万匹，粟米一万石。命贺若弼登御坐，赏赐绸缎八千匹，加位上柱国，进爵为宋公。仍各加赐金银财宝，并把陈叔宝的妹妹赏给他为妾。

贺若弼、韩擒虎争功于帝前。贺若弼说："臣在蒋山死战，破其锐卒，擒其骁将，震扬威武，这才平定陈国；韩擒虎都没怎么作战，岂能与臣相比？"韩擒虎说："本来奉陛下明旨，令臣与贺若弼同时合势，以取伪都，而贺若弼竟敢先期出发，与贼军遭遇，即刻作战，以致将士死伤甚多。臣以轻骑五百，兵不血刃，直取金陵，降任蛮奴，生擒陈叔宝，据其府库，倾其巢穴。贺若弼到晚上才抵达北掖门，是臣开门放他进城。他连怎么给自己赎罪都来不及，怎能与臣相比？"杨坚说："两位都是上等功勋。"于是擢升韩擒虎为上柱国，赏赐绸缎八千匹。有司弹劾韩擒虎放纵士卒，奸淫陈国宫女；因此不加封爵位和采邑。

皇帝杨坚加授高颎为上柱国，晋爵为齐公，赏赐绸缎九千匹。皇帝杨坚慰劳他说："你出去讨伐陈国，有人向朕告状说你造反，朕已经斩了他。君臣道合，不是这些苍蝇所能离间的。"杨坚从容命高颎与贺若弼讨论平陈之事，高颎说："贺若弼先献十策，后来又在蒋山苦战破贼。臣一个文吏而已，焉敢与大将论功！"杨坚大笑，嘉许他能谦让。

杨坚计划伐陈时，派高颎问方略于上仪同三司李德林，然后转告晋王杨广。至此，杨坚赏李德林之功，加授为柱国，封郡公，赏绸缎三千匹。已经宣敕完毕，有人对高颎说："如今归功于李德林，诸将必定愤恨，况且后世看来，一切都是李德林的主意，好像你不存在一样。"高颍入宫汇报，杨坚下令收回。

【华杉讲透】

高颎的谦让，是假谦让。他跟贺若弼一文一武，没有竞争关系，他就谦让；而跟李德林都是文臣，在一个赛道，他就排挤。所以，他私心很重，不是"纯臣"。

再说李德林，他为杨坚建国两次立下最关键的定策大功，一是刘昉和郑译推举杨坚，又想和他分享权力的时候，李德林给杨坚发明了一个"大丞相"的位置，让刘昉和郑译成了杨坚下属。二是尉迟迥起兵时，朝廷大将犹豫不前，杨坚想要临阵换将，李德林建议派高颎去监军。这两次都是改变历史轨迹的大事。但是，在诛杀宇文皇族时，李德林反对，杨坚骂他是个书生，不懂政治。苏威奏请设置乡正，李德林反对，杨坚听了苏威的奏请。

李德林是北齐归附过来的，他始终是外人，这就是所谓"进了班子，没进圈子"，最终在班子里也待不下去。

皇帝杨坚任命秦王杨俊为扬州总管四十四州诸军事，镇守广陵。晋王杨广回并州。

晋王杨广诛杀陈国五佞（施文庆、沈客卿、阳慧朗、徐析、暨慧景五个佞臣）时，还不知道都官尚书孔范，散骑常侍王瑳、王仪，御史中丞沈瓘的罪行，所以他们得以免死。等到了长安，事情都暴露，四月二日，皇帝杨坚公布他们的罪状，流放边疆，以向吴、越人民谢罪。王瑳刻薄贪鄙，嫉妒陷害有才能的人；王仪颂巧侧媚，献上自己两个女儿以求亲昵；沈瓘险惨苛酷，说话邪恶谄媚，所以同罪。

皇帝杨坚给陈叔宝赏赐甚厚，数次引见，让他站在三品官员班列；每次参加宴会，怕引致他伤心，不奏吴地音乐。后来，监守者奏言："陈叔宝说：'既没有品秩爵位，又要经常参加朝会，希望能得到一个官号。'"杨坚说："陈叔宝全无心肝！"监守者又说："陈叔宝常醉，罕有醒时。"杨坚问："饮酒几何？"回答："与其子弟每天饮一石。"杨坚大惊，命他节制，既而又说："让他任性吧，不这样，怎么过日子？"杨坚因为陈氏子弟既多，担心他们在京城不安分，于是将他们分散安置在边远州郡，给田地以为生，每年赏赐衣服，以安抚保全他们。

皇帝杨坚下诏，任命陈国尚书令江总为上开府仪同三司，仆射袁宪、骠骑萧摩诃、领军任忠皆为开府仪同三司，吏部尚书、吴兴人姚察为秘书丞。杨坚嘉许袁宪的节操，下诏说他是江表第一人，任命为昌州刺史。又听闻陈国散骑常侍袁元友数次直言于陈叔宝，拜为主爵侍郎。杨坚对群臣说："平陈之初，我后悔没有杀任忠。他受人荣禄，又身担重寄，不能横尸殉国，还说自己无所用力，比起弘演剖腹，把君王的肝脏纳入自己腹中，相差何其远也！"

【柏杨注】

中国帝王最主要的一个任务，就是如何使部属效忠。任忠已经尽了自己的职责，但他无力挽回大局。杨坚之所以恨任忠不死，只是希望自己的部属不要效法任忠，而要效法弘演。

皇帝杨坚接见故陈国大将周罗睺，慰抚晓谕他，许诺给他富贵。周罗睺垂泣回答说："臣荷陈氏厚遇，本朝沦亡，没有什么节操可以记录下来的。得免于死，已经是陛下的恩赐，哪敢期望富贵？"贺若弼对周罗睺说："我听说你在郢、汉掌兵，就知道扬州可得。王师南下，果然如我所料。"周罗睺说："我如果与您交战，胜负还未可知。"不久，拜为上仪同三司。

之前，陈将羊翔来降，伐陈之役，派他为向导，位至上开府仪同三司，班次在周罗睺之上。韩擒虎在朝堂戏言说："不知机变，于是立在羊翔之下，能不羞愧吗？"周罗睺说："当初在江南，久闻您的美誉，说您是天下节士；今日所言，让人大失所望。"韩擒虎面有愧色。

皇帝杨坚每次责备陈国君臣时，唯独陈叔文总是欣然，面有得意之色。既而又上表自陈，说："当初在巴州，已经先送款归附，乞请陛下了解这个情况，给我特殊待遇！"杨坚虽然嫌他不忠，但是想要怀柔江表，于是加授陈叔文为开府仪同三司，拜宜州刺史。

当初，陈国散骑常侍韦鼎出使北周，遇到杨坚，大为惊异，对他说："公当贵，贵则天下一家，十二年后，老夫当投奔于公。"等到至德初年，韦鼎为大府卿，尽卖田宅，大匠卿毛彪问他缘故，韦鼎说："江东王气，尽于此矣！我与你当葬在长安。"等到陈国平定，杨坚召韦鼎为上仪同三司。韦鼎，是韦叡的孙子。

四月二十九日，杨坚下诏说："如今率土大同，天生万物，都应该顺适他们的天性；太平之法，方可流行。凡我臣民，都应沐浴在道德之中，家家自修，人人克制。兵可以立威，但不可不停止，刑罚可以帮助教化，但不可专靠刑罚。除了宫廷禁卫军和镇守四方的边防部队之外，戎旅军器，全部停罢。社会秩序既然安定，边疆也平安无事，军官子弟，都可学习儒经；民间盔甲武器，全部销毁。颁告天下，让大家都知道这个意思。"

贺若弼把他的所有作战计划撰写下来，上呈皇帝，称为《御授平陈七策》。皇帝杨坚看都不看，说："你要为我扬名，我不求名；你可以放在自己家里，做自己的家传。"贺若弼位高望重，兄弟都封郡公，为刺史、列将，家中珍玩，不可胜计，婢妾穿罗绮者有数百人，时人都以他家为尊荣。其后突厥来朝，皇帝杨坚对突厥使者说："你听说过江南有陈国天子吗？"回答说："听说过。"杨坚命左右引突厥使者到韩擒虎跟前，说："这就是擒得陈国天子的人。"韩擒虎厉色瞪着他，突厥使者惶恐，不敢仰视。

左卫将军庞晃等在杨坚面前说高颎坏话，杨坚怒，将他们全部罢黜，对高颎更加亲密礼遇。杨坚对高颎说："独孤公，就是一面镜子，每被磨莹，更加皎然明鉴。"当初，高颎的父亲高宾为独孤信的僚佐，赐姓独孤氏，所以杨坚常呼高颎为独孤，而不说他的名字。

【华杉讲透】

这一段，可以说是朝臣众生相，也算是中国历史写作的标准范式，每当一国灭了一国，史家就要根据他要弘扬的价值观，选择材料，记载毁誉忠奸和先知先觉的人。每种人都有代表。不过，这些材料，有些可信，有些不可信。我认为，韦鼎的故事不可信。

4 乐安公元谐，性格豪侠，有气度。少年时与杨坚是同学，非常相亲相爱，杨坚即位之后，元谐一路都是显赫官职。元谐说话刻薄，喜欢攻击他人，不能取媚于皇帝左右近臣。元谐与上柱国王谊友善，王谊被诛，杨坚对他稍微疏远猜忌。有人告发说，元谐与堂弟、上开府仪同三司元滂、临泽侯田鸾、上仪同三司祁绪等谋反，交付有司案验，调查结果说："元谐密谋令祁绪率党项兵截断巴、蜀。又，元谐曾经与元滂一起谒见皇帝，元谐私底下对元滂说：'我是主人，殿上坐着的那位，是一个贼而已。'然后又令元滂望气，元滂说：'他（杨坚）的云气，就像一只蹲狗走鹿，不如我辈有福德。'"杨坚大怒，元谐、元滂、田鸾、祁绪都伏诛。

5 闰四月七日，皇帝杨坚任命吏部尚书苏威为右仆射。
六月三日，任命荆州总管杨素为纳言。

6 朝野都请封禅，秋，七月十五日，皇帝下诏说："岂可命一将军除一小国，引起远近人们的注意，便自以为天下太平。一点微薄的品德就敢去泰山封禅，用一些虚言去骚扰上帝，这不是朕敢听闻的。从今以后，所谓封禅的言论，一概禁止。"

7 左卫大将军、广平王杨雄，贵宠特盛，与高颎、虞庆则、苏威称为四贵。杨雄宽容下士，朝野倾心，杨坚厌恶他能得人心，内心猜忌他，不想要让他掌兵权；八月一日，以杨雄为司空，夺了他的实权。杨雄既无职务，于是杜门不通宾客。

8 杨坚即位之初，柱国沛公郑译请修正雅乐，杨坚下诏，命太常卿牛弘、国子祭酒辛彦之、博士何妥等商议，多年没有决议。郑译说："古乐十二律，旋相为宫，各用七声，世人没有能懂的。"郑译因为龟兹人苏祗婆善弹琵琶，得到他的方法，推演为十二均、八十四调，用来校正太乐所奏的曲谱，发现很多错误。郑译又于七音之外再加一声，称为应声，作乐书宣示朝廷。与邳公世子苏夔议定"累黍定律"。

当时已经很久没有人能通音律了，也不是郑译、苏夔一天就能议定的。皇帝杨坚一向不爱学习，而牛弘不精音律，何妥耻于自己是宿儒，却反而不如郑译，总是想破坏他们的事，让他们干不成。于是立议，反对将十二律旋相为宫及七调，大家竞为异议，各立朋党。于是有人建议，让他们各自造乐，等他们弄成之后，看谁的好就用谁的。何妥担心乐成之后，谁好谁坏一目了然，对自己不利，于是建议皇帝演奏试听，先报告皇帝说："黄钟之声，象征人君之德。"等演奏到黄钟之调，杨坚说："滔滔和雅，很与我心灵相通。"何妥乘势上奏说，只用黄钟一宫，不用其他。皇帝喜悦，听从。

当时又有乐工万宝常，精通钟律。郑译等人的黄钟调编成，演奏，皇帝召问万宝常，万宝常说："这是亡国之音。"皇帝不悦。万宝常请以水尺为调音标准，以调乐器，皇帝听从。万宝常制造诸乐器，其声率比郑译所造调低二律，又大量增减乐器，不可胜记。其声雅淡，不为时人所好，太常府懂音乐的人大多排挤诋毁他。苏夔尤其忌恨万宝常，苏夔的父亲苏威正掌权用事，所以凡是谈论音乐的人，都附和他而批评万宝常，万宝常的音乐竟被苏威压制，搁置不用。

等到平定陈国，缴获刘宋、南齐的旧乐器，以及江南乐工，皇帝杨坚令他们当庭演奏，叹息说："这才是华夏正声。"于是调五音为五夏、二舞、登歌、房内等十四调，在接待国宾及祭祀时演奏。皇帝杨坚仍下诏，命太常设置清商署以执掌音乐。

当时天下既已统一，历代器物，都集中在乐府。牛弘上奏："中国旧音多在江东。之前克荆州得梁乐，如今平蒋州又得陈乐。历代传承，可以与古音相合，请加以修缉，以备雅乐。其后魏及后周所用音乐，都杂有边裔之声，都不可用，请全部停止。"

冬，十二月，皇帝下诏，命牛弘与许善心、姚察及通直郎虞世基参订雅乐。

虞世基,是虞荔之子。

9 十二月十日,皇帝杨坚任命黄州总管周法尚为永州总管,安集岭南,给黄州兵三千五百人为帐内,陈国桂州刺史钱季卿等都到周法尚处投降。定州刺史吕子廓,占据山洞,不受命,周法尚击破并斩杀了他。

10 皇帝杨坚任命驾部侍郎、狄道人辛公义为岷州刺史。岷州风俗,畏惧疫病,一人病疫,全家躲避,病者多死。辛公义下令,全部用担架抬到自己的听事厅,当时是夏天,病人多到数百人,大厅、走廊里病人全部停满。辛公义设一卧榻,昼夜相处其间,以自己的俸禄求医买药,亲自省问。病者既愈,辛公义就召其亲戚晓谕他们说:"死生有命,怎么会传染!如果传染,我早就死了。"众人都惭愧感谢而去。其后再有人生病,都争着要去找辛使君,其家亲戚则坚决要把他留在家里养病,于是相互慈爱,风俗改变。

辛公义其后迁任牟州刺史,下车伊始,先到狱中露天而坐,亲自验问。十几天时间,全部判决完成,才回到听事厅,接受新的诉讼。案件都立刻判决。如果有不能结案,必须关押的,辛公义就住宿在听事厅,不回家。有人进谏说:"公事有程序,使君何必苦了自己!"辛公义说:"刺史无德,不能使人民没有诉讼,岂能再把人关在狱中,而自己安寝于家呢!"罪人听闻,都自己老实交代。后来再有来诉讼的,乡间父老就晓谕他说:"这种小事,何忍去麻烦使君!"讼者多相互忍让,不再打官司了。

【华杉讲透】

任何言语传达的信息都不如行动

伟哉辛公义!以爱治民!他的爱,都是用行动率先垂范,任何言语传达的讯息,都不如行动。他把病人接到自己公堂,亲自照顾医药,就改变了一州的风气。他的爱不仅泽被百姓,也关爱到罪犯,既无保释制度,就迅速结案,不让嫌疑人在狱中煎熬,如果还做不出判决,就自己睡在公堂,嫌疑人还在牢房,他就不回家。

伟哉辛公义!他是一个真正的儒者,践行了孔子最重要的道德——己所不欲,勿施于人。

开皇十年(公元590年)

1 春,正月七日,隋朝以皇孙杨昭为河南王,杨楷为华阳王。杨昭,是杨广之子。

2 二月,皇帝杨坚前往晋阳,命高颎留守京城。
夏,四月四日,从晋阳返京。

3 成安文子李德林,恃其才望,喜欢与人辩论争胜,同僚都很排斥他;所以他虽然是开国元勋,却十年没有得到升迁。李德林数次与苏威有不同意见,高颎又经常帮助苏威,上奏说李德林凶狠暴戾,杨坚大多都听从苏威的意见。杨坚赏赐李德林庄园店铺,让他自己去挑,李德林选了逆人高阿那肱在卫国县的店面,杨坚批准。后来,杨坚到晋阳,有店家诉称高氏强夺民田,然后建造店铺来出租获利。苏威于是上奏弹劾李德林诬罔,妄奏民田为高阿那肱店铺,然后收为己有,司农卿李圆通等又煽风点火说:"此店收利如同食邑一千户,应按日追赃。"杨坚于是更加厌恶李德林。

虞庆则等奉使到关东巡视,回来,都奏称:"乡正专理辞讼,按自己的爱憎行事,并公然行贿,不便于民。"皇帝下令废除。李德林说:"这件事,当初臣就反对,但是既然已经推行了,又马上停废,显得政令不一,朝成暮毁,恐怕不是帝王立法之义。臣希望陛下从现在开始,群臣对律令动不动就要修改的，即以军法从事；不然的话，没完没了。"皇帝于是发怒，大骂说："你是把我当王莽吗？！"

之前，李德林声称他的父亲是太尉咨议，以取得赠官，给事黄门侍郎、猗氏人陈茂等密奏说："李德林的父亲到死时也只是校书，他妄称咨议。"皇帝非常痛恨。至此，皇帝数落他说："公为内史，掌典朕的机密，近来不让你参与了，是因为你气量不够，你知道吗？你欺君罔上以取得店铺，又妄言提高父亲的官职，朕实在愤怒，只是没有发作，现在，给你一个州，你走吧。"于是外放为湖州刺史。李德林拜谢说："臣不敢再指望能做内史令，只希望还能做一个参与朝议的散官。"皇帝不许，李德林后来又迁任怀州刺史，死在任上。

李圆通，本是皇帝杨坚身份低微时的家奴，有器局才干。杨坚做隋公之后，以李圆通及陈茂为参佐，由是信任他。梁国废除时，杨坚任命梁太府卿柳庄为给事黄门侍郎。柳庄有见识器度，博学，善辞令，明习典故，练达政事，杨坚及高颎、苏威都看重他。柳庄与陈茂同僚，不能曲意巴结，陈茂向杨坚说柳庄坏话，杨坚开始稍稍疏远柳庄，外放为饶州刺史。

杨坚性格猜忌，不爱学习，既靠智力以获皇帝大位，开始觉得自己英明睿智，对下属明察秋毫，总是令左右监视内外，有过失则加以重罪。他又担心令史贪污，秘密派人给他们送上钱帛，只要收受的，立即斩首。杨坚经常在殿庭打人，一日之中，有时就三四次；曾经因问事官打人打得不够狠，即刻下令将他斩首。尚书左仆射高颎、治书侍御史柳彧等进谏说："朝堂不是杀人之所，殿庭不是惩罚之地。"杨坚不听。高颎等于是全部到朝堂请罪，杨坚回头对左右都督田元说："我的棍棒打得重吗？"田元说："重。"杨坚问有多重，田元举手说："陛下的刑杖粗如手指，捶人三十下，相当于一般刑杖数百下，所以经常打死人。"杨坚不悦，于是下令殿内撤去刑杖，要处罚人时，交给有司去办。后来，楚州行参军李君才上言："陛下过分宠信高颎。"杨坚大怒，下令棍棒伺候，而殿内没有刑杖，于是用马鞭将他打死，自此，殿内又重新设置刑杖。不久，杨坚怒甚，又于殿庭杀人；兵部侍郎冯基坚持进谏，杨坚不听，竟在殿庭上将他杀死。杨坚很快后悔，宣慰冯基，又愤恨群臣中其他人不进谏。

4 五月九日，杨坚下诏说："魏末丧乱，军人暂时设置坊、府，南征北伐，居无定所，家里没有一堵完整的墙，地里也没有桑树，朕非常怜悯他们。凡是军人，可以全部归属州县，由州县分配土地垦田，户籍账簿一概与平民相同，但仍由军府统领。撤销山东、河南及北方沿边之地新设置的军府。"

5 六月五日，隋朝规定人民年满五十岁免除兵役及差役。

6 秋，七月十八日，皇帝杨坚任命纳言杨素为内史令。

7 冬，十一月十七日，皇帝杨坚在南郊祭天。

江东世族造反，杨素受诏讨伐

8 江东自从东晋以来，刑法疏阔宽缓，世族凌驾于寒门之上；隋朝平定陈国之后，官府全部改变这种风气，对豪门世家和寒门平民一视同仁。苏威又写作《五教》，让人民无论长幼，都要背诵之，士人和百姓，都嗟叹怨恨。民间又有谣言，说隋朝要把他们强行迁徙入关，远近惊骇。于是婺州汪文进、越州高智慧、苏州沈玄懀都举兵造反，自称天子，署置百官。乐安蔡道人、蒋山李棱、饶州吴世华、温州沈孝彻、泉州王国庆、杭州杨宝英、交州李春等都自称大都督，攻陷州县。陈国故境，大抵全部反叛。大的有部众数万，小的数千，互相影响。他们抓捕县令，甚至扒出他们的肚肠，或剁成肉酱吞食，说："看你们以后还怎么让我们背诵《五教》？"

皇帝下诏，以杨素为行军总管讨伐。

杨素即将渡江，派始兴人麦铁杖头顶芦苇，夜里游泳渡江侦察，回来之后又再去，背叛军擒获，派武装士兵三十人看守他。麦铁杖夺取大刀，乱斩看守他的人，竟将他们全部杀光，割下鼻子，揣在怀里带回来。杨素大为惊奇，上奏授他为仪同三司。

杨素率水军自杨子津进入吴境，击贼帅朱莫问于京口，击破。进击晋陵贼帅顾世兴、无锡贼帅叶略，都平定。沈玄憎败走，杨素追击，将他生擒。高智慧据守钱塘江东岸，扎营周围一百余里，船舰布满江面。杨素准备发动攻击，子总管、南阳人来护儿对杨素说："吴人轻锐，利在水战，必死之贼，难与争锋，明公最好严阵以待，不要与他们交战。请给我奇兵数千人，秘密渡江，击破他们的军营。让他们退无所归，进不得战，这是韩信破赵之策。"杨素听从。来护儿以轻舟数百直登江岸，袭破敌营，然后纵火，烟焰张天。贼顾火而惧，杨素乘势纵兵奋击，大破之，贼军于是崩溃。高智慧逃入海，杨素一路追踪到海湾，召行军记室封德彝议事，封德彝坠水，被人救起，换了衣服去见杨素，竟不说落水的事。杨素后来知道，问他什么缘故，回答说："这是私事，所以没有报告。"杨素嗟叹，大为惊异。封德彝名叫封伦，以字行世，是封隆之的孙子。

另一称帝的贼帅汪文进，任命蔡道人为司空，据守乐安，杨素进讨，全部平定。

杨素派总管史万岁率众二千，自婺州别道翻山越海，攻破溪洞，不可胜数。前后七百余战，转斗一千余里，其间有一百天毫无音讯，远近之人，都以为史万岁全军覆没了。史万岁把信放进竹筒中，浮之于水，打水的人得到，报告杨素。杨素上奏其事，皇帝杨坚嗟叹，赏赐史万岁家钱十万。

杨素又击破沈孝彻于温州，步道行军向天台，直指临海，追捕逃逸的叛军残部，前后一百余战，高智慧退保闽、越。皇帝杨坚认为杨素久劳于外，令驰传召他入朝。杨素说余贼还未殄灭，恐为后患，自请再战，于是乘驿马车到会稽。王国庆自以海路艰阻，不是北方人所习惯的，不设防备；杨素渡海杀到，王国庆惶遽，弃州而走。余党散入海岛，或守溪洞，杨素分遣诸将，水陆追捕。杨素密令人游说王国庆，让他斩送高智慧，为自己赎罪；王国庆于是抓捕高智慧，押送来降，斩于泉州，余党全部投降。江南大定。

杨素班师，皇帝杨坚派左领军将军独孤陀到浚仪迎接慰劳，等到了京师，钦差每天到家里问候。皇帝杨坚拜杨素的儿子杨玄奖为仪同三司，赏赐甚厚。独孤陀，是独孤信之子。

杨素用兵多权略，驭众严整，每将临敌，就找人的过失，然后斩首，多的时候要斩一百余人，少的时候也不下十几人，流血就在自己跟前，杨素言笑自若。等到两军对阵，先令一二百人赴敌，如果攻陷敌阵则罢，如果不能攻陷而返回的，无问多少，全部斩首；再令二三百人复进，还跟之前的规矩一样。将士股栗，有必死之心，由是战无不胜，称为名将。杨素当时贵幸，杨坚对他言无不从。跟从杨素行军打仗的，有一点微小的功劳，都必有奖赏；而如果跟着其他将领，虽有大功，也多为文吏所谴责挑剔，不予承认。所以杨素虽然残忍，将士们也愿意跟从他。

【华杉讲透】

杨素的兵法，是恐怖兵法。唐代大将李靖说："畏我者不畏敌，畏敌者不畏我。"怕将领的，不怕敌人；怕敌人的，不怕将领。所以将领一定要比敌人更可怕。冲锋陷阵的，不一定会死；吹了冲锋号不冲的，马上正法。李靖后面说得更恐怖："古之为将者，必能十卒而杀其三，次者十杀其一。十杀其三，威震于敌国。十杀其一，令行于三军。"什么意思呢，先杀自己人。差的杀十分之一，厉害的杀十分之三。杀十分之三，威震敌国；杀十分之一，三军听令。所以古代出军前要杀人祭旗，不是杀敌国人质，杀敌国人质，比如康熙杀吴三桂的儿子，那只是表示决裂，并不能立威。杀自己内部不听令的，才是立军威，立军法，让三军听令。

杨素把这种恐怖兵法执行到了极致，他不仅杀人立威，而且找茬儿尽可能多杀，以至于达到超过一百人的地步，实在是太残暴了。但是，他又有另一头的好，就是赏赐，凡是跟他的，有一点微小的功劳，都能得到赏赐，而跟别的大将呢，有大功也可能被文官驳回。所以，人人都愿意跟他。

杨广受任扬州总管，镇守江都

9 皇帝杨坚任命并州总管、晋王杨广为扬州总管，镇守江都，再次任命秦王杨俊为并州总管。

番禺首领王仲宣造反

10 番禺蛮夷首领王仲宣造反，岭南首领纷纷响应，引兵包围广州。韦洸被流箭射中去世，皇帝下诏，任命他的副将慕容三藏为检校广州道行军事，又下诏命给事郎裴矩巡抚岭南。裴矩抵达南康，招募得兵数千人。王仲宣派别将周师举包围东衡州，裴矩与大将军鹿愿将周师举击斩，进兵到南海。

高凉洗夫人派她的孙子冯暄将兵救援广州，冯暄与贼将陈佛智一向关系友好，逗留不进。洗夫人知道了，大怒，遣使逮捕冯暄，关押在州狱，另派孙子冯盎出讨陈佛智，将他斩首。冯盎进兵到南海与鹿愿会师，与慕容三藏合击王仲宣，王仲宣部众溃败，广州城得以保全。洗夫人亲自身穿铠甲，乘着战马，张着锦伞，在戒备森严的骑兵护卫下，跟从裴矩巡抚二十余州。苍梧首领陈坦等都来谒见，裴矩承制任命他们为刺史、县令，让他们回去统领其部落，岭南于是平定。

裴矩复命，皇帝杨坚对高颎、杨素说："韦洸带了二万兵，不能早度岭南，朕每每担心他兵少。裴矩以三千老弱部队直捣南海，有臣如此，朕还有何忧！"任命裴矩为民部侍郎。拜冯盎为高州刺史，追赠冯宝为广州总管、谯国公。册封洗氏为谯国夫人，开谯国夫人幕府，设置长史以下官属，官给印章，授权征发部落六州兵马，如有紧急，可以便宜行事。仍下敕，以夫人诚效之故，特赦冯暄逗留不进之罪，拜为罗州刺史。皇后赐夫人首饰及宴服一袭，夫人全部装入金箧里，与梁朝、陈朝赏赐的财物，各藏一库，每年岁时大会，陈列于庭，以示子孙，说："我事奉三代君主，唯用一忠顺之心。如今赐物都保存着，这就是回报。你们要好好想想，尽赤心于天子！"

番州总管赵讷贪婪暴虐，俚人、僚人多逃亡反叛。洗夫人派长史张融呈上亲启密奏，讨论安抚之宜，并指出赵讷之罪，不可以招怀远人。皇帝杨坚下令调查赵讷，得其赃贿，将他法办。下敕委任洗夫人招慰亡叛。夫人亲载诏书，自称使者，游历十几个州，宣述皇帝旨意，晓谕诸俚人、僚人，所到之处，全部投降。皇帝嘉勉，赏赐洗夫人临振县为汤沐邑，追赠冯仆为崖州总管、平原公。

开皇十一年（公元591年）

1 春，正月，皇太子妃元氏薨逝。

2 二月六日，吐谷浑遣使入贡。吐谷浑可汗夸吕听闻陈国灭亡，大惧，远远遁逃，据守险要，不敢为寇。夸吕去世后，儿子世伏继位，派他哥哥的儿子无素奉表称藩，进贡地方特产，并请以自己的女儿充实皇帝的后宫。皇帝杨坚对无素说："如果朕接受了你的请求，其他国家听闻，必定效仿，我又怎么拒绝他们呢？朕一心要人民安养，各顺天性发展，岂可聚敛女子以充实后宫呢？"最后没有答应。

3 平乡县令刘旷有特异的政绩，以义理晓谕，诉讼的人都自我责备而去，监狱中长满荒草，公堂空空荡荡，都可以张罗捕雀；迁任临颍县令。高颎举荐刘旷的清名善政为天下第一，皇帝杨坚召见，慰劳勉励，回头对侍臣说："如果不给予特殊奖赏，何以劝勉他人？"二月二十四日，优诏擢升为莒州刺史。

4 二月二十九日，日食。

5 当初，皇帝杨坚身份低微时，与滕穆王杨瓒（杨坚同母弟）关系不好。杨坚做北周丞相时，任命杨瓒为大宗伯，杨瓒担心杨坚为家族招祸，想要秘密杀他，杨坚隐藏了这件事，没有对外透露。杨瓒的妃子，是周高祖宇文邕的妹妹顺阳公主，与独孤皇后一向不睦，暗地里以巫术诅咒独孤皇后；杨坚命杨瓒休妻，杨瓒不肯。

秋，八月，杨瓒跟从杨坚前往栗园，暴薨，当时人们怀疑他是被毒酒毒死。八月二十六日，杨坚从栗园返宫。

6 沛达公郑译去世。

卷第一百七十八　隋纪二

开皇十二年（592）至开皇十九年（599），共8年

高祖文皇帝上之下

开皇十二年（公元592年）

1 春，二月己巳（二月无此日），皇帝杨坚任命蜀王杨秀为内史令兼右领军大将军。

2 国子博士何妥与尚书右仆射邳公苏威经常为公事争论，矛盾积累，互不相容。苏威的儿子苏夔为太子通事舍人，少年时就聪敏善辩，有盛名，士大夫多依附他。后来讨论音律，苏夔与何妥各有不同意见。皇帝下诏，命百官各自在自己同意的意见下签名，百官因为苏威的缘故，赞同苏夔的有十分之八九。何妥气愤说："我做太学博士四十余年，反而被后生小子压制吗？"于是上奏："苏威与礼部尚书卢恺、吏部侍郎薛道衡、尚书右丞王弘、考功侍郎李同和等共为朋党。尚书省中的人，都呼王弘为世子，李同和为叔，说他们二人就如同苏威的子弟。"又说苏威以非正常渠道任命堂弟苏彻、苏肃罔冒为官等几件事。皇帝命蜀王杨秀、上柱国虞庆则等调查，事情颇有证据。皇帝大怒。秋，七月一日，苏威被免去官爵，以开府仪同三司身份回家；卢恺除名，知名人士因受苏威牵连获罪的有一百余人。

当初，北周时期，选拔官员不看门第高低，等到卢恺摄理吏部，与薛道衡等甄别士流，所以被控为结朋党，以致得罪。不久，皇帝说："苏威是有德行的人，只是为人所误罢了！"下令把他的名字再列入通籍（可以参加朝会）。苏威喜欢立章程，每年责问各地，要求上报民间"五品不逊"的人家，有的地方官回复说："辖区内没有五品之家。"其不得要领，大多如此。又下令各地登记各家各户余粮簿，想要与没粮的穷人互通有无；民部侍郎郎茂以为烦琐迂阔，不是急务，都上奏取消。

郎茂，是郎基之子，曾经做卫国县令。有百姓张元预兄弟不睦，丞、尉请加严刑，郎茂说："张元预兄弟本来就相互憎恨，又因此得罪，那仇更深了，不是教化人民的本意。"于是慢慢谕之以义。张元预等各自感悔，顿首请罪，于是互相亲睦，称为友悌。

【华杉讲透】

苏威要求地方上报"五品不逊"的人家，五品，指道德上的五伦，父子有亲，君臣有义，夫妇有别，长幼有序，朋友有信，地方官回复说"境内没有五品之家"，是理解为五品官员了。误会归误会，苏威自己结党营私，却对老百姓的道德进行极致要求，没有达到圣人标准的都要上报朝廷；自己拼命地捞取利益，却要求老百姓有粮的人家要把粮分给没粮的。这都是因为他身居高位，没人敢问他，他就可以任意唱高调，彰显他的"道德情操"。等到何妥弹劾，皇帝调查，他就一地鸡毛了。

3 七月二十五日，皇帝在太庙祭祖。

4 七月二十八日，日食。

5 皇帝认为天下掌握法律的人多有乖错，同样的罪，判决却不一样，于是在八月一日，下令：诸州死罪，不能自行处决，全部交到大理寺复审，审查完毕，然后上交尚书省奏请裁决。

6 冬，十月十日，皇帝在太庙祭祖。十一月九日，在南郊祭天。

7 十一月十七日，新义公韩擒虎去世。

8 十二月十四日，皇帝杨坚任命内史令杨素为尚书右仆射，与高颎专掌朝政。杨素性格疏阔，能言善辩，对他人的评价和态度，全凭自己心意，朝臣之内，颇推崇高颎，敬重牛弘，厚待薛道衡，而蔑视苏威，其余朝贵，大多被他凌辱。杨素的才艺风调优于高颎；至于推诚体国，处物平当，有宰相识度，就远远不如高颎了。

右领军大将军贺若弼，自认为功名超出朝臣，每每以宰相自许。既而杨素为仆射，贺若弼仍为将军。贺若弼心中不平，形于言色，因此被免官，而心中积愤更甚。过了很久，皇帝将贺若弼下狱，对他说："我以高颎、杨素为宰相，你总是公开宣称：'这二人只会吃干饭而已！'这是何意？"贺若弼说："高颎，是臣的故人；杨素，是臣的舅子。臣知道他们的为人，确实说过这话。"公卿们上奏说贺若弼心怀怨望，罪当死。皇帝说："大臣们依法做出判决，你可自己提出活命的理由。"贺若弼说："臣仗恃陛下威灵，将八千兵渡江，擒陈叔宝，希望能以此求活。"皇帝说："这已经格外重赏，怎么又拿出来说？"贺若弼说："臣确实已蒙格外重赏，但如今还格外求活。"既而皇帝犹豫数日，爱惜他的功勋，特令只是除名。过了一年多，又恢复他的爵位，但是，皇帝还是不信任他，不再任用，只是每次宴会的时候，对他还是非常优厚。

【华杉讲透】

不能讲"理",只能讲"礼"

在中国历史上,作为臣子,只有四个字的规矩:逆来顺受。不能讲"理",只能讲"礼",因为"理"只是你的"理",别人有别人的"理",而"礼"是明确的,就是谁该听谁的话,就是让你逆来顺受。你服不服,都没有意义,因为你没有任何权力。心怀怨望,依法就是死刑,还有什么不服呢?你只能放下一切,毫不动心,随遇而安。贺若弼不明白这个道理,他就要闹,"臣子"要跟"君父"闹,就像小孩子使性子,怎么处理全看皇帝心情,都是自取其辱。那时代本无个人尊严,不服你就隐居出世,要功名利禄就只能规规矩矩,不能两头都要。

逆来顺受,随遇而安,不死就行,要死就死。这就是"礼"。不要自己找死,也不要求生欲太强,搞出些多余的动作。君子修身以俟命,我们能管的,只有自己,身外的一切,都悦纳命运的安排。

9 有司上言:"府藏全部储满,没有空余的地方,粮食都堆积在走廊大厅了。"皇帝问:"朕既已薄赋于民,又对功臣大加赏赐,怎么还是越积越多?"回答说:"收入总是多于支出,略计每年赏赐所用,最多数百万段,对库藏并没有影响。"于是再兴建左藏院以积储。皇帝下诏说:"宁愿积储于民间,不要藏在府库。河北、河东今年田租减去三分之一,军人家属减二分之一,差役全免。"当时天下户口每年增加,京辅及三河地少而人多,衣食不足,皇帝于是向四方发出使节,均分天下之田,一些土地狭小的乡,每位男丁才分到二十亩,老人和少年分到的更少。

开皇十三年（公元593年）

1 春，正月十一日，皇帝祭祀感生帝。

2 正月二十一日，皇帝前往岐州。

3 二月六日（原文为丙午，二月无丙午日，根据柏杨考证修改），皇帝下诏建造仁寿宫于岐州之北，命杨素为工程总监。杨素奏请任命前莱州刺史宇文恺为检校将作大匠，记室封德彝为土木监。于是铲平山峦，填平沟谷，以立宫殿，亭台楼阁，宛转相连。工程紧急，催逼严厉，丁夫多死，疲劳过度，体力不支而倒地的，即刻推填坑坎，再覆盖以土石，筑为平地。死者数以万计。

【华杉讲透】

杨素是个魔鬼。

史书记载杨素，多称颂他的才能。能打仗，也能按期为皇帝完成宫殿建设，这都是他的才能。他的才能，就是用人命去填罢了。人性之愚劣卑贱，就是总把自己代入统治者的位置，为统治者着想，而对自己真正的同类——普通人——的悲惨命运，冷漠无视。

杨素是个魔鬼。他的才能，是魔鬼之才。

4 二月十七日，皇帝从岐州回京。

5 二月九日，皇帝立皇孙杨倓为豫章王。杨倓，是杨广之子。

6 二月二十七日，皇帝杨坚下令："私人不得收藏纬候、图谶。"（纬候、图谶，都是些神秘预言书，预言什么人要当皇帝之类，所以禁止私家收藏。）

7 秋，七月三十日，日食。

8 本年，皇帝命礼部尚书牛弘等议定明堂建筑设计。宇文恺呈献明堂模型木样，皇帝命有司规划，准备选址在安业里，将要兴建；而诸儒各执异议，久久不能定案，于是作罢。

长孙晟出使突厥，安定北方

9 灭陈时，杨坚以陈叔宝的屏风赏赐给远嫁突厥的北周大义公主（宇文氏，之前改姓杨，认杨坚为父）。大义公主因为她的宗国覆灭，心中时常不平，在屏风上写诗，叙述陈国灭亡的历史，以寄托自己的亡国之痛。杨坚听闻，感到厌恶，礼赐渐薄。

彭公刘昶之前娶了北周公主为妻，有一个流亡的人叫杨钦，逃入突厥，诈称刘昶想要与他的妻子作乱，攻打隋国，派杨钦来密告大义公主，发兵扰边。都蓝可汗信以为真，于是不再向朝廷进贡，且经常骚扰边境。皇帝派车骑将军长孙晟出使突厥，观察动静。公主见了长孙晟，言辞不逊，又派她所私通的胡人安遂迦与杨钦计议，煽动蛊惑都蓝可汗。长孙晟到了京师，详细汇报。皇帝再派长孙晟前往突厥，要求交出杨钦；都蓝可汗不给，说："检校境内外国人，没有此人。"长孙晟于是贿赂突厥高官，知道杨钦所在。夜里，掩袭捕获，出示给都蓝可汗，并揭发公主的奸情，突厥人大以为耻。都蓝可汗逮捕安遂迦等，一起交付给长孙晟。皇帝杨坚大喜，加授长孙晟为开府仪同三司，派他再出使突厥，要求废黜公主。内史侍郎裴矩自告奋勇出使突厥，游说都蓝可汗诛杀公主。当时处罗侯之子染干，号突利可汗，居住在北方，遣使求婚，杨坚派裴矩去对他说："你杀了大义公主，朕就答应这门亲事。"突利于是在都蓝可汗跟前说大义公主坏话，都蓝发怒，杀公主，上表请婚，朝议将要同意。长孙晟说："臣观察，雍虞闾（都蓝可汗）反复无信，又一直以与玷厥（达头可汗）有矛盾，所以想要依靠朝廷，就算与他和亲，他终究还是会背叛。如果让他得以娶公主为妻，承借陛下威灵，玷厥、染干必定都得接受他的征发。他更加强大之后，再反叛，那就难以对付了。况且染干是处罗侯之子，一向有诚意，于今已经经历两代，之前他乞请通婚，不如同意，诏令他向南迁徙，兵少力弱，容易抚慰驯服，让他与雍虞闾对抗，作为我们边疆的缓冲地带。"杨坚说："善。"再次派长孙晟出使，慰谕染干，许诺把公主嫁给他。

【华杉讲透】

人性的弱点是不能一以贯之

了不起的长孙晟，驾驭突厥汗国，安定北方，都是他一人之智！《大学》说"一人定国"，是指国君安定国家，长孙晟也是一人定国，定外国，他总能给突厥可汗们布下"定身符"，让他们动弹不得。

再说大义公主，她的毛病，是不能知行合一。她请求改姓杨，认杨坚为义父，从北周公主"转型"为隋朝公主，延续了自己的政治生命。这证明她知道该做什么。但是，她又心中不平，要伸展自己的情绪和意志，最终送了性命。既然知道，为什么不能一以贯之，凡事彻底呢？这都是人性的弱点。

10 牛弘命协律郎、范阳人祖孝孙等参与制定雅乐，祖孝孙跟从陈国阳山太守毛爽学习京房律法，以定音的律管布上葭灰，一到节气，葭灰就飞起来，每个月都能应验。又每律生五音，十二律为六十音，六六三十六，一共三百六十音，分直一岁之日以配七音，成旋相为宫之法，由此著名。牛弘等于是上奏，请恢复使用旋宫法，皇帝杨坚还记得当初何妥的话，在牛弘的奏章下批注，不允许作旋宫，只准用黄钟一宫。于是牛弘等再次上奏，附和皇帝的意见，将前代金石全都销毁，以平息异议。牛弘等又排演武舞，以象征隋朝之功德；郊庙宴飨用一调，迎气（立春日祭青帝，立夏日祭赤帝，立秋日祭白帝，立冬日祭黑帝；除祭四帝外，又于立秋前十八日祭黄帝。用以迎接四季，祈求丰年，谓之"迎气"）用五调。旧的乐工逐渐去世，其余声律，就都失传了。

开皇十四年（公元594年）

杨坚下诏推行新乐

1 春，三月，乐成。夏，四月一日，下诏推行新乐，并说："民间音乐，长期流于邪僻，抛弃了传统的乐谱，竞相谱出繁杂的新声，应该加以禁止约束，以保存根本。"万宝常听到太常所奏乐，凄然流泪说："乐声淫厉而哀，天下不久将尽！"当时四海全盛，听到这话的人都不以为然；到了大业末年，他的话应验。万宝常贫而无子，过了很久，竟然饿死。临死之际，他将书取出，全部烧毁，说："要这些东西来干什么？"

2 之前，台、省、府、寺等朝廷各部门及地方各州官衙都设置"公廨钱"，放贷收息，以供日常开支。工部尚书苏孝慈认为："官府向民间放贷谋利，烦扰百姓，败损风俗，请全部禁止，应改为出租耕地，收取粮食。"皇帝听从。六月四日，下诏："公卿以下都拨给职田，不可经营生意，与民争利。"

3 秋，七月三日，皇帝任命邳公苏威为纳言。

4 当初，张宾历开始推行，广平人刘孝孙及冀州秀才刘焯都指出历法的错误。张宾正有宠于皇帝，刘晖又附会他，一起抨击刘孝孙等，将他们逐出京师。后来张宾去世，刘孝孙为掖县县丞，辞去官职入京，上奏重提当年的争论，皇帝下诏，留他任直太史，一连多年没有得到升迁，于是抱着他的历书，命他的弟子们抬着棺木到宫门之前，伏地恸哭。执法人员将他拘捕，上奏皇帝。皇帝很惊异，问国子祭酒何妥，何妥说刘孝孙的历书是正确的。皇帝于是下令比较刘孝孙历及张宾历短长。直太史、渤海人张胄玄与刘孝孙一起抨击张宾历，争论激烈，很久都没有定论。皇帝令参考日食之事，杨素等奏："太史一共上奏预测日食二十五次，全都没有应验，张胄玄所预测的，全部应验，刘孝孙所预测的，应验也超过一半。"于是皇帝引见刘孝孙、张胄玄等，亲自慰劳勉励。刘孝孙请先斩刘晖，然后才可以确定历法，皇帝不悦，又将新历搁置。刘孝孙不久也去世。

5 关中大旱，人民闹饥荒，皇帝派左右去视察老百姓都吃什么，得到一些豆屑杂糠，呈献上来。皇帝流涕以示群臣，深刻引咎自责，因此将近一年都不吃酒肉。八月九日，皇帝亲自带领百姓到洛阳就食，下令斥候不得沿途驱逼百姓。男女百姓夹杂在仗卫之间，遇到扶老携幼的，就引马回避，慰勉而去。道路艰险之处，看见背负重担的，皇帝令左右扶助。

6 冬，闰十月二十三日，皇帝下诏，因北齐、南梁、陈国宗祀废绝，命高仁英、萧琮、陈叔宝按时祭祀，所需器物，由有司供给。陈叔宝随从皇帝登邙山，侍饮，赋诗说："日月光天德，山河壮帝居。太平无以报，愿上东封书。"并上表请封禅。皇帝优诏答报。他日，又侍宴，告辞出去时，皇帝目送他说："此人之败，岂不是因为酒吗？怎么不把写诗的功夫，用来治理国家！当年贺若弼渡京口，他的人密启告急，而陈叔宝正在饮酒，看都没看。高颎进了皇宫，看见告急文书还在床下，都没有开封。这实在是可笑！是天要他灭亡了。当年苻坚东征西讨，将那些被他消灭的国家的君主，都加授高官，让他们继续享有荣华富贵，苻坚这是给自己求个虚名，不知道这是违背了天意；给他们官职，就是违背天意。"

【华杉讲透】

苻坚的问题之前说过，他给这些亡国之君官职，甚至兵权，给自己埋下了亡国的祸根。

7 齐州刺史卢贲因被控在饥荒时禁止人民出售粮食，被除名。皇帝后来又想给他一个州，卢贲被召见谈话时，说话不合皇帝旨意，又有怨言，皇帝大怒，于是不用他。皇太子为他说话："此人有佐命之功，虽然性格轻险，但也不能抛弃他。"皇帝说："我压制委屈他，正是为了保全他的性命。没有刘昉、郑译、卢贲、柳裘、皇甫绩等，就没有我的今天。但是，他们都是反复小人，当初周宣帝的时候，以无赖得幸。等到皇帝崩逝，颜之仪等请以赵王辅政，此辈行诈，让我做了顾命大臣。我将要执政，他们又想作乱，所以刘昉谋大逆，郑译为巫蛊。像卢贲这种情况，就是他不满足。任用他，他就桀骜不驯，不用他，又心怀怨望，是他自己不能取信于我，不是我抛弃他。众人见此，认为我对功臣薄情，其实不然。"卢贲于是被废，死于家中。

【华杉讲透】

杨坚拎得清，不被这些所谓功臣感情绑架。感恩和报恩有所不同，感恩是你得到了爱，再把这爱传递下去，比如你小时候得到老师的教诲，长大了你也立志当老师去教诲更多人。卢贲等人当初如果拥戴杨坚，认为只有他才能治天下，拥立他登基，那么，杨坚把天下治理好，就是对他们的感恩。反过来，如果是报恩，那就要定价。定价就要议价，议价就看双方的议价能力。卢贲在杨坚跟前有没有议价能力呢？完全没有。他的筹码，最多就是能蒙蔽太子杨勇等人，形成一点舆论，说杨坚薄情罢了。杨坚可以在乎，也可以不在乎。所以，这种定价，皇帝定什么价，就是什么价。刘昉、郑译、卢贲等人，都是没有看清事情的本质，自己心理价位又太高，加上性格一贯"轻险"——如果不轻险，也干不出帮杨坚夺位的事，于是就成了"任之则不逊，置之则怨望"。

任何事情都不要要价太高，比自己该拿的少拿一点，则海阔天空。前面历书之争，刘孝孙也是要价太高，他赢了，但是得理不饶人，竟然要胁迫皇帝，取刘晖性命，杨坚不悦，干脆不成交了。

"轻险"二字很准确,要价太高的人,一是性格轻险,二是总会造成一种"轻险"的形势去逼迫他人,那就很容易破裂。

8 晋王杨广率百官抗表,固请封禅。皇帝令牛弘等制定封禅仪式,既成之后,皇帝看了,说:"这事太大,朕有何德,担得起封禅?但当东巡,致祭泰山罢了。"十二月六日,车驾东巡。

9 皇帝喜欢鬼神吉凶的小数术,上仪同三司萧吉上书说:"甲寅,乙卯,是天地之合。今年是甲寅年,而辛酉日正好是冬至,明年是乙卯年,甲子日是夏至。冬至时阳气开始上升,郊祭上天之日,又正好是陛下的本命;夏至时阴气开始上升,而祭地之时,又是皇后本命。皇帝之德像上天一样覆育万物,皇后之仁同地一样载养苍生,所以,天地阴阳元气,就在这个时辰会合。"皇帝大悦,赏赐绸缎五百段。萧吉,是萧懿的孙子。

员外散骑侍郎王劭说,皇帝的面相好像一面盾牌,并指示给群臣看。皇帝喜悦,拜为著作郎。王劭前后上表,说了很多皇帝受命的符瑞,又采集民间歌谣,引用图书谶纬,在佛经中寻章摘句,攀附修改,曲加诬饰,撰写《皇隋灵感志》三十卷上奏,皇帝令宣示天下。王劭召集各州到朝廷汇报的使者,让他们盥手焚香,一起诵读,曲折其声,有如歌咏,经过十天半月,全部诵读完毕,这才罢休。皇帝更加喜悦,前后赏赐很多。

开皇十五年(公元595年)

杨坚在泰山设坛,祭告上天

1 春,正月三日,皇帝车驾停留在齐州。正月十一日,皇帝在泰山设坛，焚烧柴火，祭告上天，因当年旱灾，请罪谢过，礼仪按南郊祭天之礼；又亲自祭祀青帝坛。大赦天下。

2 二月二十七日，收缴天下兵器，敢私自制造者判刑；关中和沿边地区不在其例。

3 三月一日，皇帝结束东巡返京。

4 仁寿宫建成。三月二十九日，皇帝前往仁寿宫。当时天酷热，役夫死者相连于道路，杨素将尸体全部焚烧，毁尸灭迹。皇帝听闻，不悦。到了之后，见宫殿壮丽，大怒说："杨素殚尽民力以建造离宫，为我结怨于天下。"杨素听闻，惶恐，担心受到处罚，告诉封德彝。封德彝说："公不用担忧，等皇后来，必有恩诏。"第二天，皇帝果然召杨素入宫面谈，独孤后慰劳他说："公知道我们夫妇年老，无以自娱，盛饰此宫，这岂不是忠孝吗？"赐钱一百万，锦绢三千段。杨素一向自负显贵和才干，经常凌侮大臣；唯独欣赏看重封德彝，经常接见他，讨论宰相事务，终日不倦，因而拍着自己的坐榻说："封郎必当坐我这个位子。"屡次向皇帝举荐，皇帝擢升封德彝为内史舍人。

5 夏，四月一日，大赦天下。

6 六月一日，皇帝下诏，命凿开底柱山。

【华杉讲透】

这就是"中流砥柱"，底柱山，又名砥柱山，在黄河三门峡河道狭窄处，矗立在黄河的急流中，影响河水的通行，也给船只带来危险。相传大禹治水时把两边的河道凿宽，这样这座砥柱山就像一根柱子一样立在急流之中。杨坚下令凿开砥柱山，是要打通河道。

7 六月三日,相州刺史豆卢通进贡精致白细绢布,杨坚下令焚毁于朝堂。

【华杉讲透】

皇帝的心思你永远摸不清,杨素害死那么多人盖宫殿,得到重赏;豆卢通送了一块布,却因为太奢侈被烧了。所以,"上进心"不要太强,做好自己的本职工作,君子修身以俟命。

8 秋,七月,纳言苏威被控跟从祭祠泰山时不敬,被免,不久又复位。皇帝对群臣说:"世人都说苏威假装清廉,家中堆满金玉,这是妄言。然而,他性格凶狠暴戾,不切实际,求名太甚,顺之则悦,违之必怒,这是他的大毛病。"

9 七月二十二日,皇帝从仁寿宫返回。

10 冬,十月三日,皇帝任命吏部尚书韦世康为荆州总管。韦世康,是韦洸的弟弟,温和谦逊,能做到"己所不欲,勿施于人",在吏部十余年,时人都称赞他的廉洁和公平。常有知止知足之志,对子弟们说:"俸禄不须多,要防止盈满,就要谦退;年纪也不必等到老,有病便辞官回家。"因而恳请退休。皇帝不许,命他镇守荆州。当时天下只有四个总管:并州、扬州、益州、荆州。分别以晋王杨广、秦王杨俊、蜀王杨秀三位亲王及韦世康为之,当世都认为是他的荣耀。

【华杉讲透】

有止足之志,防满则退

这里有几个词,一是说韦世康"有止足之志",就是知止、知足。二是韦世康说"防满则退",要"防满",防止满盈。我们可以把这两个词连起来，做一个座右铭，叫"知足防满"。知足是现在知足了，满意了；防满则更进一步，防止满盈，或者说防止满意，当我觉得满意的时候，我可能已经拿多了，别人不满意了。

读者自己品品！

11 十一月七日，皇帝前往骊山温泉。

12 十二月四日，敕令："盗边防军粮一升以上，一律斩首，登记并没收全部家产。"

13 十二月五日，皇帝下诏文武官员任职满四年，考绩合格，才可以改调及擢升。

14 汴州刺史令狐熙来朝，考绩为全国第一名，赏赐帛三百匹，颁告天下。令狐熙，是令狐整之子。

开皇十六年（公元596年）

1 春，二月四日（原文为正月丁亥，根据柏杨考证修改），皇帝任命皇孙杨裕为平原王，杨筠为安成王，杨嶷为安平王，杨恪为襄城王，杨该为高阳王，杨韶为建安王，杨煚为颍川王，他们都是杨勇的儿子。

2 夏，六月十三日，发布制度：工匠及商人，不得仕进为官。

3 秋，八月六日，皇帝下诏："判决死刑的，三次奏请，然后才可以行刑。"

4 冬，十月十日，皇帝前往长春宫；十一月三日，返回长安。

5 党项入寇会州，皇帝下诏征发陇西兵讨伐，党项人投降。

6 皇帝把光化公主嫁给吐谷浑可汗世伏为妻；世伏上表请称公主为天后，皇帝不许。

开皇十七年（公元597年）

南宁爨玩反叛，史万岁率军扫平

1 春，二月六日，太平公史万岁攻击南宁羌，扫平。

当初，梁睿攻克王谦时，西南夷、僚人全都归附，唯独南宁州酋帅爨震仗恃自己离得远，不服。梁睿上疏，认为："南宁州，汉代是牂柯之地，户口殷众，金宝富饶。梁南宁州刺史徐文盛被湘东王萧绎征召回荆州，当时中国被阻挡在远方，没有能力经营边疆，土民爨瓒于是窃据一方，国家遥授他为刺史，他的儿子爨震继承至今。而爨震臣礼多亏，贡赋不入，请求朝廷就此派部队平蜀，略定南宁。"

其后南宁夷爨玩来降，拜为昆州刺史，既而复叛。于是，朝廷以左领军将军史万岁为行军总管，率军出击，从蜻蛉川进入，抵达南中。夷人前后屯据要害，史万岁全部击破；经过诸葛亮纪功碑，渡西洱河，入渠滥川，行军一千余里，击破其三十余部，虏获男女二万余口。诸夷大惧，遣使请降，献上直径超过一寸的明珠，于是竖立石碑，歌颂隋朝美德。史万岁申请带爨玩入朝，皇帝下诏批准。爨玩暗中怀有二心，不想到京师去，贿赂史万岁以金宝，史万岁于是留下爨玩，自己回京。

2 二月十三日，皇帝抵达仁寿宫。

3 桂州俚帅李光仕作乱，皇帝派上柱国王世积与前桂州总管周法尚讨伐，周法尚征发岭南兵，王世积征发岭北兵，在尹州会师。王世积所部遇到瘴气，不能前进，屯驻在衡州，周法尚单独进讨。李光仕战败，率劲兵走保白石洞。周法尚虏获大量家属，其党羽有来投降的，就把妻子儿女还给他。过了十天，投降者数千人。李光仕部众溃败逃走，周法尚追击，将他斩首。

皇帝又派员外散骑侍郎何稠招募士兵，讨伐李光仕。何稠通过游说降其党羽莫崇等，承制任命其首领为州县官吏。何稠，是何妥哥哥的儿子。

皇帝因为岭南夷人、越人数次造反，任命汴州刺史令狐熙为桂州总管十七州诸军事，授权他可以便宜从事，刺史以下官吏可以承制补授。令狐熙到任，大肆弘扬恩信，各溪洞渠帅都相互说："以前的总管都是以兵威相胁迫，如今这位却以教令相晓谕，我们怎么能违背呢？"于是相率归附。之前各州县桀骜不驯，长吏多无法到职，寄住在总管府。令狐熙将他们全部遣送到任，为他们建起城邑，开设学校，汉人、夷人都被感化。俚帅宁猛力，在陈国时已经占据南海，隋朝继续承认，以安抚他，拜为安州刺史。宁猛力仗恃地形险要，骄倨傲慢，从来不来参拜谒见。令狐熙谕之以恩信，宁猛力感动，到总管府请谒，从此不敢为非作歹。令狐熙上奏，改安州为钦州。

4 皇帝认为属官不敬惮他的上级，所以政令总是难以推行，三月丙辰（三月无此日），下诏："诸司论属官罪，有法律轻而情节重的，可以在法外斟酌处以杖刑。"于是上下相互驱逼，虐待他们的部属，动不动就杖打，以残暴为干能，以守法为懦弱。

皇帝因为盗贼繁多，下令盗一钱以上全部斩首弃市，有一次三人共盗一瓜，事发，即刻全部处死。于是路上行旅之人，都晚起早宿，全国人民危惧不堪。有数人劫持司法官员，对他说："我们不是来求财的！是来为人申冤的。你为我们上奏皇帝：自古以来，体国立法，没有盗一钱就处死的。如果你不为我们上奏，我们下次再来，就杀光你们！"皇帝听闻，为此废黜这项法令。

皇帝曾经盛怒，在六月要杖杀人，大理少卿河东人赵绰坚决谏诤说:"季夏之月,天地成长庶类,不可以此时诛杀。"皇帝回答说:"六月虽说是生长时节,也会打雷;我顺天而行,有何不可!"于是把原先那个人杖杀了。

大理掌固(最高法院官员)来旷上言说,大理寺判决太宽大。皇帝认为来旷为人忠直,命他每天早朝时,站在五品官行列中参见。来旷又告大理寺少卿赵绰随意减免刑罚,皇帝派亲信大臣调查,发现并非事实,皇帝怒,命斩来旷。赵绰坚决谏诤,认为来旷罪不至死,皇帝拂衣入阁。赵绰撒谎说:"臣不说来旷的事了,有其他事,未及奏闻。"皇帝命引他入阁,赵绰再拜请罪说:"臣有死罪三条,臣为大理少卿,不能制驭掌固,让来旷触犯天刑,这是其一。囚犯不该死,而臣不能死争,这是其二。臣本来没有其他事,而妄言求入,这是其三。"皇帝脸色缓和下来。正巧独孤皇后在座,命赏赐赵绰二金杯酒,连同金杯赐给他。来旷因此得以免死,流放广州。

萧摩诃的儿子萧世略在江南作乱,萧摩诃应当连坐,皇帝说:"萧世略年纪不满二十岁,他能做什么?只因为是名将之子,为人所逼罢了。"因而赦免萧摩诃。赵绰坚决谏诤,认为不可。皇帝无法反驳,想要把赵绰撵走,再赦免萧摩诃,于是命赵绰退席。赵绰说:"臣奏狱未决,不敢退。"皇帝说:"大理寺因为朕的缘故,特赦萧摩诃。"于是命左右释放他。

刑部侍郎辛亶曾经穿红色内裤,认为可以帮助自己官运亨通。皇帝认为这是巫蛊,要斩他。赵绰说:"依法不当死,臣不敢奉诏。"皇帝怒甚,说:"卿爱惜辛亶,不爱惜自己吗?!"下令把赵绰拉出去斩首。赵绰说:"陛下宁杀臣,不可杀辛亶。"到了朝堂,剥下官服,准备斩首,皇帝派人对赵绰说:"你准备怎么办?"赵绰回答:"执法一心,不敢惜死!"皇帝拂衣而入,过了很久,将他释放。第二天,皇帝向赵绰道歉,慰劳勉励他,赏赐绸缎三百匹。

当时禁止通行劣质钱币,有两个人在市场,以劣币换良币,武候将他们逮捕,汇报上来,皇帝下令,全部斩首。赵绰进谏说:"此人所犯的罪,应当杖打,杀之非法。"皇帝说:"不关你事。"赵绰说:"陛下不以臣愚暗,让臣掌管法司,陛下要妄杀人,岂得不关臣事?"皇帝说:

"撼大木,撼不动,就应当退下。"赵绰回答:"臣这是希望感动天心,不是撼动大木。"皇帝又说:"喝粥的人,如果被烫到嘴,就赶紧放下,天子之威,难道你想要压制吗?"赵绰跪拜,继续向前,皇帝呵斥他,他不肯退,皇帝于是转身入内室。治书侍御史柳彧也上奏切谏,于是停止。

皇帝因为赵绰有诚直之心,经常引他进入内宫,有时遇上与皇后同榻,即呼赵绰坐,评论得失,前后赏赐万计。赵绰与大理卿薛胄同时,都以公平守恕道而闻名。薛胄断狱以情,而赵绰守法,俱很称职。薛胄,是薛端之子。

皇帝晚年用法越来越严峻,有武官衣剑不整齐,御史于元日没有弹劾,皇帝说:"你身为御史,想弹劾就弹劾,不想弹劾就不弹劾,全凭自己随意。"下令将他处死,谏议大夫毛思祖进谏,皇帝又杀了毛思祖。将作寺丞因为征收麦秸迟晚,武库令因为署庭长满荒草,左右官员出使时,有的接受州牧县宰赠送马鞭、鹦鹉,皇帝察知,全部亲临监斩。

皇帝既喜怒无常,便不再依照法律。皇帝信任杨素,杨素恣情任性,随心所欲,与鸿胪少卿陈延有矛盾,有一次经过蕃客馆,见庭中有马屎,而众仆在毛毡上赌博,便报告皇帝。皇帝大怒,主客令及赌博者全部杖杀,并捶打陈延,几乎把他打死。

皇帝派新卫大都督、长安人屈突通前往陇西检查牧马场,查出隐匿马二万余匹,皇帝大怒,将斩太仆卿慕容悉达及诸监官一千五百人。屈突通进谏说:"人命至重,陛下奈何以畜产之故杀一千余人!臣敢以死请!"皇帝瞋目呵斥他,屈突通又叩头说:"臣一个人该死,请陛下赦免一千余条人命。"皇帝感悟,说:"朕之不明,以至于此!全靠有卿忠言啊!"于是慕容悉达等都减免死罪,擢升屈突通为左武候将军。

【华杉讲透】

管理者应该约束自己,依法办事

伴君如伴虎,这一段可以说是很生动了。

为管理者，应该约束自己，依法办事，而不是任情任性，以自己喜怒为标准。你随心所欲，别人就都活不成了。皇帝如此，普通人也一样，以自己的喜怒，或者一个不满意就炒人鱿鱼，都是一个性质。

对下属应该宽还是严，不是领导力的重点。重点是首先心中有爱，然后能率先垂范，教化天下。有形的是法律制度，无形的是教化，双管齐下，则上下相安，各司其职。像杨坚这样，是最无能和不负责任的，更谈不上有爱心。再加上一个魔王杨素，雪上加霜，两个恐怖分子在上，所有官员都活在恐怖中了。

5 上柱国彭公刘昶与皇帝有旧交，皇帝对他非常亲热；他的儿子刘居士，喜欢侠客行为，不守法度，几次有罪，皇帝因为刘昶的缘故，都原谅他。刘居士更加骄恣，经常绑架身体雄健的公卿子弟，劫持到自己家中，把车轮挂在他们脖颈上棒打，打到快死了也不屈服的，称为壮士，释放，和他交朋友。刘居士还有党羽三百人，殴击路人，经常抢劫，以至于公卿妃主，都不敢计较。有人告发说刘居士图谋不轨，皇帝怒，将他斩首，公卿子弟连坐被除名的很多。

【华杉讲透】

刘居士有特权，可以不守法律。但是，特权这东西，既然叫特权，就是特殊的，不是正常的。如果你能稍微节制一点，在特殊情况下，你就可以使用特权。如果你把特权当常态，放肆滥用，就是逼着皇帝收回给你的特权了。特权一收回，恩断义绝，就干脆把你斩了算了，以平民愤，大快人心，还有政治利益。

保持特权的方法，就是尽量不要使用。

杨坚推行张胄玄新历

6 杨素、牛弘等再次推荐张胄玄的历法。皇帝令杨素会同几位术数专家，研讨旧历法一直难以解决的六十一条问题，令刘晖等与张胄玄等辨析。刘晖张口结舌，一无所答，张胄玄解决了五十四条，皇帝于是拜张胄玄为员外散骑侍郎兼太史令，赏赐绸缎一千匹，令他参订新历法。至此，张胄玄历制成。

夏，四月二日，皇帝下诏，颁布新历。之前修订历法的刘晖等四人全部除名。

7 秋，七月，桂州人李世贤造反，皇帝朝议讨伐。诸将数人请行，皇帝不许，只回头看着右武候大将军虞庆则，说："你位居宰相，爵为上公，国家有贼，一点都没有走一趟的意思，这是为什么呢？"虞庆则跪拜谢罪，十分恐惧，于是皇帝任命虞庆则为桂州道行军总管，将变民军讨平。

8 秦王杨俊，幼年时仁恕，喜欢佛教，曾经申请去做和尚，皇帝不许。杨俊后来做了并州总管，渐渐喜好奢侈，违越制度，修建盛大的宫室。杨俊好色，他的妃子崔氏，是崔弘度的妹妹，性格嫉妒，在瓜中放毒，杨俊由此得病，征还京师。皇帝认为他奢侈放纵，七月十三日，将他免官，以亲王身份回家。崔妃因为给杨俊下毒，被废除，赐死于家。

左武卫将军刘昇进谏说："秦王并没有其他过错，只是浪费官物，营建廨舍而已，臣认为可以包容。"皇帝说："法不可违。"杨素进谏说："秦王之过，不应至此，愿陛下仔细考虑。"皇帝说："我是五个儿子的父亲，不是亿兆人民的父亲吗？如果照你的意思，为什么不另外制定天子儿律！以周公之为人，尚且诛杀管叔、蔡叔，我诚然远远不如周公，但我又怎能破坏法律？！"最终不许。

9 七月二十四日，突厥突利可汗来迎娶公主，皇帝安排他住在太常府，教习六礼，把宗室女儿安义公主嫁给他为妻。皇帝想要离间都蓝可汗，所以特别厚赐礼物给他，派太常卿牛弘、纳言苏威、民部尚书斛律孝卿相继出使。

突利本来居住在北方，既娶了公主，长孙晟游说他率众南迁，居住在度斤旧镇，赏赐非常优厚。都蓝怒道："我是大可汗，反而不如染干！"于是断绝朝贡，即刻来抄掠边境。突利侦察得知他的动静，则马上奏闻，由是边境每次都先有防备。

10 九月十一日，皇帝从仁寿宫返回。

11 何稠从岭南回来时，宁猛力申请随从何稠入朝。何稠见他病重，遣还钦州，与他约定说："八、九月间，可来京师相见。"何稠回京，上奏皇帝，皇帝不悦。冬，十月，宁猛力病逝。皇帝对何稠说："你之前不把宁猛力带来，如今他死了！"何稠说："宁猛力与臣约定，假令身死，当遣子入侍。越人性格耿直，其子必来。"宁猛力临终，果然告诫他的儿子宁长真说："我与大使有约，不可失信，你将我安葬之后，即刻上路。"宁长真继嗣为刺史，如言入朝。皇帝大悦，说："何稠能著信于蛮夷，竟至于此！"

12 鲁公虞庆则讨伐李世贤时，以妻弟赵什住为随府长史。赵什住与虞庆则的爱妾私通，担心事情泄露，于是宣言虞庆则不想出征，皇帝听闻，礼赐甚薄。虞庆则还师，走到潭州临桂岭，观眺山川形势，说："此地险固，如果加以足粮，再有称职的守将，攻不可拔。"虞庆则派赵什住驰往京师奏事，并观察皇帝脸色，赵什住于是诬告虞庆则谋反，交付有司案验。

十二月十日，虞庆则被处死，拜赵什住为柱国。

13 高丽王高汤听闻陈国灭亡，大惧，立即整兵练武，积储粮食，准备拒守之策。本年，皇帝赐给高汤玺书，责备他说："虽称藩附，诚节未尽。"并说："你那里虽然地狭人少，但是如果今天把你罢黜了，权力也不能出现真空，还得另选官属，前往安抚人民。你如果洗心革面，一切遵从国家宪章，就是朕之良臣，朕又何必派去别的人才！你认为辽水之广阔，比长江如何？高丽的人口，又比陈国多吗？朕如果没有一颗包容的心，而问责你之前的过失，任命一位将军前往，又能费多大点力！苦口婆心，只是希望你改过自新罢了。"高汤收到玺书，惶恐，将奉表谢罪。不巧病逝，他的儿子高元嗣立，皇帝派钦差拜高元为上开府仪同三司，袭爵辽东公。高元奉表谢恩，并请求封王，皇帝批准。

14 吐谷浑大乱，国人杀世伏，立他的弟弟伏允为可汗，遣使汇报废立之事，并为自己的专权谢罪，请依俗娶公主为妻；皇帝批准。从此吐谷浑每年都按时朝贡。

开皇十八年（公元598年）

1 春，二月三日，皇帝前往仁寿宫。

2 高丽王高元率靺鞨部落一万余人入寇辽西，营州总管韦冲将他击退。皇帝闻而大怒，二月四日，以汉王杨谅、王世积同为行军元帅，率水陆大军三十万讨伐高丽，以尚书左仆射高颎为汉王长史，周罗睺为水军总管。

3 延州刺史独孤陀家有一个婢女叫作徐阿尼，祭拜猫鬼，能使之杀人，据说猫鬼每次杀人，能使死家财物秘密转移到畜养猫鬼的人家。正巧独孤皇后及杨素的妻子郑氏都生病，医生们都说："这是猫鬼病。"皇帝认为独孤陀是皇后的异母弟，独孤陀的妻子又是杨素的异母妹，由此认为是独孤陀所为。下令高颎等调查，调查属实。皇帝怒，令以牛车载独孤陀夫妻，将要赐死。独孤皇后绝食三日，为他们请命说："独孤陀如果蠹政害民，妾不敢言；如今因为妾身而获罪，我才斗胆请命。"独孤陀的弟弟、司勋侍郎独孤整也到宫门前求哀，于是免独孤陀死，除名为平民，让他的妻子杨氏出家为尼。

之前，有人告状说他的母亲为猫鬼所杀，皇帝认为妖妄，怒而将他逐走。至此，皇帝下诏诛杀被控行猫鬼的人家。

夏，四月十一日，皇帝下诏："畜猫鬼、蛊毒、诅咒等旁门左道的人家，全部流放边疆。"

【胡三省注】

据《隋书·独孤陀传》记载，徐阿尼事猫鬼，总是在子夜祭祀，子，指老鼠。独孤陀曾经派人到家中拿酒，他的妻子说："没钱买酒。"独孤陀于是对徐阿尼说："可以让猫鬼去杨素家，给我弄钱来。"徐阿尼于是念咒。过了几天，猫鬼便飞去杨素家。591年，杨坚从并州返回，独孤陀对徐阿尼说："可以让猫鬼飞去皇后宫，让她多多赏赐我。"徐阿尼又念咒，于是猫鬼飞入宫中。大理丞杨远在门下省命徐阿尼呼唤猫鬼。徐阿尼夜里设置香粥一盆，以羹匙在盆边敲击，呼唤说："猫女可来，无住宫中。"过了很久，徐阿尼脸色发青，好像鬼上身一样，说猫鬼来了。所以猫鬼的事均可以被证实。

杨谅、周罗睺征高丽遇阻

4 六月二十七日，皇帝下诏罢黜高丽王高元官爵。汉王杨谅军出临渝关，赶上大雨连绵，运输跟不上，军中缺粮，又遭遇瘟疫。周罗睺从东莱泛海直扑平壤城，也遇到风暴，船多沉没。秋，九月二十一日，班师，死者十分之八九。高丽王高元也惶惧遣使谢罪，上表称"辽东粪土臣元"，皇帝于是罢兵，待之如初。

百济王扶余昌遣使奉表，请为大军向导，皇帝下诏晓谕他说："高丽服罪，朕已经赦免他，不可攻伐。"赠送给使者丰厚的礼物，遣送他回去。高丽后来知道了这件事，以兵侵掠其境。

【华杉讲透】

水路大军三十万，死者十分之八九，十分之八是二十四万人，十分之九是二十七万人。也就是说,隋军还没有抵达高丽国境,没有一次战斗,仅仅是行军途中,就几乎全军覆没。《孙子兵法》说:"主不可怒而兴师。"就是这个道理,杨坚大怒一次,二十几万人就死了。

5 九月二十三日,皇帝从仁寿宫返回。

6 冬,十一月十六日,皇帝在南郊祭天。

7 十二月,从京师到仁寿宫,沿途设置行宫十二所。

8 南宁夷爨玩再次造反。蜀王杨秀上奏:"史万岁收受贿赂,放纵贼首,以致再生边患。"皇帝斥责史万岁,史万岁抵赖不承认;皇帝怒,下令斩首。高颎及左卫大将军元旻等坚决谏止说:"史万岁雄略过人,将士们都乐于为他效力,就算是古代名将,也不能超过他。"皇帝怒气稍解,于是除名为民。

开皇十九年(公元599年)

1 春,正月七日,大赦天下。

2 二月十九日,皇帝抵达仁寿宫。

3 突厥突利可汗通过长孙晟奏报说,都蓝可汗制作攻城装备,准备攻打大同城。皇帝下诏,以汉王杨谅为元帅,尚书左仆射高颎出朔州道,右仆射杨素出灵州道,上柱国燕荣出幽州道以攻击都蓝,都由汉王节度。但是汉王竟没有亲临军营。

都蓝可汗听闻,与达头可汗玷厥结盟,合兵掩袭突利,在长城下大战,突利大败。都蓝杀光了他的兄弟子侄,于是渡河进入蔚州。突利部落散亡，夜，与长孙晟以五骑南走，到了天明时分，走了一百余里，收得数百骑。突利与下属谋议说："如今兵败入朝，只是一个投降过去的人罢了，大隋天子岂能礼待我吗！玷厥虽然跟着来打我，但我与他本无怨仇，如果前往投奔，他一定会收留我。"长孙晟知道了他们的计划，密遣使者进入伏远镇，下令火速燃起烽烟。突利见四支烽烟同时刺向天空，问长孙晟，长孙晟骗他说："城池很高，地势旷远，必定是守军远远地看见贼兵来了。我国家法，如果贼兵少，举二烽；来多，举三烽；大逼，举四烽。他们应该是看见贼兵多而又近吧。"突利大惧，对他的部众说："追兵已逼，且可投城。"既入镇，长孙晟留下突利的高官阿史那执室统领其众，自己带着突利乘坐驿马车入朝。

夏，四月二日，突利抵达长安。皇帝大喜，任命长孙晟为左勋卫骠骑将军，持节护突厥。

皇帝令突利与都蓝可汗的使者因头特勒进行辩论，突利理直气壮，皇帝于是厚待他。都蓝可汗的弟弟都速六抛下妻子儿女，与突利一起归朝，皇帝嘉勉他，让突利多送给他珍宝以慰其心。

高颎派上柱国赵仲卿将兵三千为前锋，至族蠡山，与突厥遭遇，交战七日，大破之，追奔至乞伏泊，再次击破，俘虏一千余口，各种牲畜数以万计。突厥兵再次大举而至，赵仲卿列为方阵，四面拒战，前后五日。高颎大兵赶到，合击，突厥败走，追击经过白道川，翻越秦山，长达七百余里而还。

杨素军与达头遭遇。之前，诸将与突厥交战，担心其骑兵奔突，都以兵车步骑相掺杂，设鹿角为方阵，骑兵在其内。杨素曰："这是自保之道，不足以取胜。"于是废除旧法，令诸军列骑兵阵。达头听闻，大喜说："天赐我也！"下马仰天而拜，率骑兵十余万直扑向前。上仪同三司周罗睺说："贼兵阵势未整，请出击。"先率精骑逆战，杨素以大兵继进，突厥大败，达头身受重伤，遁逃，杀伤不可胜计，其部众号哭而去。

【华杉讲透】

杨素是战神，体现在这里。他能跟陈军水战，能跟突厥骑战，步兵、水军、骑兵，没有他不会的，别人的强项，他也比别人更强！

4 六月三日，皇帝任命豫章王杨暕为内史令。

5 宜阳公王世积为凉州总管，他的亲信、安定人皇甫孝谐有罪，官吏追捕他，皇甫孝谐逃亡去投奔王世积，王世积不接纳他。皇甫孝谐被发配桂州当兵，上书告发说："王世积曾经让道人给他相面，问能不能富贵，道人回答说：'公当为国主，又将去凉州。'他的亲信对王世积说：'河西天下精兵处，可图大事。'王世积说：'凉州地旷人稀，不是用武之国。'"王世积因此被诛杀，皇帝拜皇甫孝谐为上大将军。

6 独孤皇后性格妒忌，皇帝都不敢跟后宫其他嫔妃同房。尉迟迥的孙女，有美色，之前没入宫中为奴。皇帝在仁寿宫见到，喜欢她，因而得幸。独孤皇后趁皇帝上朝的机会，秘密将她杀死。皇帝由此大怒，单骑从苑中出，不走大路，直入山谷间二十余里。高颎、杨素等追上，扣马苦谏。皇帝叹息说："我贵为天子，不得自由！"高颎说："陛下不能因为一个妇人而轻率舍弃天下！"皇帝愤怒稍解，驻马良久，半夜才还宫。皇后在阁内等候，到了之后，皇后流涕跪拜谢罪，高颎、杨素等也帮忙和解，于是置酒尽欢。之前，皇后因为高颎是父亲家里的宾客，对他非常亲近礼遇，这回，听闻高颎说自己是一个妇人，于是怀恨在心。

当时太子杨勇已经不受皇帝宠爱，皇帝心中有废立之志，从容对高颎说："有神仙告诉晋王妃，说晋王必有天下，如何？"高颎长跪说："长幼有序，怎能废黜？"皇帝默然而止。独孤皇后知道高颎不会支持废黜太子，暗地里准备将他排挤出去。

正巧皇帝下令，选拔东宫卫士到宫禁和省台，高颎奏称："如果把强健的人都选拔走了，恐怕东宫宿卫太劣。"皇帝作色说："我有时出入，宿卫必须得勇毅。太子在东宫培育德行，左右何须壮士？太子设置强大的卫队，本身就是一种陋规。如果按照我的意见，在禁军轮调的时候，分一部分去东宫就行，皇宫卫队和东宫卫队一个编制，没有区别，岂不是好事？我熟悉前代历史，你不要走前人的老路。"高颎的儿子高表仁，娶了太子的女儿，所以皇帝说这话，已经对他有所提防。（杨坚要削弱太子卫队，为废黜太子做准备。他所说的前代老路，指太子利用东宫卫队造反。比如公元453年，刘宋的太子刘劭，皇帝刘义隆担心皇族叛乱，将东宫卫队扩编到一万人，与禁卫军兵力相当，结果刘劭利用卫队叛变。）

高颎夫人去世，独孤皇后对皇帝说："高仆射老年丧妻，陛下怎能不为他再娶？"皇帝把皇后的话告诉高颎。高颎流涕谢罪说："臣今已老，退朝，唯斋居读佛经而已。虽陛下垂哀之深，至于纳继室，不是臣的心愿。"皇帝于是停止。既而高颎的爱妾生下一个男孩，皇帝听闻，非常喜悦，皇后则十分不悦。皇帝问她缘故，皇后说："陛下还能再信任高颎吗？当初，陛下要为他娶妻，高颎心里装着爱妾，当面欺骗陛下。如今他的欺诈已经暴露，怎么能信任他？"皇帝由此疏远高颎。

讨伐高丽之役，高颎坚决谏止，皇帝不听，后来出师无功，皇后对皇帝说："高颎当初不想去，陛下强遣他去，妾就知道他会无功而返了！"又，皇帝因为汉王杨谅年少，把军事都委任给了高颎，高颎因为责任重大，总是怀着至公无私之心，也不会为自己避嫌，杨谅的建议，大多不听。杨谅怀恨在心，回来之后，哭泣着对皇后说："儿幸免为高颎所杀。"皇帝听闻，心中更加不平。

后来出击突厥，高颎从白道出师，计划深入沙漠，派使者到朝廷请求增兵，近臣借此说高颎要造反。皇帝还没回答，高颎已击破突厥班师。等到王世积伏诛，审问之际，谈及一些宫禁中的秘密，说是从高颎处得知，皇帝大惊。有司又上奏说："高颎及左右卫大将军元旻、元胄，都与王世积交往，并接受其名马等馈赠。"元旻、元胄都因此被免官。上柱国贺若弼、吴州总管宇文弼、刑部尚书薛胄、民部尚书斛律孝卿、兵部尚书柳述等证明高颎无罪，皇帝更加愤怒，将他们全部下狱，于是朝臣无人敢言。

秋，八月十日，高颎被控有罪，免上柱国、左仆射，以齐公身份回家。

不久，皇帝驾临秦王杨俊府第，召高颎侍宴。高颎嘘唏，悲不自胜，独孤皇后也与他相对而泣。皇帝对高颎说："朕不负公，公自己辜负自己。"并对侍臣说："我对高颎，比对我儿子还好，虽然不见面，也好像就在眼前。自从他解职回家，我完全把他忘了，就像从来没有高颎这个人一样。人臣不可以身要挟君王，夸耀说自己才是第一。"

不久，高颎封国的国令上书汇报高颎的一些隐秘之事，声称他的儿子高表仁对高颎说："司马懿当初称病不朝，结果得了天下。您如今有此遭遇，焉知非福？"于是皇帝大怒，囚禁高颎于内史省，审讯他。宪司又上奏，说和尚真觉曾经对高颎说："明年国有大丧。"尼姑令晖又说："十七、十八年，皇帝有大厄，十九年不可过。"皇帝听闻，更怒，回头对群臣说："帝王岂可力求？孔子以大圣之才，犹不得天下。高颎与儿子谈话，自比晋帝，是何居心？！"有司请将高颎斩首。皇帝说："去年杀虞庆则，今年斩王世积，如果再诛杀高颎，天下人会怎么说我？"于是除名为民。

高颎初为仆射时，他母亲告诫他说："你富贵已极，就差砍头了，你要谨慎！"高颎由此总是担心祸变。至此，高颎欢然无恨色。之前，国子祭酒元善对皇帝说："杨素粗疏，苏威怯懦，元胄、元旻就像两只鸭子一样随波逐流。可以托付社稷者，唯独高颎。"皇帝当初也认同。等到高颎得罪，皇帝深为斥责元善，元善忧惧而卒。

【华杉讲透】

王世积和高颎这两个人的结局，都是因为被人说坏话，一个被杀，一个被除名。对于皇帝来说，这些举报，根本无所谓真假，也无所谓信不信，只看自己想不想杀他。高颎欢然无恨色，是因为他没有被杀，只是除名。不过，他后来又被隋炀帝起用，然后因议论皇帝奢靡被杀，儿子们被流放。所以伴君实在太难，死罪活罪都防不胜防。

杨坚说皇宫卫队和东宫卫队应该一个编制，统一指挥，这是大事。太子有自己的卫队，就有发动政变的武力。高颎因为是太子亲家，积极保护太子，皇帝和皇后当然要把他撵出权力中心了。

7 九月，皇帝任命太常卿牛弘为吏部尚书。牛弘选拔官员，先德行而后文才，务在审慎，虽然动作迟缓，但他所进用的人，大多称职。吏部侍郎高孝基有很高的鉴别人才的能力，又极其清廉谨慎，但是，他爽俊有余，行为轻薄，当时执政的大臣多以此不信任他。唯独牛弘深知他的真性，推心委任他。隋朝选拔官员之得人，在此时达到顶峰，舆论都很佩服牛弘的见识和气度。

8 冬，十月二日，皇帝任命突厥突利可汗为意利珍豆启民可汗，汉语的意思是"意智健"。突厥归顺启民可汗的有男女一万余人，皇帝命长孙晟率五万人于朔州筑大利城以安置他们。当时安义公主已死，又派长孙晟持节送宗室女儿义成公主嫁给他为妻。

长孙晟上奏说："染干部落，归附的人越来越多，虽在长城之内，仍被雍虞闾（都蓝可汗）抄掠，不得宁居。建议迁徙到五原，以黄河为屏障，在夏、胜两州之间，东西两边都是黄河，南北四百里，挖掘堑沟为防御工事，让他们居住在里面，使得任情畜牧。"皇帝听从。

皇帝又令上柱国赵仲卿屯兵二万为启民防御达头可汗攻击，代州总管韩洪等率步骑兵一万镇守恒安。达头率十万骑兵来寇，韩洪军大败，赵仲卿从乐宁镇邀击，斩首一千余级。

突厥内乱，隋朝趁机招抚

9 皇帝派越公杨素出灵州，行军总管韩僧寿出庆州，太平公史万岁出燕州，大将军武威人姚辩出河州，以攻击都蓝可汗。大军还未出塞，十二月四日，都蓝为部下所杀，达头自立为步迦可汗，其国大乱。长孙晟对皇帝说："如今官军临境，数次战胜，敌人自己内乱，国主被杀，乘此招抚，可以尽降。建议派染干的部下去分道招慰。"皇帝听从。降者甚众。

卷第一百七十九 隋纪三

开皇二十年（600）至仁寿三年（603），共4年

高祖文皇帝中

开皇二十年（公元600年）

1 春，二月，熙州人李英林造反。三月二日，皇帝以扬州总管司马、河内人张衡为行军总管，率步骑兵五万人将他讨平。

2 贺若弼又犯事被下狱，皇帝数落他说："你有三太猛：嫉妒心太猛，自以为是、总认为是别人不对的心太猛，目无君上的心太猛。"既而又释放了他。有一天，皇帝对侍臣说："贺若弼将要讨伐陈国时，对高颎说：'陈叔宝可以讨平。只是我们这些人，会不会高鸟尽、良弓藏呢？'高颎说：'必定不会。'等到陈国平定，他就要求当内史，又要求当仆射。我对高颎说：'功臣可以授以勋官，不可掌实权参与朝政。'贺若弼后来对高颎说：'皇太子对我，出口入耳，言无不尽。你怎知自己将来不需要我的助力，现在为什么不帮我说句话？'他想要去广陵，又想得到荆州，这都是作乱之地，他的意图始终不改。"

突厥达头可汗入侵，朝廷出兵反击

3 夏，四月四日，突厥达头可汗侵犯边塞，皇帝下诏命晋王杨广、杨素出灵武道，汉王杨谅、史万岁出马邑道，以攻击达头。

长孙晟率降人为秦州行军总管，受晋王节度。长孙晟知道突厥人饮泉水，容易下毒，于是在泉水上流放毒药，突厥人畜饮之多死，大惊说："天雨恶水，是要我们灭亡吗？"于是连夜逃遁。长孙晟追击，斩首一千余级。

史万岁出塞，到大斤山，与突厥人遭遇。达头遣使问："隋将为谁？"候骑回报："是史万岁。"突厥人又问："是不是之前戍守敦煌的那位？"候骑说："是。"达头惧怕，撤走。史万岁驰追一百余里，纵击，大破之，斩首数千级；继续乘胜追击，进入沙漠数百里，突厥远遁，史万岁才班师。

皇帝下诏，派长孙晟再回大利城，安抚新归附的百姓。

达头又派他弟弟的儿子俟利伐从沙漠东部攻打启民可汗，皇帝又发兵协助启民可汗把守要路；俟利伐退走入沙漠。启民上表陈谢说："大隋圣人可汗怜养百姓，就如同上天，无所不覆，又如大地，无所不载。让我如枯木更换新叶，枯骨长出新肉，千世万世，常为大隋掌管羊马。"皇帝又派赵仲卿为启民可汗修筑金河、定襄二城。

4 秦王杨俊长时间生病，不能起身，遣使奉表陈谢。皇帝对他的使者说："我勠力创此大业，制作训词，率先垂范，让臣下遵守。你身为我的儿子，却要坏我的规矩，我不知道怎么斥责你？！"杨俊惭愧害怕，病情更加重了，皇帝于是再拜杨俊为上柱国。六月二十日，杨俊薨逝。皇帝哭了几声就停止了。杨俊所为的奢侈华丽之物，下令全部焚毁。王府僚佐请为杨俊立碑，皇帝说："要求名，一卷史书足矣，立碑做什么？如果子孙不能保家，白白给人做镇石！"杨俊的儿子杨浩，是崔妃所生；庶子名叫杨湛。群臣迎合皇帝旨意，奏称："汉朝栗姬的儿子刘荣、东汉郭皇后的儿子刘彊都因为母亲有罪而被废，如今秦王二子，母亲都有罪，不适合为继嗣。"皇帝听从，以秦国官员为丧主。

5 当初，皇帝命太子杨勇参决军国政事，杨勇时有赞同或反对的意见，皇帝都采纳。杨勇性格宽厚，率意任情，没有矫饰之行。皇帝性格节俭，而杨勇曾经穿着蜀地制造的精美铠甲，皇帝见了，不悦，告诫他说："自古帝王没有好奢侈而能久长的。你身为储君，应当以俭约为先，才能奉承宗庙。我以前的旧衣服，每种我都留下一件，不时拿出来看一看，以警诫自己。我担心你今天做了皇太子，就忘了当年的本分，所以赐给你我以前的带刀一枚，菹酱一盒，这是你以前做上士常吃的食物。如果你能记得以前的事，就应该知道我的心。"

后来，遇到冬至，百官都去见杨勇，杨勇奏乐受贺。皇帝知道了，问朝臣们说："近来听闻冬至日内外百官相率一起去朝见东宫，这是什么礼节呢？"太常少卿辛亶回答说："去东宫，是祝贺，不能说是朝见。"皇帝说："如果是祝贺，应该是三三两两，或者十个八个，随情各去，为什么由有司征召，全体集合？而太子身穿正式官服，奏乐以待，这样可以吗？"于是下诏说："礼有等差，君臣不杂。皇太子虽然是嗣君，但仍是臣子，而诸方军政大员，却在冬至前往东宫朝贺，各自进贡土产；此事不符合国家礼制，应该全部停断！"自此，皇帝对太子恩宠开始减退，渐渐产生猜疑。

杨勇多内宠，昭训云氏尤其受到宠幸。他的正妻元氏不受宠，心脏病突发，两天就薨逝了。独孤皇后怀疑死因，严厉责备杨勇。自此云昭训主持东宫，生下长宁王杨俨、平原王杨裕、安成王杨筠；高良娣生安平王杨嶷、襄城王杨恪；王良媛生高阳王杨该、建安王杨韶；成姬生颍川王杨煚；其他后宫美女生杨孝实、杨孝范。独孤皇后更加愤愤不平，不断派出暗探，寻求杨勇过恶。

晋王杨广抓住机会，更加矫揉造作，塑造自己形象，只与萧妃居处，后宫生下小孩都不养育，独孤皇后由此总是称赞杨广贤德。大臣掌权用事的，杨广都倾心与他们结交。皇帝及皇后每次派左右到杨广处，无论贵贱，杨广必与萧妃迎门接引，大摆美食宴会，送上厚礼，于是皇宫婢仆往来的，无不称其仁孝。皇帝与皇后曾经到杨广府第，杨广把美姬全部屏蔽，藏匿于别室，只留下又老又丑的，穿着没有绣花的朴素衣服，在左右服侍，屏帐改用素色绸缎，故意把乐器的琴弦都弄断，还积满灰尘。皇帝见了，以为他不好声色，还宫之后，告诉侍臣，非常高兴，侍臣都称庆。由此皇帝对杨广的喜爱超过其他儿子。

皇帝密令善于相面的人来看他的儿子们，回答说："晋王眉上双骨隆起，贵不可言。"皇帝又问上仪同三司韦鼎："我的儿子们谁能嗣位？"回答说："皇上、皇后所最爱的那一位该得，不是臣敢预知的。"皇帝笑道："你不肯明说吗？"

晋王杨广姿仪优美，性格敏慧，深沉稳重，好学，善写文章，敬接朝士，极其屈身谦卑，由此声名远播，冠于诸王。

杨广为扬州总管，入朝，将要回到镇所，入宫辞别独孤皇后，伏地流涕，皇后也泫然泣下。杨广说："臣性识愚下，常守平生昆弟之意，不知何罪失爱于东宫，怒火一直不息，要对我加以屠戮陷害。我恐惧受到谗言陷害，甚至酒杯汤勺之中，也担心会被下毒，所以勤忧积念，惧怕危亡。"皇后愤然说："睍地伐（杨勇乳名）越来越让人无法忍受，我为他娶元氏女，竟不以夫妇之礼相待。专宠阿云，让她生下那么多猪狗。之前新妇被毒死，我也不能彻底调查，他怎么又如此对你？我还在世，就尚且如此，我死之后，他就要视你为鱼肉吗？！每次想到东宫竟没有生下嫡子，皇帝千秋万岁之后，让你等兄弟向阿云的儿子们叩头问安，这是何等痛苦啊！"杨广又拜，呜咽不能止，皇后也悲不自胜。自此皇后决意废杨勇而立杨广了。

【华杉讲透】

独孤皇后是个超级嫉妒狂。她不仅让丈夫杨坚不能碰其他美女，儿子杨勇不宠爱正妻，她也痛恨他是"渣男"，把他与"阿云"生的儿子们称为猪狗。这是她的弱点，这个弱点就被杨广利用，成就了夺嫡大业。

皇帝和皇后对继承人有一个关键考核指标，KPI（Key Performance

Indicator）就是节俭和不好色，这就自然会带来"KPI现象"，催生"KPI艺术家"，专门设计满足你的考核指标，而带来各种匪夷所思的后果。杨广的各种表演，都围绕这个KPI进行。他"后庭有子皆不育"，生下孩子"不育"是什么意思？是送人了还是杀掉了？皇子不太方便把美人生下的孩子送人，杀掉的可能性大。独孤皇后说杨勇生下一群猪狗，她不知道，杨广才是把自己亲生儿子当猪狗一样杀掉了，以包装他的"仁孝"形象。而最终，杨坚、杨勇都要死在这个"KPI艺术家"杨广手里。

杨广与安州总管宇文述一向关系亲善，想要拉拢他，上奏举荐他为寿州刺史。杨广尤其亲信任用总管司马张衡，张衡为杨广筹划夺宗之策。杨广问计于宇文述，宇文述说："皇太子失去皇帝和皇后的宠爱已经很久，天下人也听不到他有什么美德。而大王您以仁孝著称，才能盖世，数次经历沙场，频频立下大功；皇上与皇后，都对您非常钟爱，四海之望，实在是也归心于大王。但是，废立太子，是国家大事，我处在他人父子骨肉之间，实在是不方便出谋划策。不过，能改变皇上主意的，唯有杨素，杨素的参谋，唯有他的弟弟杨约。我十分了解杨约，请让我有机会入朝，到京师与杨约相见，和他商量。"杨广大悦，多赠金宝，资助宇文述入关。

杨约当时为大理少卿，杨素凡有所为，都先与杨约筹划，然后施行。宇文述宴请杨约，盛陈器玩，与他畅饮，然后赌博，每次都故意输，所带的金宝全部都输给杨约了。杨约所得既多，表示不好意思。宇文述说："这都是晋王的赏赐，让我与你一起欢乐罢了。"杨约大惊说："所为何事？"宇文述于是传达杨广意图，乘势游说："守正履道，固然是人臣之常理；但是，违反经典而合乎大义，也是通达者的宏图大计。自古贤人君子，无不顺应时代的脉搏，以避祸患。你们兄弟，功名盖世，当权用事已经很多年了，朝臣中被你们欺压而屈辱的，数不胜数！而且，太子想要做的事，总是不能做到，对执政高官切齿痛恨。你虽然受到皇帝宠信，但是想扳倒你的人也多了去了！皇上一旦驾崩，谁能庇护你？如今皇太子失爱于皇后，皇上一向有废黜之心，这是你所知道的。如今请立晋王，全在你哥哥一句话。如果能因此时建大功，晋王必定永远铭记于骨髓，这正是让你家去累卵之危，成泰山之安的好计策。"杨约同意，报告杨素。杨素听闻，大喜，拍掌说："我的智慧，还想不到这一层，全靠你启发我！"杨约知道这事成了，又对杨素说："如今皇后的话，皇上没有不听的，应该找机会表态归附，则长保荣禄，传祚子孙。哥哥如果迟疑，一旦有变，令太子用事，恐怕大祸临头了！"杨素听从。

过了几天，杨素入宫侍宴，故意说："晋王孝悌恭俭，很像皇上。"用此话试探皇后的意思。皇后哭泣着说："你说得对！我这儿子大孝爱，每次听说皇上和我派内使到，必定亲自到边境迎接；说到离别，没有不哭的。他的媳妇也太可怜，我派一个婢女去，也常与她同寝共食。哪里像睍地伐（杨勇乳名）与阿云对坐，终日酣宴，昵近小人，猜忌自己的骨肉兄弟！我之所以越发可怜阿𪉈（杨广乳名），就是经常害怕他被杨勇杀死。"杨素既已知道皇后的意思，乘势盛言太子不才。皇后于是馈赠金子给杨素，让他说服杨坚废立太子。

杨勇也颇知道他们的阴谋，忧惧，不知道怎么办，让新丰人王辅贤制造各种祈福和诅咒物件，希望化解厄运。又在后园做庶人村，室屋卑陋，不时在其中寝息，布衣草褥，希望以此来减少对他的指责。皇帝知道杨勇不能自安，在仁寿宫派杨素去观察杨勇所为。杨素到了东宫，在外面坐下来慢慢休息，不马上进去，杨勇衣冠整齐地等待，杨素故意很长时间都不进去，以激怒杨勇。杨勇怀恨在心，形于言色。杨素回来报告皇帝说："杨勇心怀怨望，恐怕发生事变，希望严加戒备！"皇帝听到杨素的谮言诋毁，非常怀疑。皇后又派人伺探东宫，鸡毛蒜皮的小事全都上奏，加以诬饰，以成其罪。

皇帝于是疏远猜忌杨勇，在玄武门到至德门之间安排侦探，观察动静，都随事奏闻。又，东宫宿卫之人，侍官以上，名籍全部划归各禁军府，勇健的全部撤走。外放太子左卫率苏孝慈为淅州刺史，杨勇更加不悦。太史令袁充对皇帝说："臣观天文，皇太子当废。"皇帝说："天象早已显现，群臣不敢言而已。"袁充，是袁君正之子。

晋王杨广又令督王府军事、姑臧人段达私底下贿赂东宫幸臣姬威，令他监视太子动静，密告杨素；于是内外喧谤，太子的各种过失一天天奏闻上来。段达乘势威胁姬威说："东宫过失，皇上都知道了。已奉密诏，定当废立，你如果能主动告发他，就能得到大富贵！"姬威许诺，即刻上书告发。

秋，九月二十六日，皇帝从仁寿宫返回。第二天，登临大兴殿，对侍臣说："我刚刚回到京师，应该开怀欢乐，不知道为什么反而悒然愁苦？"吏部尚书牛弘回答说："臣等不称职，所以让陛下忧劳。"皇帝既已多次听到对太子的谮毁，怀疑朝臣们全都知道了，故意当众发问，希望听到他们说出太子的过失。牛弘的回答没有对上他的意思，皇帝于是脸色大变，对东宫官属说："仁寿宫离此不远，却让我每次回京师，都严备仗卫，好像进入敌国。我因为腹泻，和衣而睡。昨夜为了方便随时上厕所，本来睡在后殿，但是担心有紧急事变，又移到前殿来，这岂不是你们这些人想要坏我家国吗？！"于是逮捕太子左庶子唐令则等数人，交付所司审讯；命杨素陈述东宫各种罪状，以告近臣。

杨素于是公开说："臣奉敕向京，令皇太子搜捕刘居士余党。太子奉诏，勃然大怒，脸上的骨肉都要飞起来，对臣说：'刘居士党羽已经全部伏法，你让我去哪里抓？！你是右仆射，责任不轻，你自己去抓，关我什么事！'又说：'当年如果大事不成（指杨坚篡位），我先被诛杀，如今做了天子，竟让我还不如诸位弟弟，我一件事也不能做主？！'然后长叹一声，回头看着我说：'我觉得自己行动大受限制。'"杨坚说："此儿不能胜任继嗣已经很久了，皇后一直劝我废黜他。我因为他是平民时所生，又是长子，希望他能自己改正，所以隐忍至今。杨勇曾经指着皇后的侍女对人说：'这都是我的。'他这话多不像话！他的妻子（元妃）刚死的时候，我就极度怀疑是被毒死的，曾经责备他，他即刻回怼说：'我以后还要杀元孝矩（元妃的父亲）。'他这是想害我，而把怒气撒到元孝矩身上吧。长宁（杨勇的长子杨俨，封长宁王）刚出生时，朕与皇后把他抱来抚养，自从心里有了芥蒂，他接连派人来，要接回去。况且那云定兴的女儿，本身就是在外跟人私通而生，想想这个由来，怎么知道是他家的种？当年晋太子（司马遹）娶屠夫家女儿，他的儿子就喜欢杀猪。婚配如果不能门当户对，就乱了皇家血统。我的品德虽然赶不上尧、舜，终究也不会把天下百姓交给不肖之子！我一直害怕被他加害，如防大敌；今天要废黜他，以安天下！"

【华杉讲透】

行有不得，反求诸己

这一段的教训是什么？就是人际关系。人际关系是量子力学，有观测者误差，测不准原理，无论你听到别人说什么，你都不要信！特别是说坏话。哪怕是你最亲近最信任的人说某人坏话，你也不要信，放在一边，搁置起来就行。说好话呢，也不必信，也放在一边，搁置起来就行。

如果是你自己亲眼看到他的行为呢？那也不要信！因为他的行为也会变。

总之，听到的，看到的，都不信。同时，也不是不信，无所谓信或者不信。那么，信什么呢？信自己！这就是修身齐家治国平天下的道理。

身为领导者，你周围的人怎么样，大部分不是他决定，是你决定。行有不得，反求诸己。你是什么样的人，身边就有什么样的人，不是也会变成是。杨坚不明白，杨勇和杨广，其实无所谓谁好谁坏，杨广最终害死了杨勇，也不证明杨广是坏人，杨勇是好人，都是杨坚自己造成的结果。

杨坚被一群奸臣玩弄于股掌之中，都是因为他自己狭隘，活该。

杨坚废黜皇太子杨勇

左卫大将军、五原公元旻进谏说："废立大事，诏旨若行，后悔无及。谗言陷害，无所不用其极，希望陛下明察。"

皇帝不回应，命姬威详细陈述太子罪恶。姬威回答说："太子平时与臣说话，一心只在骄奢，并且说：'如果有进谏的，正当斩首，杀个一百来人，自然就消停了。建造台殿，一年四季都不停。之前苏孝慈被解除左卫率职务，太子翘起胡子，挥动手肘，说：'大丈夫总有一天扬眉吐气，这事我不会忘记，到时候一定要称心快意。'又，太子宫内所需之物，尚书多依法不给，太子就怒道：'仆射以下，我会杀一两个人，让他们知道怠慢我的危害。'还经常说：'皇帝厌恶我侧室多，庶子多，高纬、陈叔宝岂是庶子吗？'曾经令师姥占卜吉凶，对臣说：'皇帝忌日在十八年，他死期快到了。'"皇帝流泪说："谁不是父母所生，怎么到这种地步？！朕近来阅览《齐书》，见高欢放纵他的儿子，不胜愤愤，我怎么能效仿他！"于是软禁杨勇及他的儿子们，又布置逮捕他的党羽。杨素舞文弄墨，扭曲编造，兴起大狱。

过了几天，有司按杨素的授意，上奏弹劾元旻经常曲意侍奉杨勇，巴结依附，在仁寿宫，杨勇派他的亲信裴弘送信给元旻，信封上写着："不要让人看见。"皇帝说："朕在仁寿宫，有一点鸡毛蒜皮的小事，东宫都必定知晓，比驿马传递还快，我觉得奇怪已经很长时间了，难道是他吗？"派武士执仗逮捕元旻。右卫大将军元胄当时正要下班，却不走，遂上奏说："臣之前不下班，就是为了防备元旻。"皇帝将元旻及裴弘投入监狱。

之前，杨勇看见老枯槐，问："这东西有什么用？"有人回答说："古槐尤其适合用来取火。"当时卫士都佩有火燧，杨勇命工匠制造数千枚，准备用以分赐左右。至此，在仓库中被查获。又，药藏局贮藏艾草数斛，也被发现，皇帝大为奇怪，问姬威，姬威说："太子此意别有所在，陛下在仁寿宫，太子常养马一千匹，说：'径往守住城门，自然饿死。'"杨素以姬威的话诘问杨勇，杨勇不服，说："我听闻陛下有马数万匹，我身为太子，有马一千匹，怎么算是要造反呢？"杨素又抄出东宫服装器玩，凡是装饰雕刻过的，全部陈列于殿庭，展示给文武群官，为太子之罪。皇帝及皇后频繁遣使责问杨勇，杨勇不服。

冬，十月九日，皇帝派人召杨勇，杨勇看见使者，惊道："难道是要杀我吗？"皇帝身穿军服，集结禁军，登武德殿，集百官立于东面，诸皇亲立于西面，引杨勇及诸子列于殿庭，命内史侍郎薛道衡宣诏，废杨勇及其儿子、女儿为王、公主者，并为庶人。杨勇再拜说："臣当伏尸都市，为将来鉴戒；幸蒙哀怜，得全性命！"言毕，泣下流襟，既而叩头而去，左右莫不默然哀伤。长宁王杨俨（杨勇长子）上表乞请为禁军卫士，辞情哀切；皇帝览之悲恻。杨素进言说："希望圣心如同砍下被毒蛇咬过的手臂，不要再放心上。"

十月十三日，皇帝下诏："元旻、唐令则及太子家令邹文腾、左卫率司马夏侯福、典膳监元淹、前吏部侍郎萧子宝、前主玺下士何竦全部处斩，妻妾子孙都没入官府为奴。车骑将军榆林人阎毗、东郡公崔君绰、游骑尉沈福宝、瀛州术士章仇太翼，特免死，各杖打一百棍，本人及妻子儿女、资财、田宅全部没收。副将作大匠高龙叉、率更令晋文建、通直散骑侍郎元衡皆处以自尽。"于是集群官于广阳门外，宣诏处刑。将杨勇转移到内史省，按五品官员待遇给予粮食。赏赐杨素绸缎三千匹，元胄、杨约各一千匹，酬报他们查办杨勇的功劳。

文林郎杨孝政上书进谏说："皇太子为小人所误，宜加训诲，不宜废黜。"皇帝怒，捶打他的前胸。

当初，云昭训的父亲云定兴，出入东宫，毫无节制，数次进献奇服异器以取悦谄媚；左庶子裴政屡次进谏，杨勇不听。裴政对云定兴说："你的所作所为，不合法度。又，元妃暴薨，路上谣言纷纷，这对于太子，不是好名声。你应该自己引退，不然，将要大祸临头。"云定兴把这话告诉杨勇，杨勇更加疏远裴政，由是外放为襄州总管。唐令则为杨勇所狎昵，杨勇常命他到内宫教姬妾弹琴唱歌，右庶子刘行本责备他说："庶子当辅太子以正道，岂能取媚于房帏之间！"唐令则非常羞愧，但是又不能改正。当时沛国人刘臻、平原人明克让、魏郡人陆爽，都以文学才能为杨勇所亲近；刘行本恨他们不能劝导杨勇，总是说他们："你们这些人只知道读死书吧。"夏侯福曾经于阁内与杨勇游戏，夏侯福大笑，外面都能听到。刘行本听闻，等他出来，数落他说："殿下宽容，给你脸面。你是什么人，敢如此亵慢？"然后把他交付给执法人员惩治。过了几天，杨勇为夏侯福求情，才释放他。杨勇曾经得到一匹良马，想要请刘行本骑乘观赏，刘行本正色说："皇上让臣做太子宫庶子，是要让臣辅导殿下，不是为殿下作弄臣。"杨勇惭愧而止。等到杨勇失败，二人已经去世，皇帝叹息说："如果裴政、刘行本还在，杨勇不至于落到如此地步。"

杨勇曾经宴请宫臣，唐令则自弹琵琶，歌《婤媚娘》。洗马李纲起身报告杨勇说："唐令则身为宫卿，职责是辅佐太子，却在大厅广座之中自比倡优，进淫声，秽视听。事情如果被皇上知道，唐令则罪在不测，岂不是也连累了殿下吗？臣请速治其罪！"杨勇说："我自己找点乐子罢了，你不要多事！"李纲于是起身离开。等到杨勇被废，皇帝召东宫官属切责，都惶惧不敢回应。唯独李纲说："废立大事，当今文武大臣都知道不可以，却没人肯发言，臣何敢畏死，不为陛下陈述实情吗？太子的性情，本是中等人才，可与为善，也可与为恶。如果陛下能择正人来辅导他，足以嗣守鸿基。如今却以唐令则为左庶子，邹文腾为家令，二人只知道以弦歌鹰犬来娱悦太子，怎么能不到这个地步呢？此乃陛下之过，不是太子之罪。"然后伏地流涕呜咽。皇帝惨然良久，说："李纲责备我，并非无理，但是只知其一，不知其二。我也选择了你做宫臣，但是杨勇并不亲任你，所以，就算我选对了人，又有什么用？"李纲回答："臣之所以不被亲任，是因为奸臣在侧。陛下如果斩了唐令则、邹文腾，更选贤才以辅太子，怎么知道臣一定会被疏远抛弃呢？自古废立冢嫡，很少有不倾危的，希望陛下深留圣思，不要以后后悔。"皇帝不悦，罢朝，左右都吓得两腿打战。正巧尚书右丞空缺，有司请指示人选，皇帝指着李纲说："这就是最好的右丞！"即刻任用。

【华杉讲透】

太子被废，原因简单地说就是家庭矛盾，具体说是婆媳关系。独孤皇后是婆婆，杨坚又是个"妻管严"，大隋王朝此时的政治，就是个"婆媳政治"。独孤皇后喜欢元妃，厌恶"阿云"，而元妃暴毙，"阿云"得意，所以连带迁怒于太子，非把他拿下不可。皇帝和皇后的意思有了，下面的野心家们就无所不用其极，姬威说太子那些话，全是投枪、匕首、炮弹，如果不是拿准了这是杨坚想听的，他怎么敢说！杨坚听了，流泪说："谁不是父母所生，怎么到这种地步！"他怎么就没想一想，杨勇真说过这些话吗？他有那么傻吗？只是杨坚自己希望把杨勇说得十恶不赦，让自己理直气壮地废黜他，没有心理负担罢了。

李纲说，太子是中人资质，可以为善，也可以为恶。这话只说对了前一句。太子确实是中人资质。但是，在那无限权力的高位，只有圣人才能为善，中人一定会滑向恶。这就是为什么中国需要圣人了。

杨素诬告史万岁，史万岁含冤而死

太平公史万岁从大斤山还师，杨素嫉妒他的战功，对皇帝说："突厥本来已经投降，当初根本就不是来入侵，只是来塞上畜牧而已。"于是把史万岁的功劳压下了。史万岁数次上表，陈述事实，皇帝并未醒悟。皇帝废太子，正穷治东宫党羽。皇帝问史万岁在哪，史万岁本来在朝堂，杨素说："史万岁去谒见东宫了！"以激怒皇帝。皇帝信以为真，下令召史万岁。当时出征将士在朝堂称冤的有数百人，史万岁对他们说："我今天为你们向皇上全力争取，事情会有结果的。"既见了皇帝，说："将士有功，为朝廷所压制！"词气愤怒严厉。皇帝大怒，令左右将他拖出去，乱棍打死。皇帝既而后悔，派人追回前命，已经来不及，于是下诏陈述他的罪状，天下人都为史万岁感到冤惜。

晋王杨广被立为皇太子

十一月三日,皇帝立晋王杨广为皇太子。全国地震,太子请求官服、车马、器具的规格,都降低一级,又不许太子宫官员对自己称臣。十二月三日,皇帝下诏批准。任命宇文述为左卫率。当初,杨广密谋夺宗时,洪州总管郭衍有参与,由此征召郭衍为左监门率。

皇帝囚禁故太子杨勇于东宫,交付太子杨广掌管。杨勇自认为无罪被废,频频请求见皇帝申冤,而杨广阻止他,不让皇帝知道。杨勇于是爬到树上大叫,声音传到皇帝那里,希望得到召见。杨素于是说杨勇情志昏乱,被癫鬼附体,没有康复的可能了。皇帝也以为然,于是不见。

当初,皇帝攻克陈国时,天下都以为将要太平,监察御史房彦谦私底下对所亲近的人说:"主上忌刻而苛酷,太子卑弱,诸王擅权,天下虽安,正担心危乱。"他的儿子房玄龄也密言于房彦谦说:"主上本无功德,以诈取天下,几个儿子都骄奢不仁,必然自相诛夷,如今虽然太平,其亡可翘足以待。"房彦谦,是房法寿的玄孙。

房玄龄与杜杲哥哥的孙子杜如晦都被选拔为预选官员,吏部侍郎高孝基被大家认为有知人之明,见了房玄龄,感叹说:"我阅人无数,从没见过像他这样的人,以后必为伟器,我只恨自己看不见那一天了!"见了杜如晦,对他说:"君有应变之才,必任栋梁之重。"把自己的子孙托付给二人照顾。(唐太宗时代的"房谋杜断"登上历史舞台。)

6 皇帝晚年深信佛道鬼神,十二月二十六日,下诏:"有盗毁佛及天尊、岳、镇、海、渎神像者,以不道论罪;和尚毁佛像,道士毁天尊像者,以恶逆论罪。"

【柏杨注】

杀一家三口是"不道",十恶之一,遇赦不赦。杀父母、祖父母、丈夫,为"恶逆",十恶之一,遇赦不赦。五岳:东岳泰山、西岳华山、南岳衡山、北岳恒山、中岳嵩山。九镇:会稽山镇扬州、衡山镇荆州、华山镇豫州、沂山镇青州、岱山镇兖州、岳山镇雍州、医巫闾山镇幽州、恒山镇冀州、霍山镇并州。二海：东海、南海。四渎：长江、黄河、淮河、济水。各有神祇，杨坚下令为这些神祇建立庙宇，竖立神像，设立官员负责香火洒扫。

7 本年，皇帝征召同州刺史、蔡王杨智积入朝。杨智积，是皇帝弟弟的儿子。性情自律谨慎，从不跟人有私人交往，自奉简陋朴素，皇帝很怜悯他。杨智积有五个儿子，只教读《论语》《孝经》，不让他们交通宾客。有人问他缘故，杨智积说："你不了解我。"他的意思是担心儿子们有才能，给自己招祸。

【华杉讲透】

无欲无求，是一种生存之道

此处说杨智积"门无私谒"，又不许儿子们交通宾客。门无私谒，就是只有公事，没有私事，不跟任何人有私人交往和交情，也就不存在结党营私，与所有人保持"等距离"。公事来往，都有记录，自己则保持"全透明"。无欲无求，只求平安无事，这是一种生存之道。

持这种生存之道的人，也并非完全回避政治而不求上进，在政治斗争的微妙平衡中，他往往也可能成为"各方都能接受的人"而登上高位。

不过，杨智积心怀危惧，也有原因，他的父亲和杨坚关系不好，母亲又和独孤皇后关系恶劣。所以，他一生只求平安。临死病危都不叫医生，只庆幸自己终于能死在自家床上。

8 齐州行参军、章武人王伽押送流放囚犯李参等七十余人到京师，走到荥阳，哀怜他们的悲苦，把他们全部召集起来，说："你们犯了国法，身体被绳索捆绑，固然是理所应当，又连累押送你们的士卒一起受苦，岂不愧心！"李参等谢罪。王伽于是将他们身上的枷锁全部解开，解除押送士卒的任务，与他们约定说："某日当准时抵达京师，如果延期，我当为你们受死。"于是舍之而去。流犯感悦，如期而至，没有一个离叛逃跑的。皇帝听闻，惊异，召见他谈话，称赞了很久。于是召见全部流放犯，令他们带着妻子儿女一起进宫，赐宴于殿庭，将他们全部赦免。并下诏说："凡是有生命的，都含有灵气，禀受天性，都知道是非善恶。如果临以至诚，明加劝导，则风俗必从教化，人人向善。以往海内乱离，德教废绝，官吏没有慈爱之心，人民怀有奸诈之意。朕想要遵从圣法，以德化民，而王伽深识朕意，诚心宣导，李参等感悟，自己奔赴司法机关报到。这表明，率土之人，并非难以教导。如果官员们都能像王伽这样，而人民都能向李参学习，刑罚被舍弃不用的日子，就不远了！"

擢升王伽为雍县县令。

【华杉讲透】

这件事很有意思，房彦谦说"主上忌刻而苛酷"，像杨坚这样一个忌刻而苛酷的人，也有奖劝慈爱之心。这就是王阳明说的，人人都有良知，杨坚虽然残酷，但也知道仁爱是对的，这就是他的良知。

王伽与流放犯人之约，真因到底是什么？他为什么释放他们？合理分析，是押送的过程太残酷，太悲苦，太不人道了，他的恻隐之心无法忍受，而且这样拖拖拽拽，恐怕也不能按期抵达。陈胜、吴广押送犯人，发现无法按期抵达的时候，反正也是死，他就揭竿而起。王伽押送犯人，发现无法按期抵达，自己也要成为罪犯，他就干脆放弃了，不管了，你们能自己到，则大家都好；不能到，我就去受死！

结果呢，这一场豪赌，赌出了一个喜剧大团圆结局。这不是杨坚"以德化民"的结果，是他的暴政下开出的一朵历史奇葩。

9 太史令袁充上表称："隋朝兴起之后，白昼时间渐长，开皇元年，冬至的日影长一丈二尺七寸二分；从那天开始渐短，到十七年，短于从前三寸七分。太阳离地面近，则日影短而白昼长，太阳离地面远，则日影长而白昼短；太阳在内侧轨道运行，则离地面近，在外侧轨道运行，则离地面远。按《元命包》说：'日月离开内侧轨道，璇玑星正常运行。'《京房别对》说：'太平时代，太阳行上道；升平时代，行次道；霸道时代，行下道。'大隋开国以来，上感苍天，日影短而白昼长，自古以来都少有。"皇帝临朝，对百官说："白昼变长的喜庆，是上天保佑。如今太子新立，应当改年号，宜取白昼变长之意以为年号。"之后工匠们作役，都增加了工作时间，因为白昼变长了。工匠们深以为苦。

仁寿元年（公元601年）

1 春，正月一日，大赦天下，改年号为仁寿。

2 擢升尚书右仆射杨素为左仆射，纳言苏威为右仆射。

3 正月十三日，改封河南王杨昭为晋王。

4 突厥步迦可汗侵犯边塞，击败代州总管韩弘于恒安。

5 任命晋王杨昭为内史令。

6 二月一日，日食。

7 夏，五月七日，突厥男女九万口来降。

8 六月三日，派遣十六位使者巡视各地风俗。

杨坚下令精简学校，改国子学为太学

9 六月十三日，皇帝下诏，认为天下学校学生多而不精，只挑选国子学学生七十人留下，太学、四门及州县学全部废除。殿内将军、河间人刘炫上表切谏，不听。

秋，七月，改国子学为太学。

【柏杨注】

自西汉王朝设立太学。学校时有废除，但都是因为内乱外患，政府无力经办。7世纪最初十年，国泰民安，杨坚却撤销学校，借口学生水准太低，目的却是愚民，使全国没有识字之人，使他的政权永葆。

10 当初，皇帝接受北周禅让，担心民心未服，所以不断宣传符瑞以炫耀，那些伪造而进献的，不可胜计。冬，十一月九日，皇帝在南郊祭天，跟泰山封禅礼仪规格一样，把祭文刻在木板上，详细叙述前后符瑞以答谢上天。

11 山僚作乱，朝廷以卫尉少卿、洛阳人卫文昇为资州刺史以镇抚之。卫文昇名卫玄，以字行世。初到任时，山僚正在攻打大牢镇，卫文昇单骑造访山僚大营，对他们说："我是刺史，带着天子诏书，安养你等，不要惊惧！"群僚不敢动。于是说以利害，渠帅感悦，解兵而去，前后归附者十余万口。皇帝大悦，赏赐绢布两千匹。十一月十二日，皇帝任命卫文昇为遂州总管。

12 潮州、成州等五州僚人造反，高州酋长冯盎驰诣京师，申请前往讨伐。皇帝下令杨素与冯盎讨论贼军形势，杨素感叹说："想不到蛮夷中有如此人才！"即刻派遣冯盎征发江南及岭南兵出击。民变很快平定，皇帝任命冯盎为汉阳太守。

13 皇帝下诏，任命杨素为云州道行军元帅，长孙晟为受降使者，带着启民可汗，北上攻击步迦可汗。

仁寿二年（公元602年）

1 春，三月二十一日，皇帝前往仁寿宫。

杨素追击突厥思力俟斤，大败之

2 突厥思力俟斤等南渡黄河，掳掠启民可汗男女六千口、杂畜二十余万而去。杨素率诸军追击，转战六十余里，大破之，突厥北走。杨素再次追击，夜里追上，担心他们逃走，下令骑兵稍稍退后，自己带着两名骑兵及投降过来的两个突厥人与敌人并行，敌人毫无察觉。等他们准备宿营，安顿未定，杨素发动后面的骑兵掩击，大破之，缴获全部人畜以归还启民可汗。从此突厥远遁，沙漠以南再也没有劫掠。因为杨素立功，皇帝擢升他的儿子杨玄感为柱国，封另一儿子杨玄纵为淮南公。

3 兵部尚书柳述，是柳庆的孙子，娶兰陵公主为妻，恃宠使气，自杨素以下，都不敢惹他。皇帝问符玺直长（掌管皇帝符玺的官员）万年人韦云起："外面有什么不妥的事，可以告诉我。"柳述当时侍奉在侧，韦云起上奏说："柳述骄豪，没有什么历练，兵机要重，不是他所能胜任的。只因为是皇帝的女婿，就身居要职。臣恐怕舆论会认为陛下任命官员不选贤才，而私心照顾自己所亲爱的人，这就是最不妥的事。"皇帝非常赞同他的话，回头对柳述说："云起的话，就是你的良药，可以他为良师益友。"

秋，七月十日，皇帝下诏命内外百官各自举荐自己所知道的贤才。柳述举荐韦云起，任命为通事舍人。

4 益州总管、蜀王杨秀，容貌魁伟，有胆气，好武艺。皇帝每每对独孤皇后说："杨秀的结局一定很坏，我在的时候，还不需要担心，等他的兄弟当家，必定造反。"大将军刘哙讨伐西爨时，皇帝令上开府仪同三司杨武通带兵跟进。杨秀任命自己嬖幸的人万智光为杨武通的行军司马。皇帝认为杨秀所任非人，谴责他，并对群臣说："破坏我的法令的，就是我的子孙阿。譬如猛虎，别的动物害不了他，反为皮毛间所生的那些寄生虫所损食罢了。"于是拆分杨秀所统领的部队。

自从长史元岩去世后，杨秀渐渐骄奢僭越，造浑天仪，多捕山僚充当宦官，车马被服，都比拟皇帝乘舆。

等到太子杨勇以谗言被废，晋王杨广为太子，杨秀心中愤愤不平。太子杨广担心杨秀终究是后患，秘密令杨素索求他的罪状，向皇帝进谗言。皇帝于是征召杨秀，杨秀犹豫，想要称病不行。总管司马源师进谏，杨秀作色说："这是我家事，你管那么多干吗？"源师垂涕回答说："我既然在大王幕府，敢不尽心！圣上有敕追召大王，已经数月，如今拖延不去。百姓不知道大王的心，如果生出异议，内外猜疑惊骇，发出雷霆之诏，派来一位使者，大王何以自明？希望大王仔细考虑。"

朝廷担心杨秀生变，七月十二日，任命原州总管独孤楷为益州总管，乘驿马车飞驰前往替换杨秀。独孤楷抵达，杨秀还不肯走；独孤楷讽喻很久，杨秀才上路。独孤楷发现杨秀脸上有后悔之色，于是勒兵防备；杨秀走了四十余里，想要回去袭击独孤楷，侦察知道有备，才停止。

独孤皇后驾崩

5 八月十九日，皇后独孤氏驾崩（享年五十九岁）。太子杨广在皇帝及宫人面前哀恸绝气，好像他无法承受失去母亲的打击，回到自己私室，则饮食言笑如平常。又，每天下令要四十两米，而私令另外取肥肉、干肉、腌鱼等，放置在竹桶中，以蜡封口，以头巾裹起来送进去。

【华杉讲透】

杨坚以诈术窃国，你看他的儿子，杨勇、杨广、杨秀，再看他任用的人杨素，都是一样的人，凶狠、狡诈、贪婪、骄奢。有这四大"文化"，国祚不长，也就理所当然了。

著作郎王劭上言："佛说：'人在升天及进入无量寿国之时，天佛会大放光明，以香花妓乐来迎接。'大行皇后的福缘善果，祯祥符瑞，都在谶书上有记载，说她是妙善菩萨。臣仔细考察发现，八月二十二日，仁寿宫内将降下金花银雨；二十三日，大宝殿后夜有神光；二十四日卯时，永安宫北有自然种种音乐，震满虚空；至夜五更，恢复宁静，皇后就在此时升天，与经文所说，全部符合应验。"皇帝览表，悲喜交集。

6 九月十一日，皇帝自仁寿宫返回。

7 冬，十月九日，擢升工部尚书杨达为纳言。杨达，是杨雄的弟弟。

8 闰十月十日，皇帝下诏，命杨素、苏威与吏部尚书牛弘等修订五礼（吉礼、凶礼、军礼、宾礼、嘉礼）。

9 皇帝令上仪同三司萧吉为皇后选择葬地，得到一块吉地，说："占卜年代，可以享国二千年，传世二百代。"皇帝说："吉凶由人，不在于地。高纬葬父，岂不占卜吗？没多久就亡国了。正如我家墓田，如果说不吉，朕不当为天子；如果说不凶，我弟不当战死。"但还是听了萧吉的话。萧吉退下后，告诉族人萧平仲说："皇太子派宇文左率来向我深深致谢，说：'公之前称我当为太子，竟然应验，终生不忘。如今占卜山陵，务必令我早日即位。我即位之后，当以富贵相报。'我对他说：'四年之后，太子御天下。'如果太子得政，隋朝就要亡了吧。我之前骗皇帝说'卜年二千'，'二千'实际上是'三十'两个字；'卜世二百'，取'世二'两个字，传两代。你要记住！"

闰十月二十八日，葬文献皇后于太陵。皇帝下诏："杨素经营葬事，勤求吉地，论杨素此心，事极诚孝，平戎定寇的功业，岂能与他相比！可另封一子为义康公，采邑万户。"并赐田三十顷，绢布一万段，米一万石，金珠绫锦数量也与此相当。

【华杉讲透】

萧吉说"二千"就是"三十"，因为古文竖着写。这些都是事后吹嘘，胡说八道。而且是隋朝亡了之后才吹的，隋朝在时他哪敢吹这个牛！但是史家在写一个将亡的王朝时，按惯例就要选取一部分这样的"史料"，连野史都算不上，但是作者采信了，就写进正史了。因为吹牛而"名垂青史"的，比比皆是。

蜀王杨秀被废为庶人

10 蜀王杨秀抵达长安，皇帝见了他，不跟他说话。第二天，派使者去痛斥谴责他。杨秀谢罪，太子杨广及诸王则到朝堂流涕求情。皇帝说："之前秦王（杨俊）靡费财物，我以父亲之道训导他。如今杨秀蠹害生民，当以君王之道将他绳之以法。"于是交付执法者。开府仪同三司庆整进谏说："庶人杨勇既废，秦王已薨，陛下的儿子也不多了，何至于此！蜀王性格耿介，如今被重责，恐怕他发生意外。"皇帝大怒，要割断庆整的舌头，对群臣说："当斩杨秀于市以谢百姓。"于是下令杨素等调查审理。

太子暗中制造两个木偶，捆绑双手，心口钉上钉子，又戴上枷锁和脚镣手铐，上面写着皇帝及汉王杨谅姓名，另写："请西岳慈父圣母神兵收杨坚、杨谅神魂，如此形状，勿令散荡。"秘密埋之于华山下，让杨素发掘出来，又说杨秀妄述图谶，称京师妖异，蜀地吉祥，并作檄文，说"指期问罪"，把这些材料放在杨秀案件卷宗里面，全部奏闻皇帝。

皇帝说："天下竟有这种事？！"

十二月二十日，废杨秀为庶人，幽禁在内侍省，不许他与妻子儿女相见，只有僚婢二人供驱使，连坐的有一百余人。杨秀上表谢罪说："希望陛下慈恩，赐下怜悯，在我残息未尽之间，希望与瓜子相见，并请赐给一块墓地，让我的骸骨能得以安葬。"瓜子，是他的爱子。皇帝于是下诏数落他十条罪状，并且说："我不知道杨坚、杨谅是你的什么亲人？"之后允许他与儿子同处。

当初，杨素曾经因一点小罪责被皇帝敕送南台，命治书侍御史柳彧审理。杨素仗恃自己身份尊贵，坐在柳彧坐榻上。柳彧从外面进来，看见了，于阶下端起笏板，面容严肃地对杨素说："奉敕治公之罪！"杨素于是从坐榻上下来。柳彧据案而坐，让杨素站在庭中，柳彧问话，杨素作答。杨素由此怀恨在心。蜀王杨秀曾经从柳彧处要李文博所撰写的《治道集》，柳彧给了他；杨秀送给柳彧奴婢十人。等到杨秀得罪，杨素上奏柳彧以内臣交通诸侯，除名为民，配戍怀远镇。

皇帝派司农卿赵仲卿前往益州彻查杨秀案，杨秀的宾客所经过之处，赵仲卿必定深刻用法，把他们全套进去，州县长吏连坐者超过三分之二。皇帝认为他很能干，赏赐甚厚。

【华杉讲透】

皇帝成了奸臣们借刀杀人的刀，杀得越狠，还赏赐越多。对于被陷害的人来说，什么叫"暗无天日"，这就深切体会了。赵仲卿办案，凡是跟杨秀的宾客有过交往的人，他全都罗织进去。这就让我们理解了为什么很多人为求自保而"不交通宾客"，如果想要绝对安全，你就不能有任何朋友，因为不知道哪个朋友或朋友的朋友出事，就把你牵连进去。

过了很久，贝州长史裴肃遣使上书，称："高颎以天赋良才，佐命元勋，为众人所嫉恨，以致废弃；愿陛下录其大功，忘其小过。又，二庶人（杨勇、杨秀）得罪已久，岂会没有洗心革面之心！愿陛下弘君父之慈，顾天性之义，各封他们一个小国，再观其所为：如果能改好，再渐渐提高他们的待遇；如果还是不知悔改，再贬削也不晚。如今断绝了他们的自新之路，他们就是有愧悔之心，陛下也看不见，岂不哀哉！"奏书递上来，皇帝对杨素说："裴肃忧心我家事，这也算是至诚吧。"于是征召裴肃入朝。太子杨广听闻，对左庶子张衡说："假如杨勇改过自新，想要做什么呢？"张衡说："看裴肃的意思，想要让他像吴太伯、汉东海王（二人都是长子、太子，主动让国给兄弟）罢了。"裴肃到京，皇帝当面晓谕以杨勇不可救药之意，遣送他回去。裴肃，是裴侠之子。

杨素的弟弟杨约及叔父杨文思、杨文纪、族父杨忌并为尚书、列卿，诸子无汗马之劳，位至柱国、刺史；广营资产，自京师及各地大城市、旅馆、商店、磨坊、便利田宅，不可胜数；家童数千，后庭妓妾身穿绮罗者数以千计；宅第华丽奢侈，规格比拟宫禁；亲朋故吏都位居显要。既废一太子及一王，威权更盛。朝臣有违忤者，甚至被诛杀灭族；有攀附他们的或他家亲戚，虽无才用，必加擢升，朝廷官员像强风下的衰草一样，无不匍匐畏附。敢与杨素平起平坐而不屈膝的，唯有柳彧及尚书右丞李纲、大理卿梁毗而已。

当初，梁毗为西宁州刺史，前后十一年，蛮夷酋长都认为谁的金子多，谁就是老大，所以互相攻夺，没有一年消停的。梁毗深以为患。后来，诸酋长争相赠送金子给梁毗，梁毗把金子放在坐侧，对着恸哭，对他们说："此物饥不可食，寒不可衣，汝等以此相灭，不可胜数，现在这么多金子在我这里，是要杀我了吗？"一概不收。于是蛮夷感悟，不再互相攻击。皇帝闻而称善，征召他入京任大理卿，执法公正。

梁毗见杨素专权，恐为国患，于是上呈亲启密奏，说："臣听闻，为人臣者，不能作威作福，那会害了家，也会毁了国。我观察左仆射、越国公杨素，受皇上宠幸恩遇越重，权势日隆，上下官员，都竖起耳朵听他口风，睁大眼睛看他脸色。冒犯他的，就算在夏天也会降下寒霜使其凋零；阿谀他的，寒冬也能降下甘雨。他一句话，就能让人荣华富贵，或身败名裂；手指头一动，就能让人飞黄腾达，或万劫不复；他所喜爱的，都不是忠贞之士；他所擢升的，全是自家亲戚，布满全国州县的刺史、太守、县令，都是他家子弟。如果天下无事，还能不做出叛逆的事；如果四海动荡，他家就一定是祸源。奸臣擅命，都是逐渐积累而来，王莽凭借的是王家长期当权的成果，桓玄也是从他的父辈桓温开始，而一个终结了汉朝，一个倾覆了晋祚。陛下如果以杨素为宰相，臣恐怕他的心未必能像伊尹。希望陛下以古今历史为镜鉴，酌情处置，让洪基永固，率土幸甚！"奏书递上去，皇帝大怒，将梁毗逮捕下狱，亲自诘问。梁毗极言："杨素擅宠弄权，将领之处，杀戮无道。又太子、蜀王罪废之日，百官无不震惊惶悚，唯独杨素扬眉奋肘，脸上见到喜色，把国家有事作为自身的幸运。"皇帝无法反驳，于是将他释放。

其后皇帝也逐渐疏远猜忌杨素，于是下敕说："仆射是国之宰辅，不可躬亲细务，只需三五日上朝一次，评论大事。"表面上是示以优崇，实际上是夺了他的实权。从此直到杨坚去世，杨素都不再过问尚书省的事。又外放杨约为伊州刺史。

杨素既被疏远，吏部尚书柳述权势就更大，摄理兵部尚书，参掌机密；杨素由此憎恨他。

太子问贺若弼说："杨素、韩擒虎、史万岁都称良将，其优劣如何？"贺若弼说："杨素是猛将，不是谋将；韩擒虎是斗将，不是领将；史万岁是骑将，不是大将。"太子说："那么大将是谁呢？"贺若弼下拜说："全靠殿下选择！"贺若弼的意思，他自己才算得上是大将罢了。

【华杉讲透】

权势越大，受到的猜忌越大

梁毗弹劾杨素说："臣无有作威作福，其害于家，其凶于国。"这是《尚书·洪范》里的话。臣不可作威作福，谁可以呢？还有一句话："惟辟作福，惟辟作威。"原意是只有君王才能独揽威权，擅行赏罚。

作威作福，有八个抓手，就是"刑德八柄"，是《周礼》中君王驾驭群臣的八项大权：

一是"爵",可以封爵,让人尊贵;二是"禄",丰厚的俸禄,可以让人富有;三是"予",给予额外的赏赐,可以让人欢喜;四是"置",可以任用他,让他有作为;五是"生",可以让他人身安全,安享幸福;六是"夺",剥夺他的财产,让他贫穷;七是"废",废黜他的官爵,让他不敢犯罪;八是"诛",可以诛杀,让他不敢叛逆。

这八个"刀把子",实际上杨素都操在自己手上了。所以杨坚再怎么信任他,这局面也不能允许,必须削夺他的权势。

杨坚之后,杨广不得不用他,他又为杨广立下大功。但是,功劳越大,权势越大,杨广对他的猜忌也就越大。他最终勉强得以"善终",但他的子孙就善终不了了。

11 交州俚帅李佛子作乱,占据越王故城,派他哥哥的儿子李大权占据龙编城,别帅李普鼎占据乌延城。杨素举荐瓜州刺史、长安人刘方有将帅之略,皇帝下诏,以刘方为交州道行军总管,统二十七营而进。刘方军令严肃,有犯必斩;又能仁爱士卒,有疾病者必亲临问候,士卒也以此感怀他。到了都隆岭,与贼军遭遇,击破之。进军兵临李佛子营,先晓谕以祸福。李佛子惧,请降,被解送长安。

仁寿三年(公元603年)

幽州总管燕荣被赐死,元弘嗣代之

1 秋,八月三日,赐幽州总管燕荣死。

燕荣性格严酷,鞭挞左右,动辄打到一千鞭。有一次在道路旁看见一丛荆棘,认为适合做刑杖,命人砍取,当场就找一个人来试。那人自陈无罪,燕荣说:"以后有罪,可以抵消。"后来那人犯错,要杖打他,他说:"前日被杖,使君许诺说,有罪该打的时候可以抵消。"燕荣说:

"没罪都打，何况有罪！"照样打了他一顿。

观州长史元弘嗣调任幽州长史，担心被燕荣所辱，坚决推辞。皇帝敕令燕荣说："弘嗣如果犯了杖打十棍以上的罪，都必须奏闻朝廷。"燕荣愤然说："竖子敢玩我？！"于是派元弘嗣负责监督收纳仓米，如果扬起来有一粒糠皮，或者有一粒米颗粒不够饱满的，都处罚他。虽然每次鞭笞不满十下，但是一日之中，可能就要打三次。如此过了一年，双方之间怨恨越来越深。燕荣于是逮捕元弘嗣下狱，禁绝他的粮食，元弘嗣抽出衣服里面的棉絮，混着水咽下去。他的妻子到宫阙前申冤，皇帝派使者调查，上奏说燕荣暴虐，还贪赃枉法，情节严重。皇帝将他征召还朝，赐死。元弘嗣代燕荣为政，比燕荣更加残酷。

2 九月二十三日，设置常平官（掌管义仓）。

3 本年，龙门人王通到宫门前，献上《太平十二策》，皇帝不能用，将他遣返。王通于是在黄河、汾水之间教书授徒，弟子从远方来的非常多，累次征召他入朝，他都拒绝。杨素对他非常敬重，劝他出仕，王通说："我的祖先给我留下敝庐，足以遮蔽风雨，薄田足以食粥，读书谈道足以自乐。愿明公正身以治天下，使时和岁丰，那么，我也受您的恩赐很多了，不愿出仕。"有人对杨素进谗言说："他其实是怠慢您，您为什么还敬重他？"杨素拿这话问王通，王通说："如果您可以被怠慢，那我是对的；不可怠慢，那是我错了。对错都在我，您何必在意？"杨素待他如初。

弟子贾琼问如何平息诽谤，王通说："不辩。"问如何平息怨恨，回答："不争。"王通曾经说："一个从来不下大赦令的国家，其刑法一定公平；一个赋税沉重的国家，其财力一定脆弱。"又说："听到别人诽谤就发怒的，最容易被谗言挑拨离间；见到别人赞誉就欢喜的，就会集聚谄媚佞人在自己身边，自己杜绝这两个毛病，谗佞也就离你远去了。"大业末年，王通在家中逝世，门人给他拟谥号为"文中子"。

【华杉讲透】

对待诽谤的态度是，不在乎完美形象

王通是大儒、大教育家。他这段不辩不争和远离谗佞的论述，非常有现实意义，因为这仍是我们每天都会遇到的问题。

遇到诽谤是常事，特别是你越有名，越会招来诽谤，所谓"誉满天下，谤亦随之"。我们首先要认识别人诽谤你的真因，无外乎两个：一是羡慕嫉妒恨，二是把你当媒体。因为诽谤你，能引起注意，特别是如果能引起你的注意，你回应了，反驳了，他的声音就通过你这个媒体被放大了。名人是媒体，不要被人利用为传播他声音的媒体，这是一个原则，更何况他要传播的是诽谤你的声音。我在社交媒体上有一个习惯，对所有不逊的留言一律不回应，即刻拉黑，不允许他关注我及在我的账号下留言，就是这个原理。我不搭理，拉黑了，他诽谤我的话就只有他自己知道，而且没机会再说了。我如果公开回应反驳，那全世界都知道了。

无论是诽谤、赞誉、谄媚，只要你搭理，你就成为他的媒介。王通古文原话："闻谤而怒者，谗之囮也；见誉而喜者，佞之媒也；绝囮去媒，谗佞远矣。"这里的"囮"，也是媒介的意思。从理论上，这是一个传播学的媒介环境学问题。

再说说我们自己对诽谤的态度，首先是不在乎，不需要完美形象。古人的智慧有"君子自污"，就是不仅不要完美形象，而且在发现自己形象太完美的时候，主动给自己泼一点脏污，省得别人来泼。第二呢，也不要记恨诽谤我们的人，中国还有一句俗话："谁在人后不说人。"我们经常都在背后非议他人，说朋友、同事、老板，甚至兄弟、父母、老公、老婆的坏话，这是人性。为什么听见别人说你的坏话你就生气呢？如果这样"闻谤而怒"，就会被人进谗言，特别是别人根本没说你坏话，是进谗言的人编造的，你就上当了。杨坚就死在这上面。

见誉而喜，我们要反过来理解，多赞美别人。别人赞美我们，我们最多是不会当真，但是没有讨厌那个赞美我的人的。所以，多赞美别人，是一种美德。

4 突厥步迦可汗所部大乱，铁勒仆骨等十余部，都背叛步迦而投降启民。步迦部众崩溃，向西投奔吐谷浑；长孙晟把启民可汗送到碛口，启民于是兼并了步迦的全部部众。

卷第一百八十　隋纪四

仁寿四年（604）至大业三年（607），共4年

高祖文皇帝下

仁寿四年（公元604年）

1 春，正月九日，大赦天下。

2 皇帝将避暑于仁寿宫，术士章仇太翼坚持劝谏；不听，太翼说："此行恐怕銮舆不返！"皇帝大怒，把他关押进长安狱，准备等回来后将他斩首。

正月二十七日，皇帝抵达仁寿宫。

正月二十八日，下诏命一切赏赐及财政开支，事无巨细，全部委托皇太子。

夏，四月乙卯（四月无此日），皇帝生病。

六月六日（原文为庚申，根据柏杨考证修改），大赦天下。

秋，七月十日，皇帝病危，躺在床上与百官辞诀，并握手嘘唏，命太子赦免章仇太翼。

杨坚病逝，太子杨广即位

七月十三日，杨坚崩逝于大宝殿（享年六十四岁）。

高祖杨坚性格严肃持重，令行禁止，勤于政事。每天早上开始听朝，到中午还不知疲倦。虽然在财物上很吝啬，但对于赏赐功臣，毫不吝惜；将士战没，必加优赏，并派遣使者慰问其家属。爱护百姓，劝勉考课耕田种桑，轻徭薄赋。对自己的生活条件，务求节俭朴素，乘舆御物，破旧之后，还修修补补，继续使用；除了宴会，平时每顿饭不过一道肉菜；后宫女人所穿的衣裳，都是洗过之后再穿。天下人受他的风气影响，开皇、仁寿之间，男人都只穿绢布，不穿绸缎，带钩不过是铜铁骨角，不用金玉装饰。所以全国衣料和粮食大量积蓄，仓库都满了，要溢出来。受禅之初，人民户口不满四百万，到仁寿末年，超过八百九十万，仅冀州已经一百万户。但是，他猜忌苛察，相信谗言，功臣故旧，没有能够保全始终的；以至于对自家子弟，都如同仇敌，这是他的短处。

当初，独孤皇后死后，宣华夫人陈氏、容华夫人蔡氏都有宠。陈氏，是陈高宗之女（陈叔宝的妹妹）；蔡氏，是丹杨人也。皇帝病卧于仁寿宫，尚书左仆射杨素、兵部尚书柳述、黄门侍郎元岩皆入阁侍疾，召皇太子杨广入居大宝殿。杨广考虑到皇帝万一逝世，须预先防备，亲笔写了一封信，送出去问杨素；杨素写上一条条注意事项回复杨广。宫人误送到杨坚处，杨坚看了，大为气愤。陈夫人天亮时出去上厕所，被杨广逼着求欢，陈夫人拒绝，得以脱身，回到杨坚处。杨坚见她神色有异，觉得奇怪，问她缘故。陈夫人流泪说："太子无礼！"杨坚大怒，擂床说："畜生何足以托付大事！独孤误我！"于是呼唤柳述、元岩说："召我儿！"柳述等将呼太子杨广，杨坚说："是杨勇。"柳述、元岩出阁草写敕书。杨素听闻，向杨广报告，矫诏逮捕柳述、元岩，关押进大理狱；征调东宫兵士，接管皇宫宿卫，门禁出入，都由宇文述、郭衍节度；令右庶子张衡入寝殿侍疾，将后宫女子全部遣出到别的房间；一会儿工夫，杨坚崩逝。所以朝廷中外，颇有异议。陈夫人与后宫听闻事变，相顾战栗失色。黄昏时分，杨广派使者送来一个小金盒，上面贴了一纸封条，杨广亲笔写了一个"封"字，以赐给陈夫人。陈夫人见了，惶惧，以为是毒药，不敢打开。使者催促，才勉强开启，盒中有同心结数枚，宫女们都喜悦，相互说："得以免死了！"陈氏羞愤交加，退后坐下，不肯致谢；诸宫人一起催逼她，这才拜谢使者。当夜，杨广与她同房。

七月二十一日，发丧，太子杨广即皇帝位。正巧伊州刺史杨约来朝，杨广派杨约进入长安，更换留守人员，矫称高祖诏书，赐故太子杨勇死，将他缢杀；然后陈兵集众，公布高祖死讯。炀帝杨广听闻，说："哥哥优秀，弟弟果然也堪当大任。"追封杨勇为房陵王，但是不设置嗣子。（追封一个死人王爵，又不许他的子孙继承，这就是个虚名。）

八月三日，杨坚灵柩从仁寿宫运回京师。八月十二日，暂时殡厝在大兴前殿。柳述、元岩都被除名，柳述被流放龙川，元岩被流放南海。皇帝杨广令兰陵公主与柳述离婚，想要把她改嫁；公主以死自誓，不再朝见，上表请与柳述一起流放，杨广大怒。公主忧愤而死，临终，上表请葬于柳氏坟地。杨广更加愤怒，竟不哭，赠送的葬仪也非常微薄。

【王鸣盛曰】

杨坚遗诏，列数杨勇罪恶，盛称杨广仁孝，说："为了普天下之人民，恶子孙已被罢黜，好子孙足以负荷大业。"这份诏书是杨广企图奸淫庶母之前，由杨坚亲自拟定。等到后来，杨坚准备召回杨勇，罢黜杨广，不久就被害死。杨坚只有五个儿子，杨勇、杨广、杨俊、杨秀、杨谅，都是独孤皇后所生。他常对文武官员说："我身边没有小老婆，五个儿子都是一个娘亲，都是真正的骨肉手足，不像历代君王，宠妾太多，庶子纷争，那才是亡国之道。"杨坚无论如何也想不到，自己被次子杨广所杀。长子杨勇及他的儿子杨俨、杨裕、杨筠、杨嶷、杨恪、杨该、杨韶、杨煚、杨孝实、杨孝范，全部被杨广诛杀。杨广及杨秀，杨广的次子杨暕，杨俊的儿子杨浩、杨湛，以及杨秀的儿子（名字不详），杨谅的儿子杨颢，杨广的孙子杨倓，全部被宇文化及诛杀。杨俊被他的王妃崔氏毒死，杨广的第三子杨杲被裴虔通诛杀，杨广的孙子杨侑被李渊诛杀，另一孙儿杨侗被王世充诛杀。杨家一门四代，凶死的一共三十余人。杨坚勤俭爱民，在位期间并无大恶，但是他对北周宇文皇族及宇文泰、宇文觉、宇文毓、宇文邕、宇文赟各君王子孙的屠杀，数目不下五六十人，则自己遭到毒手，后裔惨遭杀害，也是报应昭彰。

【李世民曰】

此人性至察而心不明。夫心暗则照有不通，至察则多疑于物。又欺孤儿寡妇以得天下，恒恐群臣内怀不服，不肯信任百司，每事皆自决断，虽则劳神苦形，未能尽合于理。朝臣既知其意，亦不敢直言，宰相以下，惟即承顺而已。

【华杉讲透】

唯有心中光明，才能智慧无碍

李世民把杨坚说透了，他心理阴暗，谁都不信任。越是谁都不信任，就越是要找出自己可以信任的人。于是坏人就按他的标准去设计自己的形象，骗取他的信任，最终把他骗得精光。

李世民说杨坚"心暗则照有不通"，自己心里狭隘阴暗，就没有"照妖镜"，照不出杨广这妖精原形。唯有心胸宽广，心中光明，才能智慧无碍，一切都在我的覆盖范围，物来心照，了了分明。

3 太史令袁充上奏说："皇帝即位，与尧受命时年纪相同。"暗示百官上表祝贺。礼部侍郎许善心表示异议，认为："正在国丧期间，不宜称贺。"左卫大将军宇文述一向厌恶许善心，指使御史弹劾他；许善心被调任给事郎，降品二等。

汉王杨谅起兵造反

4 汉王杨谅有宠于高祖杨坚,为并州总管,自崤山以东,直到东海,南到黄河,五十二州都是他的辖区,特许他以便宜从事,不拘律令。杨谅自以为所居为天下精兵出处,见太子杨勇以谗言被废,时常怏怏不乐,后来蜀王杨秀获罪,更加不能自安,阴蓄异图。对高祖杨坚说:"突厥方强,宜修武备。"于是大发工役,缮治器械,招集亡命之徒,左右私人武装达到数万人。突厥曾经入寇边境,高祖杨坚命杨谅抵御,为突厥所败;其所领将帅因此被解职除名的有八十余人,全部发配岭南。杨谅因为他们都是自己的老部下,奏请把他们留下,高祖怒道:"你身为藩王,唯当敬依朝命,怎能私论宿旧,废国家宪法?!你这小子,哪一天我不在了,恐怕就要蠢蠢妄动,他(指杨广)取你就如笼内抓鸡,你留下这些所谓心腹有什么用?!"

王颇,是王僧辩之子,风流倜傥,好奇略,为杨谅咨议参军;萧摩诃,是陈氏旧将,二人都不得志,每每郁郁思乱,都为杨谅所亲善,赞成其阴谋。

正巧荧惑星守着东井星,仪曹、邺人傅奕通晓星历,杨谅问他说:"这是什么祥瑞?"回答说:"天上东井星,是黄道必经之路,荧惑星从旁经过,这是常理,如果进入地上井,那才算奇怪。"杨谅不悦。

等到高祖崩逝,炀帝杨广派车骑将军屈突通以高祖玺书征召他。之前,高祖与杨谅有密约:"如果我用玺书召你,敕字旁边会另加一点,又与玉麟兵符相合的,当就征。"等杨谅打开敕书,没有那一点,杨谅知道有变。杨谅诘问屈突通,屈突通态度强硬不屈,于是杨谅将他遣返长安。杨谅发兵造反。

总管司马、安定人皇甫诞切谏,杨谅不听。皇甫诞流涕说:"我料定大王的兵资不是京师之敌;加上君臣之位已经确定,逆顺形势悬殊,士马虽精,难以取胜。一旦陷身叛逆,名字悬挂于刑书之上,就算想要做一个布衣百姓,也不可得了。"杨谅怒,将他囚禁。

岚州刺史乔钟葵将要响应杨谅,其司马、京兆人陶模阻拦他说:"汉王图谋不轨，您身受国家厚恩，当竭诚效命，岂能做反贼的阶梯？！"乔钟葵失色说："你反了吗？"把刀架在他脖子上，陶模辞气不挠，乔钟葵被他的大义感动，释放他。军吏说："如果不斩陶模，无以压服众心。"于是将他囚禁。跟从杨谅造反的，一共有十九个州。

王颁对杨谅说："大王所部将吏，家属都在关西，如果用这些人，则当长驱深入，直据京都，所谓迅雷不及掩耳；但如果想要割据旧齐之地，则最好任用东方人。"杨谅不能决断，于是兼用二策，倡言杨素谋反，起兵讨伐。

【华杉讲透】

不要为情绪驱使

情绪驱使加上一厢情愿加上痴心妄想，很多事都是这样做下的。而作为发动机的那个情绪，就是不甘心，不服气。杨广登基，杨谅的权位利禄肯定要受影响，他不甘心，也不服气，就要造反。

皇甫诞说："窃料大王兵资非京师之敌，加以君臣位定，逆顺悬殊，士马虽精，难以取胜。"这两句话已经把形势说透了。一来杨谅的兵将不如杨广，二来君臣名分已定，杨广是君，杨谅是臣；要打，则杨广是顺，杨谅是逆。权力的合法性胜过百万雄兵，别说杨广不是昏君，就算他是昏君暴君，你要推翻他也是不可能的，超小概率事件，所以只能缴枪不杀，根本不能反。但是，人身在其中，就看不清，容易一厢情愿，痴心妄想，为情绪所驱使，做出万劫不复的事来。

其次，如果要反，就要师出有名，说讨伐杨素算怎么回事呢？杨素并未控制杨广，全天下人都知道，不能直接针对杨广，而拿杨素做靶子，这在政治上毫无号召力。

杨谅的造反大业，一开始就输了。

总管府兵曹、闻喜人裴文安对杨谅说："井陉以西，在大王掌握之内，山东士马，也为我所有，应该全部征发，分遣老弱兵屯守要害，仍命他们随时攻略土地，然后率领精锐，直入蒲津关（黄河渡口）。请让我为前锋，大王以大军继后，风行雷击，屯兵于霸上。咸阳以东，可指麾而定。京师震扰，军队不能马上集结，上下相疑，群情离骇；我陈兵号令，谁敢不从？！十日之间，大事可定。"杨谅大悦，于是派所署大将军余公理从太谷出发，直指河阳，大将军綦良从滏口出发，向黎阳进军，大将军刘建从井陉出发，攻略燕、赵土地，柱国乔钟葵从雁门出发，任命裴文安为柱国，与柱国纥单贵、王聃等直指京师。

皇帝杨广任命右武卫将军、洛阳人丘和为蒲州刺史，镇守蒲津。杨谅简选精锐骑兵数百人，戴着女人面罩，诈称杨谅的宫女回长安，门卫没有察觉，直入蒲州，城中豪杰也有响应的。丘和发觉事变，翻城墙逃出，回到长安。蒲州长史、渤海人高义明，司马、北平人荣毗都被反叛军逮捕。

裴文安等离蒲津还有一百余里，杨谅忽然改变意图，令纥单贵截断黄河大桥，坚守蒲州，而召裴文安还师。裴文安到了，对杨谅说："兵机诡速，本想出其不意。大王自己不去，又把我召回，让敌人能够从容制订计划，大事去矣。"杨谅不回答。任命王聃为蒲州刺史，裴文安为晋州刺史，薛粹为绛州刺史，梁菩萨为潞州刺史，韦道正为韩州刺史，张伯英为泽州刺史。

代州总管、天水人李景发兵抵御杨谅，杨谅派部将刘嵩袭击李景，被李景击斩。杨谅再派乔钟葵率劲勇之士三万人攻击，李景战士不过数千，加之城墙不坚固，被乔钟葵猛攻，城墙不断崩毁，李景一边作战，一边修筑，士卒都殊死战斗；乔钟葵屡战屡败。司马冯孝慈、司法吕玉都骁勇善战，仪同三司侯莫陈乂足智多谋，还特别擅长守城战术，李景知道这三人可用，推诚委任他们，自己毫不干涉，只是安坐公堂，不时巡视慰劳而已。

杨素率轻骑五千人袭击王聃、纥单贵于蒲州，夜，抵达黄河岸边，收商贾船，得数百艘，船内铺上草，走在上面发不出声音，于是衔枚而渡，在天快亮的时候，发动攻击。纥单贵败走，王聃恐惧，献出城池投降。皇帝下诏，征召杨素还京。起初，杨素将要出发时，计算击破贼军的日期，一切都和他预想的一样，于是皇帝任命杨素为并州道行军总管、河北道安抚大使，率众数万以讨伐杨谅。

杨谅初起兵时，他的王妃的哥哥豆卢毓为王府主簿，苦谏，不从，私底下对他的弟弟豆卢懿说："我如果单马归朝，自然可以免祸，但这只是为自身考虑，不是为国家效力。不如暂且假装跟从，慢慢看有什么机会。"豆卢毓，是豆卢勋之子。豆卢毓的哥哥、显州刺史豆卢贤对皇帝说："臣弟豆卢毓一向心怀志节，必定不会跟从叛乱，只是被凶威所逼，不能按自己心意行事。臣请从军，与豆卢毓里应外合，杨谅不足为虑。"皇帝批准。豆卢贤秘密派家人带皇帝敕书到豆卢毓处，与他计议。

杨谅出城，将要前往介州，令豆卢毓与总管属朱涛留守。豆卢毓对朱涛说："汉王叛逆，转眼之间就会失败，我辈岂可坐受夷灭，辜负国家！我当与你出兵抗拒他。"朱涛惊道："大王以大事相付，你怎么说这话？！"朱涛拂衣而去，豆卢毓追上去，将他斩首。豆卢毓将皇甫诞从监狱中释放，与他商议，及开府仪同三司宿勤武等关闭城门，抗拒杨谅。还未部署完毕，有人报告杨谅，杨谅回师袭击。豆卢毓看见杨谅抵达，欺骗他的部众说："这是敌军！"杨谅攻南门，稽胡兵守南城，不认识杨谅，射击；箭如雨下；杨谅移师攻西门，守兵认识杨谅，即刻开门接纳，豆卢毓、皇甫诞都被杀死。

綦良攻打慈州刺史上官政，不能攻克，引兵攻打行相州事薛胄，又不克，于是从滏口进攻黎州，切断白马津黄河渡口。余公理穿过太行陉，攻打河内，皇帝任命右卫将军史祥为行军总管，驻军于河阴。史祥对军吏说："余公理轻率无谋，恃众而骄，容易对付。"余公理屯驻河阳，史祥在南岸集结舟船，余公理在北岸聚兵抵挡。史祥简选精锐，于下游秘密渡河，余公理听闻，引兵抵御，战于须水。余公理还未列阵完毕，史祥突击，余公理大败。史祥东进黎阳，綦良军不战而溃。史祥，是史宁之子。

皇帝将要征发幽州兵，怀疑幽州总管窦抗有二心，问杨素派谁去能拿下窦抗，杨素举荐前江州刺史、渤海人李子雄，授上大将军，拜广州刺史。又任命左领军将军长孙晟为相州刺史，征发山东兵，与李子雄共同配合。长孙晟推辞说自己的儿子长孙行布在杨谅所部，皇帝说："公体国之深，终究不会因为儿子而违背大义，朕如今委任你，你不要推辞。"李子雄驰马到幽州，住进传舍，召募得一千余人。窦抗来谒见李子雄，李子雄埋伏甲士，将他生擒。窦抗，是窦荣定之子。

李子雄于是征发幽州步骑兵三万人，从井陉向西，攻击杨谅。当时刘建包围戍将、京兆人张祥于井陉，李子雄击破刘建于抱犊山下，刘建逃遁。李景被包围一个多月，皇帝下诏，命朔州刺史、代人杨义臣前往救援。杨义臣率马步兵二万人，夜出西陉，乔钟葵全军出战抵挡。杨义臣因为自己兵少，集中军中牛驴，得数千头，再令士兵数百人，每人手持一鼓，秘密驱赶牛驴，藏匿于涧谷间。傍晚，杨义臣再与乔钟葵交战，双方士兵刚刚接触，命驱牛驴者疾进，一时鸣鼓，尘埃张天，乔钟葵军不知道发生了什么，以为是伏兵发动，因而奔逃崩溃；杨义臣纵兵攻击，大破之。

杨素生擒萧摩诃，杨谅请降

晋州、绛州、吕州三州都站在杨谅阵营，为他守城，杨素每座城留二千人，监视牵制他们，自己率大军进攻杨谅基地并州。杨谅派部将赵子开拥众十余万，以栅栏工事截断山路，屯据高壁，布阵五十里。杨素令诸将以兵进逼，自己率奇兵潜入霍山，沿着崖谷前进。杨素扎营于谷口，自己坐在营外，命军司入营简留三百人守营，军士害怕北兵之强，不想出战，多愿守营，因此延迟。杨素责问原因，军司如实回答，杨素即刻召所留三百人出营，全部斩首；再问谁愿留下，没有一个愿留的。杨素于是引军驰进，绕到北军之北，直指其营，鸣鼓纵火；北军不知所为，自相踩踏，杀伤数万。杨谅所任命的介州刺史梁修罗，屯驻介休，听闻杨素军到，弃城逃走。

杨谅听闻赵子开兵败，大惧，自己率众近十万人，拒战杨素于蒿泽。当时天降大雨，杨谅想要引军撤退，王颎进谏说："杨素悬军深入，士马疲弊，大王以锐卒，又是亲自率领出击，其势必克。如果望敌而退，示人以怯，就会沮战士之心，长敌人志气，希望大王不要撤退。"杨谅不听，退守清源。

王颎对他的儿子说："形势恶劣，兵必败，你可跟着我。"杨素进击杨谅，大破之，生擒萧摩诃。杨谅退保晋阳，杨素进兵包围，杨谅穷途末路，请降，余党全部平定。皇帝派杨约带着手诏，前往慰劳杨素。

王颎将逃奔突厥，走到山中，径路断绝，知道跑不掉了，对儿子说："我的计谋不比杨素差，只是杨谅对我言不能听，计不能从，以至于此，不能坐受擒获，以成竖子之名。我死之后，你一定不要去投奔亲戚故旧。"于是自杀，尸体藏在石窟中。他儿子数日不得食，于是去投奔故人，结果反而被对方生擒；王颎尸体也被查获，送到晋阳枭首示众。

群臣上奏，说汉王杨谅当死，皇帝不许，除名为民，并从皇室户籍中除名，杨谅最终被幽禁而死。杨谅所部吏民连坐被处死及流放的，有二十余万家。

当初，高祖与独孤后相互非常恩爱，发誓绝不会跟别的女人生孩子，曾经对群臣说："前世天子，沉溺于嬖幸，以至于嫡庶纷争，遂有废立之事，甚至亡国；朕没有别的姬侍，五个儿子同母，可以说是真兄弟，岂有这种担忧吗？"杨坚又吸取周室诸王微弱的教训，所以派诸子分据大镇，专制方面，权力几乎和皇帝相当。到了晚年，父子兄弟互相猜忌，五个儿子都未能善终。

【司马光曰】

当初辛伯警告周桓公说："对嫔妃的宠爱超过皇后，或者宠幸家奴弄臣参与朝政，庶子的权力跟嫡子相当，在京师之外还有大城市兴起，这些都是乱国之本。"人主如果能在这四个方面小心谨慎，哪里会生出祸乱呢！隋高祖只知道嫡庶多争，孤弱易摇，却不知道势均位逼，就算是同母至亲，也不能不相互倾夺。考察辛伯之言，得其一而失其三吧！

【华杉讲透】

胜算可以知道，胜利不可强求

杨坚对自己的亲儿子杨勇，都视若仇敌，他却相信儿子们之间一定能相亲相爱，他是不是没有逻辑？父亲对儿子的爱，从人情上说，要超过兄弟之间的爱。他都可以不爱自己的儿子，怎么能相信儿子们能相爱呢？兄弟本是竞争对手，甚至是"天敌"，在普通家庭，也会争夺父母的爱，何况是在天子之家，在人世间最大的利益面前，亲情算得了什么呢？自古豪门多恩怨，天家相攻伐，在巨大的利益面前，亲情有时一钱不值。

兄弟友爱，只有一个字做得到，就是"让"。吴太伯、伯夷、叔齐，是上下五千年王子让国的典范。次一等的，看见兄弟德才和功勋都超过自己，主动退让，如唐玄宗的哥哥李成器，也是一例。杨坚这五个儿子，谁也不让谁，那就非要拼出个你死我活不可。隋朝的事，在唐朝又演了一遍，李世民也是杀了哥哥和弟弟得位，这不是一样的道理吗？

再说王颁，他说自己谋略不比杨素差，只是杨谅不听他的。此言大谬！他违背了兵法最基本的原理——知胜原理——胜可知而不可为。就是说，在发动战争之前，有没有胜算，是可以知道的；如果没有胜算，你硬要打，是不可为，不可强求的。

怎么样能够知胜呢？就是《孙子兵法》第一篇——计——计算，计算敌我双方的形势和实力对比。计算五个方面——道、天、地、将、法。道，是上下同欲；天地，是天时地利；将，是将领；法，是军法。在第一条"道"，已经输光了，造反，是以逆抗顺，没有权力的合法性。朝廷阵营是上下同欲，既是维护自己的既得利益，也是职责大义所在。造反阵营呢，很多人是被裹挟胁迫，跟你不是一条心。天时地利，当然造反阵营都不占。法，你本身就是非法，哪能令行禁止？王颁唯独占一条——将——他说自己不比杨素差。这是自我评价太高了，他哪里能跟杨素这个战争狂魔相比？！

在这种完全没有胜算的情况下，要打，就是赌一个小概率事件。要赌呢，就赌三个字——快！快！快！直捣京师，趁他还没准备好，或许还有机会，明朝朱棣就是这么赢的，否则他永远赢不了。裴文安出的就是这招。但是，杨谅为什么最后改变主意，把他召回，又不给解释呢？无非是不信任他，怕他带兵去直接起义反正了。所以，还是输在"道"上。

王頍让他的儿子不可投奔亲戚故旧，这是对的。不是说亲戚朋友靠不靠得住，人家就不应该"靠得住"。你是反贼，你来投奔我，就是把我老婆孩子全家性命绑在你身上，你敢闯那么大祸，败了就该死！你为什么要把火烧到我家呢？所以不能怪告发他的人。他如果来投奔我，我也第一个告发他，绝不会管他曾经是我的什么"朋友"，是朋友，他就不该到我家来。

5 冬，十月十六日，葬文皇帝杨坚于太陵，庙号高祖，与文献皇后同坟异穴。

6 皇帝杨广下诏，免除妇人、奴婢及部曲的田赋，并规定男子二十二岁为成年。

【胡三省注】

隋朝因循北周、北齐制度，妇人、奴婢及部曲的赋税徭役都根据田亩计算，男子二十一岁成年，开始服兵役。至此，因为人口增多，府库满溢，所以有此诏。不过，之后兵役繁兴，盗贼群起，这就成为一纸空文了。

7 章仇太翼对皇帝说："陛下是木命，而雍州为破木之冲，不可久居。又，谶言说：'修治洛阳还晋家。'"皇帝深以为然。

十一月三日，皇帝抵达洛阳，留晋王杨昭守长安。因为杨素的功劳，拜其子杨万石、杨仁行、侄杨玄挺为仪同三司，赏赐绸缎五万匹，绮罗一千匹，及杨谅的妓妾二十人。

8 十一月四日，征发男丁数十万人挖掘长堑，自龙门东接长平、汲郡，抵临清关，渡过黄河，经浚仪、襄城，抵达上洛，沿堑沟设置关卡防卫。

陈帝陈叔宝去世，谥号炀公

9 十一月二十日，前陈帝陈叔宝去世（享年五十二岁）；追赠为大将军、长城县公，谥号为炀公。

【华杉讲透】

按谥法，好内远礼曰炀，去礼远众曰炀，逆天虐民曰炀。杨广此刻怎么也想不到，最后盖棺论定时，他也得到这个"炀"字。而这个字放在他身上，比陈叔宝更恰当。陈叔宝最多也就是好内远礼，谈不上逆天虐民。杨广呢，那是标准的逆天虐民了。

10 十一月二十日，皇帝杨广下诏在伊水、洛水汇合处（洛阳）营建东京，仍说："宫室之制，本以方便起居而已，今所营构，务从俭约。"

11 蜀王杨秀得罪时，右卫大将军元胄因与他交通而被除名，长久不得恢复。当时慈州刺史上官政坐事被流放岭南，将军丘和以蒲州失守被除名，元胄与丘和有旧交，酒酣，对丘和说："上官政，那是壮士，如今流放岭表，会不会发动大事？"然后抚着自己肚子说："像他这样的人，不会没有作为。"丘和上奏举报，元胄竟因此被处死。于是皇帝征召上官政为骁卫将军，任命丘和为代州刺史。

【华杉讲透】

告密的回报太大！丘和本来被除名，相当于被剥夺政治权利，只因告密朋友一句酒后狂言，就得到代州刺史的官职。而元胄说这样的话，一是虚荣，显示自己有"见识"，二是因为不得志，恨不得天下大乱，这也是皇帝要杀他的原因。

炀皇帝上之上

大业元年（公元605年）

1 春，正月一日，大赦天下，改年号为大业。

2 立妃萧氏为皇后。

3 撤销诸州总管府。

4 正月二十五日，立晋王杨昭为皇太子。

5 高祖之末，群臣中有人说林邑（越南中部）出产奇珍异宝。当时天下无事，刘方刚刚平定交州，于是皇帝任命刘方为驩州道行军总管，经略林邑。刘方派钦州刺史宁长真等以步骑兵一万余从越裳出发，刘方亲率大将军张愻等统率水军从比景出发，本月，大军抵达林邑出海口。

6 二月七日，杨广敕令有司将金宝、器物、锦彩、车马在殿前陈列，引杨素及诸将讨汉王杨谅有功者立于前，命奇章公牛弘宣诏，称扬他们的功劳，赏赐各有等差。杨素等再拜舞蹈而出。

二月十八日，任命杨素为尚书令。

7 下诏，全国官民一律脱下丧服，唯皇帝穿浅色黄衫、铁腰带。

8 三月十七日，下诏命杨素与纳言杨达、将作大匠宇文恺营建东京，每月役丁二百万人，迁徙洛州郭内居民及诸州富商大贾数万户以充实东京。废除崤山的二崤道，开凿蒉册道。

9 三月十八日，下诏说："倾听人民的声音，直接与庶民商量，才能审查刑政之得失；如今，我将巡历淮海地区，视察各地风俗。"

10 敕令宇文恺与内史舍人封德彝等营建显仁宫。南接皂涧（洛水支流），北到洛水北岸。征发长江以南、五岭以北奇材异石，运到洛阳；又征求海内嘉木异草，珍禽奇兽，以充实园苑。

三月二十一日，命尚书右丞皇甫议征发河南、淮北诸郡百姓，前后一百余万，开通济渠。自西苑引谷水、洛水达于黄河；再从板渚引黄河水经荥泽注入汴河；又自大梁之东引汴水入泗水，再注入淮河；又征发淮南民十余万挖掘邗沟，自山阳至杨子注入长江。渠宽四十步，渠旁都修筑御道，种植柳树，自长安至江都，设置离宫四十余所。

三月三十日，派黄门侍郎王弘等往江南造龙舟及杂船数万艘。东京官吏督役严急，役丁死亡十分之四五，有司以车载死尸，东至城皋，北至河阳，络绎不绝，相望于道路。又建造天经宫于东京，四时祭祀高祖。

刘方大败林邑王梵志

11 林邑王梵志派兵守险，被刘方击走。官军渡过阇黎江，林邑兵乘巨象，四面而至。刘方作战不利，于是多掘小坑，以草覆盖于其上，出兵挑战，接战之后，假装败退；林邑兵追逐，象多踏进小坑摔倒，转相惊骇，林邑军于是大乱。刘方以弩射象，象退走，踩踏林邑军阵，刘方以锐师继进。林邑大败，俘虏及斩首数以万计。刘方引兵追击，屡战皆捷，经过马援铜柱（事见公元336年记载），继续向南，八天抵达其国都。

夏，四月，梵志弃城逃走入海。刘方入城，缴获其宗庙中祖先牌位十八个，都由黄金铸成；刻石纪功而还。士卒肿足，死者十分之四五。刘方也得病，死在回来的路上。

【华杉讲透】

征林邑，士兵死亡十分之四五；挖运河，建宫殿，民夫死亡也是十分之四五。一将功成万骨枯，就是这个意思了。

当初，尚书右丞李纲数次以异议忤逆杨素及苏威，杨素向高祖杨坚举荐李纲，任命他为刘方的行军司马。刘方迎合杨素的意思，百般凌辱李纲，几乎把他弄死。大军还朝之后，李纲仍长久得不到调职，苏威又派李纲到南海处理林邑善后事宜，长久不召他回京。李纲自己回来奏事，苏威弹劾李纲擅离职守，交有司审问，赶上大赦，李纲免官，隐居于鄠县。

12 五月，修筑西苑，周长二百里；其内有一个人工湖，周长十余里，湖中有方丈、蓬莱、瀛洲等山，高出水面一百余尺，台观宫殿，星罗棋布于山上，就像神仙所居。北有龙鳞渠，蜿蜒注入湖内。沿渠作十六院，院门都临渠，每院以四品夫人主持，堂殿楼观，穷极华丽。宫树秋冬凋落，则剪彩绸为华叶，缀于枝条，褪色了就换上新的，四季如春。池沼内也剪彩绸为荷叶、菱角、芡实，乘舆游幸之时，在冬季则去除浮冰再布置。十六院竞以酒菜精丽相高，以求得到皇帝恩宠。皇帝喜欢在月夜带着宫女数千骑游西苑，作《清夜游曲》，在马上演奏。

【华杉讲透】

这一段,可以看出杨广的审美趣味了,不能欣赏冬日之美,只知道穷奢极丽。

13 皇帝待诸王恩薄,多所猜忌。滕王杨纶、卫王杨集自己心里忧惧,请法师问吉凶及拜表设祭以求福。有人告状说他们怨望诅咒,有司奏请诛杀。秋,七月十八日,皇帝下诏,除名为民,流放边郡。杨纶,是杨瓒之子;杨集,是杨爽之子。

杨广出游江都,场面盛大

14 八月十五日,皇帝前往江都,从显仁宫出发,黄门侍郎王弘派龙舟北上奉迎。

八月十八日,皇帝乘坐小红船,从漕渠出洛口,登上龙舟。龙舟共四层,高四十五尺,长二百丈。顶层有正殿、内殿、东西朝堂,中间两层有一百二十个房间,都装饰以金玉,下层由内侍居住。皇后乘翔螭舟,规模稍小,但装饰无异。另有浮景级九艘,三层,都是水上宫殿。又有漾彩、朱鸟、苍螭、白虎、玄武、飞羽、青凫、陵波、五楼、道场、玄坛、板䑦、黄篾等各级船只数千艘,由后宫、诸王、公主、百官、僧、尼、道士、蕃客乘坐,及装载内外百司供奉之物,共用纤夫八万余人,专拉"漾彩"级以上者九千余人,称为"殿脚",都身穿锦彩衣袍。又有平乘、青龙、艨艟、艚艟、八棹、艇舸等数千艘,每船乘坐十二名卫兵,并装载兵器帐幕,兵士自己牵引,不给纤夫。舳舻相接二百余里,照耀川陆,骑兵夹两岸而行,旌旗蔽野。所过州县,五百里内都令献食,多的一州甚至动用一百辆车来装运,极尽水陆珍奇。后宫吃腻了,启程之际,多抛弃掩埋。

15 契丹入寇营州,皇帝下诏,命通事谒者韦云起调动突厥兵征讨，启民可汗征发骑兵二万，受韦云起节度。韦云起分为二十营，兵分四路，同时进发，军营相距一里，不得交杂，闻鼓声而行，闻角声而止，除非有公事差遣，不得骑马奔驰，三令五申，击鼓而发。有一位纥干（突厥低级军官）犯令，斩首，提着首级展览示众。于是突厥将帅入营谒见，都膝行股栗，不敢仰视。契丹本来事奉突厥，相互没有猜忌。韦云起既入其境，派突厥人诈称要去柳城与高丽交易，下令敢泄露事实者斩。契丹不为防备，离其营五十里，驰进突袭，俘获其男女四万口，杀光男子，将女子及畜产的一半赏赐突厥，其他的全部带回国内。皇帝大喜，集合百官说："云起用突厥平契丹，才兼文武，朕今天自己举荐他。"擢升为治书侍御史。

16 当初，西突厥阿波可汗被叶护可汗俘虏，国人立鞅素特勒之子，是为泥利可汗。泥利去世，儿子达漫继位，号处罗可汗。他的母亲向氏，本是中国人，再嫁泥利的弟弟婆实特勒。开皇末年，婆实与向氏入朝，遇上达头之乱，于是留在长安，住在鸿胪寺（管理蕃客的衙门）。

处罗可汗大部分时间居住在乌孙故地，治国失道，国人多叛，外部又为铁勒部落所困。铁勒是匈奴人的后裔，族类最多，有仆骨、同罗、契苾、薛延陀等部，其酋长都称为俟斤。族姓虽然不同，但通称为铁勒，大抵与突厥同俗，以寇抄为生，没有大君长，分别隶属于东、西两突厥。本年，处罗可汗引兵攻击铁勒诸部，加重捐税，又猜忌薛延陀部落，担心他们叛变，集合其酋长数百人，全部杀死。于是铁勒部落全部反叛，立俟利发俟斤契苾歌楞为莫何可汗，又立薛延陀俟斤字也咥为小可汗，与处罗交战，屡次击破处罗。莫何勇毅绝伦，甚得众心，为邻国所惮，伊吾、高昌、焉耆都归附他。

大业二年（公元606年）

1 春，正月六日，东京洛阳建成，擢升将作大匠宇文恺为开府仪同三司。

2 正月十二日，派出十名钦差大臣分别巡视各州县。

3 二月一日，下诏命吏部尚书牛弘等议定皇帝舆服、仪卫制度。以开府仪同三司何稠为太府少卿，负责营造，然后运送到江都。何稠智思精巧，博览图籍，参会古今，多有增减；御袍及皇冠绣上日、月、星、辰，皮帽改用漆纱帽。又制作黄麾（皇家旌旗）三万六千个，以及御车御轿、皇后仪仗队、百官仪服，力求华盛，以满足皇帝心意。命各州县进贡羽毛，百姓求捕，陆地水面，都布满天罗地网，飞禽走兽，凡是皮毛羽毛能做装饰之用的，杀得殆无遗类。乌程有一棵高树，高度超过一百尺，没有枝丫可以攀爬，而上有鹤巢，人们打算捉它，没法上去，于是砍伐其根；那鹤担心杀了它的孩子，自己拔掉氅毛，投之于地，时人或称以为祥瑞，说："天子造羽仪，鸟兽自献羽毛。"所役使民工十万余人，花费金银钱帛以巨亿计。皇帝每次出宫游幸，羽仪填街溢路，绵延二十余里。

三月十六日，皇帝从江都出发，夏，四月二十六日，从伊阙（洛阳城南）乘坐法驾，备兵车一千乘，骑兵一万人，进入东京。四月二十七日，皇帝登临洛阳城端门，大赦，免天下今年租赋。规定五品以上文官可以乘车，在朝穿官服，佩玉；武官的马加白螺装饰，戴头巾，穿骑马服。文物之盛，近世莫及。

【华杉讲透】

暴君在上，不仅百姓要死，鸟兽也活不成！相反，一个仁厚的君王，不仅百姓受益，他的仁爱，也及于禽兽。和杨广形成鲜明对比的，是商朝开国君主商汤。杨广捕得鸟兽殆无遗类，而商汤留下了"网开三面"的故事：

有一次商汤外出，看见一个农夫正在张挂捕捉飞鸟的网，东南西北四面挂的都有。待网挂好后，这个农夫对天拜了几拜，然后跪在地上祷告说:"求上天保佑,网已挂好,愿天上飞下来的,地下跑出来的,从四方来的鸟兽都进入中间的网中来。"汤听见了以后,非常感慨说:"只有夏桀才能如此网尽矣!要是如此张网,就会完全都捉尽啊!这样做实在太残忍了。"就叫从人把张挂的网撤掉三面,只留下一面。商汤也跪下去对网祷告说:"天上飞的,地下走的,想往左跑的,就往左飞,想往右跑的,就往右飞,不听话的,就向网里钻吧。"说完起来对那个农夫和从人们说,对待禽兽也要有仁德之心,不能捕尽捉绝,不听天命的,还是少数,要捕捉的就是那些不听天命的。诸侯听说这件事以后,都称颂汤真是一个有德之君。那个农夫也深受感动,就照汤的做法,收去三面的网,只留下一面。这就是流传到后世的"网开三面"的成语故事。

商汤的仁爱,不仅及于活人,也及于死人。有一次,他修筑宫殿,挖地基时,挖出一具尸骸。施工的人说,这是无主尸骨,把他扔掉吧。商汤说:"怎么说他无主呢?他在我的国土上,我就是他的主。"于是,将这具尸骨很有尊严地安葬了。天下百姓听闻,都称颂他的仁爱,对死人都那么好,何况活人!

人和人的差别就是这么大!好人不知道坏人有多坏,坏人不知道好人有多好。好人和坏人,真是不同的物种!

4 六月二十九日,擢升杨素为司徒,进封豫章王杨暕为齐王。

5 秋,七月八日,规定百官不得因考绩达标就升迁,必须还有德行和卓然显著的功勋,才可以擢升。皇帝非常爱惜名位,群臣应当升职的,大多是让他们兼任或代理而已;虽有官位出缺,宁可留着,也不补任。当时牛弘为吏部尚书,但并不能专行其职,皇帝另外又敕令纳言苏威、左翊卫大将军宇文述、左骁卫大将军张瑾、内史侍郎虞世基、御史大夫裴蕴、黄门侍郎裴矩参掌官员选拔事务,时人称为"选曹七贵"。虽然七人同在座,但是予夺大权,实际上是虞世基独掌。虞世基受纳贿赂,向他行贿多的,就破格越级提拔,没有行贿的,就只是登记资格而已,不予升迁。

裴蕴，是裴邃的侄曾孙。

6 元德太子杨昭从长安到洛阳朝见，数月，将要回去，申请再留一阵，皇帝不许。拜请无数次，杨昭身体肥胖，因而劳累成疾，七月二十二日，薨逝。皇帝哭了几声，就开始奏乐歌舞，和平日无异。

楚景武公杨素病逝

7 楚景武公杨素，虽有大功，特为皇帝所猜忌，皇帝表面上示以特殊礼遇，内心感情极为淡薄。太史说，根据天上星次，对应隋国将有大丧，于是改封杨素为楚公，因为楚与隋对应同一个星次，想要以杨素来承担这一厄运。

杨素卧病，皇帝每每令名医诊候，赐以上等好药，但是密问医者，总担心他不死。杨素自知名位已到极致，不肯吃药，也不好好养病，对弟弟杨约说："我还需要再活吗？"

七月二十三日，杨素薨逝，追赠为太尉公、弘农等十郡太守，葬礼隆重盛大。

8 八月九日，封皇孙杨倓为燕王，杨侗为越王，杨侑为代王，他们都是杨昭的儿子。

9 九月十四日，立秦孝王杨俊的儿子杨浩为秦王。

10 皇帝认为高祖末年，法令严峻苛刻，冬，十月，下诏修改律令。

11 设置洛口仓于巩东南平原上，筑仓城，周围二十余里，挖掘三千个地窖，每窖容八千石，设置监官并镇兵一千人。

十二月，设置回洛仓于洛阳北七里，仓城周回十里，挖掘三百个地窖。

12 当初，齐温公高纬之世，有鱼龙、山车等戏，称为散乐，周宣帝宇文赟时，郑译上奏征召他们到长安。高祖杨坚受禅，命牛弘定雅乐，不是正声清商及九部四舞的民间散乐，全部遣散。皇帝杨坚因为启民可汗将要入朝，想要以富庶欢乐向他夸耀。太常少卿裴蕴迎合皇帝意旨，上奏收括天下周、齐、梁、陈乐家子弟，全部列为乐户；官员六品以下至庶人，有善于音乐者，皆归属太常管辖。皇帝听从。于是四方散乐，大集东京，在芳华苑积翠池侧检阅。有舍利兽先来跳跃，满街满衢都泼满了水，鼋鼍、龟鳖、水人、虫鱼，遍覆于地。又有鲸鱼喷出水雾，遮天蔽日，倏忽间化成黄龙，长七八丈。又有二人头顶一根竹竿，一个人在竹竿上跳舞，跳跃而起，瞬间左右顶竿的两个人已经换了位置。又有神鳌负山，幻人吐火，千变万化。演员都穿着锦绣缯彩，舞女则戴着鸣环佩，满身装饰羽毛。皇帝下令京兆、河南两地负责为他们缝制衣服，两京锦彩为之空竭。皇帝自己创作了很多艳词歌赋，令乐正白明达谱写新曲演出，歌声极其哀怨。皇帝甚悦，对白明达说："齐氏偏居一隅，乐工曹妙达尚且封王，我如今天下大同，正要让你富贵，你好好干！"

大业三年（公元607年）

1 春，正月一日，大陈文物。当时突厥启民可汗入朝，参观之后非常羡慕，请求改穿隋朝冠带，皇帝不许。第二天，启民可汗又率其部属上表固请，皇帝大悦，对牛弘等人说："今衣冠大备，以至单于都要解开辫子，这是卿等的功劳。"各自赏赐绸缎，非常丰厚。

2 三月二日，皇帝返还长安。

3 三月四日，皇帝派羽骑尉朱宽入海求访异俗，至琉球国而还。

4 当初，云定兴、阎毗因为媚事太子杨勇，与妻子儿女都罚没入官府为奴婢。杨广即位，多所营造，听说他有巧思，召见他，让他主持工程，以阎毗为朝请郎。当时宇文述用事，云定兴以缀满明珠的络帐贿赂宇文述，并以新奇的服装和音乐求媚。宇文述大喜，把他当兄长侍奉。杨广将要征伐四夷，大造兵器，宇文述举荐云定兴可以监造，杨广听从。宇文述对云定兴说："兄长所作器杖，都合乎皇上心意，却得不到官职，只是因为长宁王（杨俨）兄弟还没死。"云定兴说："这些无用的东西，何不劝皇上杀了他们。"宇文述于是上奏："房陵王（杨勇）诸子年纪逐渐长大，如今要兴兵征讨，如果带他们从驾，则难以管理；如果留于一处，又担心不可。进退无用，请早处分。"皇帝同意，于是鸩杀长宁王杨俨，把他的七个弟弟分别流放岭南，派杀手在路上把他们全部杀死。襄城王杨恪的妃子柳氏自杀殉夫。

【华杉讲透】

长宁王杨俨、平原王杨裕、安城王杨筠，都是云昭训所生，云定兴是他们的亲外公。

孟子说："行一不义，杀一不辜，而得天下，皆不为也。"云定兴已经过得不错，只是为了再往上爬，就害死外孙兄弟八人，称他们为"无用之物"，什么是无用呢？就是对他没用。云定兴，可以称为"最毒外公"了。

5 夏，四月二日，杨广下诏说，为安抚河北人民，要巡视赵、魏地区。

【华杉讲透】

他想出去玩就找理由，他是去给人添乱，哪里是安抚？

6 牛弘等修订新律完成，共十八篇，称为《大业律》，在四月六日，开始颁行。人民长久以来厌恶法律的严厉苛刻，喜欢宽松。但是，其后征役越来越多，民不堪命。有司临时胁迫以求完成任务，不再遵守法律。

旅骑尉刘炫参与修订律令，牛弘曾经从容问刘炫说："《周礼》制度，官员多而府史少，如今令史百倍于以前，但还是不能裁减，减了就办不成事，为什么呢？"刘炫说："古人委任官员，要求他做出成绩，年终考核排名，对每件事情，不做二次审核，公文简单，府史的责任，只是掌握要目而已。如今的文簿，总担心上面要复核，如果办理不够严密，到时候恐怕要万里追证百年旧案。所以谚语说：'老吏抱案死。'事繁政弊，这就是原因。"牛弘说："魏、齐之时，令史从容而已，如今忙得每一刻不能消停，为什么？"刘炫说："以前朝廷对州只任命长史、司马，对郡只任命太守、郡丞，县则设置县令而已。其余幕僚，都是长官自己聘请，受诏赴任，每州不过数十人。如今则不然，大小之官，都由吏部任命，一点小事，都属于考核范围。省官不如省事，官事不省而望从容，那可能吗？"牛弘善其言而不能用。

【华杉讲透】

刘炫说了一句名言："省官不如省事。"管得越多越细，官员编制就越繁越杂。不要管那么多事，就能精简政府规模。

杨广也曾有一番好心，觉得父皇的法令太严苛，他要改为宽大的法令。但是，他的欲望比杨坚大一百倍，又要征伐四夷，又要兴建基础设施，还要自己享乐，官员要是遵守法律，就无法完成他下达的任务，于是，他就自己破坏了自己的立法。

杨广改设官职，改州为郡

7 四月十四日，改州为郡；改度量权衡，全部恢复古制。改上柱国以下官职为大夫；设置殿内省，与尚书、门下、内史、秘书为五省；增加谒者、司隶台，与御史为三台；拆分太府寺，设置少府监，与长秋、国子、将作、都水为五监；又增改左、右翊卫等为十六府；废除伯爵、子爵、男爵，只留王爵、公爵、侯爵三等。

杨广巡视北方，启民可汗子等朝见

8 四月十八日（原文为丙寅，根据柏杨考证修改）车驾北巡；四月二十一日，逗留在赤岸泽。

五月九日，突厥启民可汗派他的儿子拓特勒来朝。

五月十日，征发河北十余郡男丁开凿太行山，一直到并州，以打通驰道。

五月十八日，启民可汗派他哥哥的儿子毗黎伽特勒来朝。

五月二十三日，启民可汗遣使申请亲自入塞奉迎舆驾，皇帝不许。

9 当初，高祖杨坚受禅，只设立四位祖先的祖庙，在同一个祭殿，分别在不同房间而已。杨广即位，命有司议定七庙之制。礼部侍郎摄太常少卿许善心等奏请为太祖杨忠、高祖杨坚各立一殿，比照周文王、周武王为"二祧"（永不废弃的祭庙），加上杨氏始祖，一共三庙，其他祖先则分室而祭，依从"亲尽迭毁"的原则。至此，有司请批准这个方案，在东京洛阳建宗庙。皇帝对秘书监柳䛒说："如今始祖及二祧已经具备，后世子孙将把朕置于何所？"

六月十日，下诏为高祖另建一座祭庙，每月致祭。既而杨广忙于四处巡幸，结果也没有建立。

【华杉讲透】

天子设七庙以祭祀祖先，其中始封之君和开国君主的祭庙永远保留，世世不毁，其他祖先，则遵循"亲尽迭毁"的原则，过了高祖，就把牌位迁入太庙，祭庙让给当今皇帝的高祖。杨广要按七庙之制，则他的祭庙没有资格永久保留，所以他对这事也就不积极了。

杨广大概希望有人能给他搞出一个新理论,让他的祭庙能万世永存。但是没人接招,他也就只能冷处理。皇帝权力再大,在文化习惯面前,也不能任性。他要再为国家立下大功,又有脑子灵活的人给他搞出新说法,才能重提此事。不过,他最后把国家搞砸了,也就不了了之。

10 皇帝过雁门,雁门太守丘和献上的食物非常精美;到了马邑,马邑太守杨廓什么也没送来,皇帝不悦。调任丘和为博陵太守,命杨廓到博陵去看丘和是怎么做的。从此所到之处,地方献上的美食,都竞为丰富奢侈。

六月十一日,车驾停留在榆林郡。皇帝想要出塞耀兵,穿过突厥境内,前往涿郡,担心启民可汗惊惧,先派武卫将军长孙晟前往谕旨。启民奉诏,召所部诸国奚部落、霫部落、室韦部落等酋长数十人全部集合。长孙晟见牙帐中的草非常污秽,想要让启民可汗亲自清除,让诸部落看见,以显示皇帝的威重,于是指着帐前草说:"这根草大香。"启民上去嗅一嗅,说:"一点也不香啊。"长孙晟说:"天子行幸所在,诸侯躬身亲自洒扫,清理御路,以表至敬之心;如今牙帐内污秽,我以为这是香草,你刻意留着呢?"启民可汗醒悟说:"奴之罪也!奴的骨肉都是天子所赐,得效筋力,岂敢有辞。只是边疆人不懂事,全靠将军教我;这是将军对我的恩惠,奴的幸运。"于是拔下佩刀,亲自割除庭草。其他贵人及诸部争相仿效。于是从榆林北境,至其牙帐,东达于蓟县,长三千里,宽一百步,举国投入劳役,开为御道。皇帝听闻是长孙晟的计策,非常嘉许。

【华杉讲透】

做人做事,必须要有附加价值

长孙晟是那种120分员工。什么是120分员工呢?领导交给你的任务,你完成了,这是100分。但这100分,算不上是你的价值,因为派别人去也行。能自己做出加分项，才是你的价值。杨广只是让长孙晟去给启民可汗通报一下，以免他误会惊慌，长孙晟则把这次巡游变成了进一步镇抚突厥各部落的政治机会，并且发挥得淋漓尽致，让突厥全国动员为皇帝开道，把国威声扬到每一个突厥人。

做人做事，只有价值是不够的，必须有附加值。长孙晟把交给他的每一次任务，都创造性地加倍完成。有这样的员工，真是老板天大的福气！

六月二十日，启民可汗及义成公主来行宫朝见。

六月二十一日，吐谷浑、高昌都遣使入贡。

六月二十七日，皇帝登上北楼，观看黄河渔夫捕鱼，并宴请百官。

定襄太守周法尚在行宫朝见，太府卿元寿对皇帝说："汉武帝出关，旌旗千里。如今御营之外，请分为二十四军，每日派一军出发，相距三十里，旗帜相望，钲鼓相闻，首尾相属，千里不绝，这也是出师之盛况。"周法尚说："不对，军队绵延千里，中间又有山川阻隔，如果发生紧急情况，四分五裂；腹心有事，首尾未知，道路阻长，难以相救，虽然有汉武帝的先例，那也是取败之道。"皇帝不悦，问："那按你的意思呢？"周法尚说："结为方阵，四面外拒，六宫及百官家属并在其内；若有变起，所当之面，即令抗拒，内引奇兵，出外奋击，以车辆连接为壁垒，并设置为如钩的曲折阵形，这与据守城池，有什么区别！如果战胜，抽骑兵追奔，万一不捷，屯营自守，臣认为这是万全之策。"皇帝说："善！"拜周法尚为左武卫将军。

启民可汗再次上表，说："先帝可汗怜悯臣，赐给臣安义公主，供应种种物资，让我们毫无匮乏。臣的兄弟嫉妒，都想杀臣。臣在当时，走投无路，唯有仰视上天，俯视大地，奉身委命，依归先帝。先帝可怜臣之将死，养而生之，以臣为大可汗，回来安抚突厥之民。陛下如今君临天下，还和先帝一样，养育臣及突厥之民，让我们毫无匮乏。臣荷戴圣恩，言不能尽。臣如今已不是昔日的突厥可汗，而是陛下的臣民，愿率部落改变服装，一如华夏衣冠。"皇帝认为不可。

秋，七月四日，赐给启民可汗玺书，晓谕说："沙漠以北，尚未平静，仍须征战，你只需存心恭顺，何必改变服装？"

皇帝想要向突厥夸示，令宇文恺制造大帐，其下可坐数千人。七月七日，皇帝于城东御大帐，备仪卫，宴请启民可汗及其部落，表演歌舞及杂技。诸胡人惊骇喜悦，争献牛羊驼马数千万头。皇帝赏赐启民可汗丝绸二千万段，其下各有等差。又赏赐启民可汗诸王规格的辂车乘马，鼓吹幡旗，可以赞拜不名，位在诸侯王之上。

又下诏征发男丁一百余万筑长城，西达榆林，东至紫河。尚书左仆射苏威进谏，皇帝不听，二十天修筑完毕。

皇帝征召民间散乐时，太常卿高颎进谏，不听。高颎退下后，对太常丞李懿说："宇文赟以好乐而亡，殷鉴不远，怎能重蹈覆辙！"高颎又认为皇帝对启民可汗待遇过厚，对太府卿何稠说："此虏颇知中国虚实，山川险易，恐为后患。"又对观王杨雄说："近来朝廷殊无纲纪。"礼部尚书宇文弼私底下对高颎说："宇文赟的奢侈，和今天相比，岂不是今日更甚？"又说："长城之役，并非急务。"光禄大夫贺若弼也私议宴请启民可汗太奢侈。他们这些话都被人上奏告发。皇帝认为诽谤朝政，七月二十九日，高颎、宇文弼、贺若弼都被诛杀，高颎的儿子们被流放边疆，贺若弼的妻子儿女没入官府为奴婢。事情牵连到苏威，也被免官。高颎有文武大略，明达世务，自从蒙受皇帝寄任，竭诚尽节，引进贞良，以天下为己任；苏威、杨素、贺若弼、韩擒虎都是高颎所推荐，其余立功立事者不可胜数，当朝执政将近二十年，为朝野所推崇敬服，无可非议。海内富庶，都是高颎之力。高颎之死，天下人无不伤痛。

之前，萧琮因为是皇后的哥哥，很受亲信和重用，为内史令，改封梁公，宗族堂兄弟以上，都随才擢用，萧氏兄弟，布列朝廷。萧琮性情淡雅，不以职务为意，虽在异乡为客，对北方豪贵，并不低头。与贺若弼关系亲善，贺若弼既诛，又有童谣说："萧萧亦复起。"皇帝由此猜忌他，于是被免职回家，不久去世。

【华杉讲透】

如果心怀不满，不要寻找共鸣

高颎雄才大略，为国家立下功勋，却死于"诽谤朝政"，给子孙带来灾祸，实在是令人痛心！对此，我们指责隋炀帝没有意义，因为你不能改变皇帝的决定。我们要吸取高颎的教训，做到明哲保身。明，是明于事；哲，是哲于理。保身，一是不同流合污，保自身清白；二是不忤逆皇帝，保人身安全。高颎哲于理，但是不明白事，不是"明白人"。什么意思呢？你进谏没问题，听不听在皇帝。以道事君，不可则止。但是，私底下议论，就是不知止，还诋毁损害皇帝的形象，他当然要杀你，要报复你全家。舆论认为"海内富庶，都是高颎之力"，你不能当真，不能认为那是你的资本，不能认为他不会把你怎么样。皇帝杀了你，正是要改变这种看法，让大家看看，没有你也行！

这样简单的事理，高颎怎么会不明白呢？他还是心高气傲，心里瞧不起杨广。心里装着看法也就罢了，他要跟人寻找共鸣，要共鸣，要排解，找一个知己足矣，他还到处说，到处找共鸣。结果就共鸣到皇帝那里去了，共鸣的人都被杀了。

高颎之死留下的教训就是：如果你心怀不满，不要寻找共鸣。

11 八月六日，皇帝车驾从榆林出发，经过云中，溯金河而上。当时天下承平，百物丰实，甲士五十余万，马十万匹，旌旗辎重，千里不绝。令宇文恺等造"观风行殿"，上面可容纳侍卫数百人，宫殿既能拆开，又能拼装，下面有轮轴，可以迅速推移。又制造"行城"，周长二千步，以木板为城墙，再包上布，布上绘画，城楼和瞭望台全部具备。胡人惊以为神，每次望见御营，十里之外，屈膝磕头，不敢乘马。启民可汗奉庐帐以等候车驾。八月九日，皇帝抵达大帐，启民举杯敬酒，跪伏非常恭敬，王侯以下袒衣割肉于帐前，都不敢仰视。皇帝大悦，赋诗说："呼韩顿颡至，屠耆接踵来；何如汉天子，空上单于台。"

皇后也到义成公主帐中做客。皇帝赐给启民可汗及公主金瓮各一，以及衣服被褥锦彩，特勒以下，受赐各有差。皇帝返回，启民可汗跟从入塞，八月十三日，遣返归国。

八月十七日，皇帝入楼烦关；八月二十六日，抵达太原，下诏营建晋阳宫。皇帝对御史大夫张衡说："我想去你家做客，你可以为朕做一回主人。"张衡于是先飞驰回河内，准备酒席。皇帝上太行山，开直道九十里，九月十三日，抵达济源，到张衡宅。皇帝喜欢那里的山水风景，留下来欢宴三日，赏赐甚厚。张衡再献上美食，皇帝下令颁赐公卿，下至卫士，无不沾光。

九月二十三日，抵达东都。

【华杉讲透】

杨广的诗，意思是说：呼韩单于叩头至，屠耆单于接踵来。汉朝天子算个啥，顶多登上单于台。杨广有资格写这诗，因为他确实是把胡人彻底征服了。盛大的排场和仪式，就是征服人的政治力量，胜过千军万马，花再多钱，也好过花军费。国内群众看了，虽然都是他们的血汗，但是他们与有荣焉，引以为豪；国外君主看了呢，自叹弗如，羡慕加自卑，又贪图赏赐，膝盖就跪下去了。

但是，吃不穷，穿不穷，不会划算就会穷。奢侈可以是战略，不能是欲望。如果没有节制，成了自己的任性享受，则欲壑难填，不管多大的国力，也供养不起一个君王的欲望。

12 九月二十六日，任命齐王杨暕为河南尹。

九月二十三日，任命民部尚书杨文思为纳言。

13 冬，十月，敕令河北诸郡，每郡送一演艺人家到东都洛阳，连同洛阳之前的艺户，一共三千余家，设置十二坊于洛水之南，让他们居住。

14 西域诸胡多至张掖贸易，皇帝派吏部侍郎裴矩去掌管。裴矩知道皇帝喜欢经略远方，遇见来的诸胡商人，裴矩就引诱访问诸国山川风俗，君王及庶人的仪形服饰，撰写《西域图记》三卷，共四十四国，入朝上奏。另外绘制地图，注明所有险要地形，从西倾山以西，东西纵横近二万里，从敦煌出发，一直到西海（地中海），有三条道路，北道从伊吾，中道从高昌，南道从鄯善，敦煌为总枢纽。并说："以国家威德，将士骁雄，泛舟瀎汜河，翻越昆仑山，易如反掌。但是，突厥、吐谷浑分别控制了羌、胡之国，阻遏西方交通，所以朝贡不通。如今，他们都通过商人密送诚款，引领翘首，愿为臣妾。如果接受他们的归服，安抚他们，让他们安心，再派出皇家使节，则不用动用兵车，诸蕃都会服从，吐谷浑和突厥可以消灭，混一戎、夏，就在今日！"皇帝大悦，赏赐丝绸五百段，每日让裴矩登上御座，亲自问西域之事。裴矩盛言："胡中多诸珍宝，吐谷浑容易吞并。"皇帝于是慨然向往羡慕秦皇、汉武之功，一心要打通西域；四夷经略，全部委任给裴矩。任命他为黄门侍郎，再派他到张掖，引诱诸胡，啖之以利，劝他们入朝。自是西域诸胡往来相继，所经郡县，疲于送迎，靡费以万万计，最终令中国疲弊以至于亡国，都是裴矩一手造成。

15 铁勒入寇边境，皇帝派将军冯孝慈出敦煌迎击，不利。铁勒不久遣使谢罪，请降；皇帝派裴矩前往慰抚。

卷第一百八十一　隋纪五

大业四年（608）至大业八年（612），共5年

炀皇帝上之下

大业四年（公元608年）

杨广下令开凿永济渠

1 春，正月一日，下诏征发河北诸军五百余万人开凿永济渠，引沁水向南注入黄河，向北流入涿郡。男丁不够，开始征召妇女服役。

2 正月二十八日，任命太府卿元寿为内史令。

3 裴矩听闻西突厥处罗可汗思念他的母亲，建议朝廷遣使招怀。二月六日，皇帝派司朝谒者崔君肃带着诏书前往慰谕。处罗可汗见崔君肃，态度非常倨傲，受诏不肯起身，崔君肃对他说："突厥本是一国，中途分裂为二，每年交兵，打了数十年，谁也灭不了谁，可见是势均力敌。但是，启民可汗举其部落百万之众，卑躬折节，向天子称臣，这是为什么呢？正因为对你切齿痛恨，自己的力量又不足以制伏你，所以想要借兵于大国，一起消灭你罢了。群臣都想要听从启民的请求，天子也已经批准，大军很快就要出师了。你的母亲向夫人担心西突厥被消灭，日夜守着宫阙，哭泣哀求，匍匐谢罪，请朝廷发使召你，命你入朝归降。天子怜悯她，所以遣使至此。如今可汗你倨傲如此，则向夫人是欺诳天子，必定伏尸都市，传首庑庭。征发大隋之兵，资助东突厥之众，左提右挈，以击可汗，你的灭亡就在眼前！为什么不肯跪拜，让慈母丧命；不愿称臣，让社稷成为废墟呢？"处罗可汗矍然而起，流涕再拜，跪受诏书，并派遣使者跟随崔君肃入朝，进贡汗血宝马。

4 三月十九日，日本倭王多利思比孤遣使入贡，给皇帝送国书说："日出处天子致书日落处天子无恙。"皇帝看了，不悦，对鸿胪卿说："蛮夷来信无礼的，不要再汇报了。"

5 三月二十二日，车驾抵达五原，乘势出塞，巡游长城。行宫设六合板城（六合板，相当于预制的木砖，外面一方有板，可迅速拼装为城墙或宫殿），用枪车装载六合板。每次宿营，行宫拼装完成，就以枪车车辕对外，一字排列为外围，内布铁蒺藜、铁菱角；内围布设弩床阵地，地上都插钢锥，锥尖朝外；上面设旋机弩，以绳连机，敌人来，触碰绳索，则弩机旋转，弩箭向来人方向发射。其外又以拴着绳子的短箭插地，绳子相连，上面挂着铃铛，敌人一旦触碰，即发出声音报警。

6 皇帝招募能通使绝域者，屯田主事常骏申请出使赤土（柏杨注：泰国宋卡府），皇帝大悦。三月二十三日，命常骏等携带绸缎五千段，以赏赐赤土国王。赤土，是南海中很远的国家。

7 皇帝无日不在修建宫室，两京及江都，苑囿亭殿虽多，时间长了也都厌倦了。每次游幸，左看右看，没有满意的，不知道该往哪里去。

于是下令准备天下山川之图，亲自阅览，以求可设置宫苑的风景名胜。夏，四月，下诏于汾州之北汾水之源，营建汾阳宫。

【华杉讲透】

志向不能"志在必得"，爱好不能"兴趣广泛"

人有志向和爱好，是投入时间和金钱的两大方向，而且都是不断精进，永无止境。杨广的志向是对外扩张，经略远方；爱好是修建宫殿，巡游天下。这两项都是超级花钱的，全国的钱给他都不够花，所以他就非亡不可。

志向要适当，爱好要少。如果志向太大，超出了自己的能力，容易折断；如果爱好太多，时间、精力、金钱都不够，什么也不能精通，还耽误志向，最后一无所成。无可无不可，适可而止，志向不能"志在必得"，爱好不能"兴趣广泛"。

8 当初，元德太子薨逝，河南尹、齐王杨暕按次序应当为嗣子，元德太子的官吏及卫士二万余人，全部划拨给杨暕，皇帝为他精选僚属，以光禄少卿柳謇之为齐王长史，并告诫他说："如果齐王德业修备，富贵自然到你家门；如有不善，罪也会牵连到你。"柳謇之，是柳庆之的侄子。杨暕宠遇日隆，百官前往拜谒他的，车马填塞道路。杨暕由此骄恣，昵近小人，所为多不法。派左右乔令则、库狄仲锜、陈智伟访求声色。乔令则等借机放纵，访得人家有美女，即刻假传杨暕命令，直接带走，载入杨暕家中，供其奸淫，然后遣返。库狄仲锜、陈智伟到陇西，拷打诸胡人，逼他们交出名马，得数匹以进献给杨暕；杨暕下令还给原主，库狄仲锜等诈称是齐王赏赐，取归自己家，杨暕也不知道。

乐平公主曾经上奏皇帝，说柳氏女儿貌美，皇帝当时没有答话。过了很久，公主又把柳氏女儿献给杨暕，杨暕接纳。其后，皇帝问公主："柳氏女在哪儿？"公主说："在齐王所。"皇帝不悦。

杨暕跟从皇帝到汾阳宫,大猎,皇帝下诏,命杨暕率一千骑兵进入猎场,杨暕大获麋鹿以献,而皇帝什么都没猎到,对从官发怒,众人都说,为杨暕左右所阻遏,野兽过不来。皇帝于是发怒,找杨暕的罪失。当时的制度:县令无故不得出境。有伊阙县令皇甫诩,得幸于杨暕,杨暕违背禁令,带他到汾阳宫。御史韦德裕迎合皇帝的意思,弹劾杨暕,皇帝令甲士一千余人到杨暕家中搜查,并穷治其事。

　　杨暕的妃子韦氏早逝,杨暕与韦妃的已经嫁给元氏的姐姐私通,生下一女。杨暕召相面师,令他们遍视后庭,相面师指着元妃的姐姐说:"这位生下女儿的,当为皇后。"杨暕因为元德太子有三个儿子,恐怕自己不能被立为太子,秘密以旁门左道诅咒他们早死,至此全部事发。皇帝大怒,斩乔令则等数人,赐死韦妃的姐姐,杨暕的幕僚全部流放边远地区。柳謇之被控不能匡正,除名。当时赵王杨杲尚幼,皇帝对侍臣说:"朕唯有杨暕一子,不然的话,将他拖到法场斩首,以明国宪!"杨暕自此恩宠日衰,虽然还是京兆尹,但是已不能干预时政。皇帝一直派一名虎贲郎将监视杨暕府第,杨暕有任何微小的过失,都即刻上奏。皇帝也常担心杨暕生变,给他的左右卫士,都是老弱残兵,充数而已。

　　太史令庾质,是庾季才之子,其子为齐王僚属。皇帝对庾质说:"你不能一心侍奉我,让你的儿子去侍奉齐王,两头下注吗?"庾质回答说:"臣侍奉陛下,儿子侍奉齐王,实是一心,不敢有二。"皇帝仍然愤怒,外放他为合水县令。

9 四月十三日,皇帝下诏,因突厥启民可汗遵奉朝廷教化,想要改变戎狄风俗,宜于万寿戍建城造屋,其帷帐床褥以上物品的供应,务从优厚。

10 秋,七月十日,征发男丁二十余万筑长城,自榆谷向东。

11 裴矩游说铁勒部落,让他们攻击吐谷浑,大破之。吐谷浑可汗伏允向东逃走,进入西平境内,遣使请降求救;皇帝派安德王杨雄从浇河出发，许公宇文述从西平出发，前往迎接。宇文述到了临羌城，吐谷浑畏宇文述兵力强大，不敢投降，率众向西逃遁，宇文述引兵追击，攻拔曼头、赤水二城，斩首三千余级，俘虏其王公以下二百人，男女四千口而还。伏允南奔雪山，其故地全空，东西四千里，南北二千里，皆为隋国所有，设置州、县、镇、戍，把全国轻刑犯迁徙过去居住。

12 八月二十一日，皇帝亲自到北岳恒山祭祀，大赦天下。河北道郡守毕集，裴矩邀请西域十余国都来助祭。

13 九月一日，征召天下驯鹰师全部到东京集合，来的有一万余人。

14 冬，十月十六日，颁布新的度量衡制度。

15 常骏等抵达赤土国境，赤土王利富多塞遣使以三十艘船出海迎接，以黄金锁链为缆绳，拴住常骏的船只，一共航海一百余日，入境又走了一个多月，才抵达其国都。赤土王的王宫器用，穷极珍丽，送给隋朝使者的礼物也非常丰厚，派他的儿子那邪迦跟随常骏入朝进贡。

16 皇帝任命右翊卫将军、河东人薛世雄为玉门道行军大将，与突厥启民可汗联兵攻击伊吾，薛世雄军出了玉门关，而启民可汗没来。薛世雄孤军度过沙漠。伊吾开始认为隋军不可能到，都不设防备；听闻薛世雄军已度过沙漠，大惧，请降。薛世雄于是在汉朝故伊吾城东筑城，留银青光禄大夫王威以甲卒一千余人戍防，然后还师。

大业五年（公元609年）

1 春，正月八日，改东京为东都。

2 突厥启民可汗来朝，皇帝对他礼赐益厚。

3 正月十五日，下诏天下均田。

4 正月二十日，皇帝自东都西还。

5 正月二十一日，禁止民间使用铁叉、搭钩、刀剑之类器具。

6 二月十一日，车驾抵达西京。

7 三月二日，皇帝西巡河右地区。

三月八日，回到扶风郡老家旧宅。

夏，四月二十七日，出临津关，渡黄河，至西平，举行阅兵大典，准备攻击吐谷浑。

五月九日，皇帝大猎于拔延山，所设长围周亘二十里。

五月十四日，入长宁谷，翻越星岭。

五月二十日，抵达浩亹川。因为桥未建成，斩都水使者黄亘及督役者九人，数日，桥成，继续西进。

吐谷浑可汗伏允率众退保覆袁川，皇帝分别命内史元寿向南进驻金山，兵部尚书段文振向北屯驻雪山，太仆卿杨义臣向东屯驻琵琶峡，将军张寿向西屯驻泥岭，四面包围。伏允率数十骑遁出，派他的名王诈称伏允，而自己则撤退到车我真山。

五月二十六日，皇帝下诏命右屯卫大将军张定和前往搜捕。张定和轻敌，认为对方人少，不披铠甲，挺身登山，被吐谷浑伏兵射杀。其副将柳武建攻击吐谷浑，击破。

五月二十八日，吐谷浑仙头王穷途末路，率男女十余万口来降。

六月二日，皇帝派左光禄大夫梁默等追讨伏允，兵败，为伏允所杀。卫尉卿、彭城人刘权从伊吾道出师，追击吐谷浑，追到青海，虏获一千余人，乘胜追奔，抵达伏俟城。

六月六日，皇帝对给事郎蔡徵说："自古天子有巡狩之礼；而江东诸帝多是涂脂抹粉之辈，坐在深宫，不与百姓相见，这是什么道理？"回答说："这正是他们不能长久的原因。"

六月十一日，抵达张掖。皇帝将要西巡时，命裴矩游说高昌王麹伯雅及伊吾吐屯设（吐屯设为突厥地方官官职）等，啖以厚利，召使他们入朝。

六月十七日，皇帝抵达燕支山，伯雅、吐屯设等及西域二十七国拜谒于道旁，都令他们佩戴金玉，身穿绸缎和毛皮制品，焚香奏乐，歌舞喧噪。皇帝又下令武威、张掖士女盛装围观，衣服车马不新的，郡县官吏督察考核。骑乘拥挤喧哗，周亘数十里，以示中国之盛。吐屯设献出西域数千里土地，皇帝大悦。

六月十八日，设置西海、河源、鄯善、且末等郡，以天下罪人为戍卒以镇守。命刘权镇守河源郡积石镇，大开屯田，捍御吐谷浑，以通西域之路。

此时，天下共有一百九十个郡，一千二百五十五个县，人口八百九十余万户。东西九千三百里，南北一万四千八百一十五里。隋朝此刻达到极盛。

皇帝认为裴矩有绥怀远方之略，进位为银青光禄大夫。自西京诸县及西北诸郡的赋税收入，都转输到塞外，每年以亿万计；路途险远及遭遇强盗寇抄，或者人畜死亡不能送达的，郡县都继续追征，让人家破人亡。由此百姓失业，西部地区先陷入困境。

当初，吐谷浑伏允派他的儿子慕容顺来朝，皇帝扣留慕容顺，不让他回去。慕容伏允败走，无处立足，率数千骑兵投奔党项部落为客。皇帝立慕容顺为可汗，送到玉门关，令他统领其余众；以其大宝王尼洛周为辅政大臣。到了西平，其部下杀了尼洛周，慕容顺不能深入，返还。

六月二十一日，皇帝登上观风行殿（车上行宫），大肆陈列各种文物，邀请高昌王麹伯雅及伊吾吐屯设升殿宴饮，其余蛮夷使者在台阶下、庭园中陪同的有二十余国，奏九部乐，演出杂耍戏以娱乐，赏赐各有等差。

六月二十三日,大赦天下。

吐谷浑汗国有青海湖,俗传将母马带到湖上,就有龙会前往交配。秋,七月,设置牧马场于青海湖,纵母马二千匹于山川河谷,以求龙种,无效而止。

车驾东还,行经大斗拔谷,山路隘险,鱼贯而出,风雪交加,天色昏暗,文武百官饥饿难忍,全身湿透,深夜很久都赶不到前面的宿营地,士卒冻死者超过三分之二,马驴死亡十分之八九,后宫嫔妃、公主狼狈不堪,相互走失,与军士杂宿于山间。

九月十九日,车驾入西京。

冬,十一月十三日,再次前往东都。

【华杉讲透】

己所不欲,勿施于人

一次恶劣天气,从驾士卒就冻死三分之二,马驴死亡十之八九。杨广根本不在乎,该去哪儿去哪儿。为什么呢?因为他根本就不把人当人,更不用说马驴了。别人不是人,这就是坏人的价值观,死多少都跟死一窝蚂蚁一样。

儒家文化强调仁爱,至少要有人道,孟子说:"恻隐之心,仁之端也。"恻隐之心,就是仁心的发端处,把你的恻隐之心扩充放大,你就能成为一个仁爱的人。今天我们读到那些从驾士卒的悲惨死亡,还为之心痛。但对于杨广来说,这根本不在他的考虑范围之内。

把别人当人,尊重他人,这是儒家的忠恕之道。忠,是成就他人,己欲立而立人,己欲达而达人;恕,是己所不欲,勿施于人。你不想自己在路上冻死,就不要让别人冻死。

怎么样才能"己所不欲,勿施于人"呢?从不给他人添麻烦开始,你留下的垃圾,自己收走;开车遵守交通规则;工作不把次品传给下一道工序,都是不给他人添麻烦。

8 民部侍郎裴蕴认为在民间户籍中，脱漏户口以及把成年壮丁假装登记为老人或小孩（以逃避赋税和徭役）的情况，还有很多，上奏下令复查，若有一人不实，则负责官员解职。又允许民间自己纠察，举报出一个漏报男丁的，令被举报的人家代缴赋税及服徭役。本年，诸郡计账增加男丁二十四万三千人，新归附的人口六十四万一千五百人。皇帝临朝阅览报告，对百官说："前代没有贤才，以致有如此罔冒；如今户口皆实，全都是因为有裴蕴。"由此逐渐亲信委任他，不久，擢升为御史大夫，与裴矩、虞世基参掌机密。裴蕴善于观察皇帝的脸色和心意，皇帝想要加罪的人，则扭曲法律以定其罪；所想宽恕的人，则附从轻微的条款，"依法"释放。此后，大小案件，都交给裴蕴处理，刑部、大理寺都不敢跟他争，一定秉承裴蕴的意思，然后决断。裴蕴有机辩，口若悬河，或重或轻，全在他一张嘴，而且剖析明敏，时人无法反驳。

【华杉讲透】

逢君之恶是大罪

裴蕴很能干，他越能干，对国家危害越大。他越立功，就越成为他干坏事的资本。这样的人，用孟子的说法，是"事君之臣"，不是"社稷之臣"。他和皇帝杨广，都把国家当成了自己实现私心私利的工具，而不是效忠对象。裴蕴后来在宇文化及发动的江都兵变中与杨广一同被杀，也是死有余辜了。

《大学》对杨广和裴蕴这种人也有定义，叫作"心不正"。修身齐家治国平天下，修身的前提在"正心"。《大学》说："所谓修身在正其心者，身有所忿懥，则不得其正，有所恐惧，则不得其正，有所好乐，则不得其正，有所忧患，则不得其正。"你处理一个人，一件事，首先要摆脱自己的喜怒和好恶等各种情绪，心才在腔子里摆得正。杨广身为皇帝，全凭自己的喜怒好恶行事，裴蕴身为大臣，不能匡正君王，发挥大臣的职责，而是变本加厉协助他随心所欲，君臣二人，就成了狼狈为奸。

《孟子》对这种情况也有论述："长君之恶其罪小，逢君之恶其罪大。"

长君之恶，是助长国君的恶行，所谓助纣为虐。不过，长君之恶，那还算是小罪，因为他只是不敢违抗君主，或怕因违拗而失去权位，所以才听命行事。逢君之恶，那才是大罪。什么是逢君之恶呢？朱熹说："君之恶未萌，而先意导之者，逢君之恶也。"那国君本来没想到要去干的坏事，他引诱国君去干。或者国君想干，但是还不敢干，不好意思干，因为毕竟良知未泯，知道那样不应该。而这时候，有奸恶之臣加以逢迎，给国君找出理论依据，帮助他自欺欺人，让他无所忌惮，理直气壮地干。这才是最坏的家伙。

裴蕴就是一个"逢君之恶"的样本。

裴蕴干了坏事，他还"剖析明敏，时人不能致诘"，这也有说法，就是司马迁在《史记》里评价商纣王的话："智足以拒谏，言足以饰非。"他的智慧足以拒绝他人的谏劝，他的口才足以粉饰自己的错误。杨广和裴蕴，都是这样的人。

为什么我们要读圣贤书，要读历史，因为所有的道理圣贤书已经讲完，所有的人和事的样本历史书上都多如牛毛。这就是《资治通鉴》序言里说的："君子多识前言往行以畜其德。"读得多了，遇到任何事情，讲过的道理，见过的人和事，都历历在目，了了分明，可为镜鉴。

华与华是咨询公司，我最警惕的，就是说某人"知道客户老板要什么"，这就有投其所好，将错就错，谋财害命的危险。所以，我拟下一条原则：

给客户他需要的，不是他想要的。

这就是要做社稷（客户公司）之臣，不做事君（客户老板）之臣。做到这一条，比古代大臣容易得多，因为你最多只是丢个客户，少赚点钱，又没有生命危险，你何必怕得罪他？

心要正！

突厥启民可汗去世，其子始毕可汗继任

9 突厥启民可汗去世，皇帝为之废朝三日，立他的儿子咄吉，是为始毕可汗；始毕上表请娶庶母义安公主，皇帝下诏批准，依从他们的风俗。

薛道衡为人参劾，杨广论罪令其自尽

10 当初，内史侍郎薛道衡以才学有盛名，长期在朝廷中枢当权，高祖杨坚末年，外放为襄州总管。杨广即位，把他从番州刺史任上召回，想要任用为秘书监。薛道衡既至，上《高祖文皇帝颂》，杨广读了，不悦，回头对苏威说："薛道衡赞美先朝，这是《鱼藻》的意思吧（《鱼藻》是《诗经》里的一篇，讥刺周幽王，意思是人们想念周武王。杨广觉得薛道衡赞美杨坚，就是说他不好）。"拜为司隶大夫，准备治他的罪。司隶刺史房彦谦劝薛道衡杜绝宾客，卑辞下气，薛道衡不听。正巧朝议讨论新的法令，久拖不决，薛道衡对朝士说："如果高颎不死，法令早就已经在推行了。"有人把他的话上奏，皇帝怒道："你是想念高颎吗！"把他交付执法者审判。裴蕴上奏说："薛道衡负才恃旧，有无君之心，把过错推给国家，妄造祸端。要论他的罪名，表面上看并不明显；而究其内心深处，深为悖逆。"皇帝说："对。我少年时与他一起出军（指灭陈国之役），他轻视我童稚，与高颎、贺若弼等外擅威权；我即位之后，他心中不能自安，全靠天下无事，没有机会造反罢了。你说他悖逆，正是洞察了他的本心。"薛道衡自以为没有什么大错，催促宪司早日判决，冀望上奏判决结果之日，皇帝必定会赦免他，又让家人准备酒食，以招待来问候的宾客。判决上奏后，皇帝下令薛道衡自尽，薛道衡完全意想不到，不肯自杀。宪司重奏，将他缢杀（享年七十岁），妻子儿女流放且末郡。天下人都为他感到冤枉。

【华杉讲透】

薛道衡死得冤不冤？从"案情"来说，当然是千古奇冤。但是，"千古奇冤"每年都有好多起，本身就是一种常态。所以，讨论这个问题没有意义。我们要讨论的是，他本来可以保护自己，却白白送了性命，教训到底在哪里？

裴蕴说："道衡负才恃旧，有无君之心，推恶于国，妄造祸端。论其罪名，似如隐昧；原其情义，深为悖逆。"一下子就说到杨广心坎里去了。为什么呢？因为裴蕴这话本来就是一语中的，薛道衡就是这么回事，他认为自己没罪。"国法"上是没罪，"心法"上是把杨广得罪绝了。

公开怀念前朝，就是对新朝不满；但是他掩耳盗铃，认为我赞美先帝能有什么罪呢？薛道衡不仅负才恃旧，而且倚老卖老，他写《高祖文皇帝颂》，就是说现在皇帝不行。

薛道衡认为杨广绝不会把他怎么样，犯了两个错误，一是没有"清零心态"，过去的功劳你已经拿了回报了，今天要清零，重新开始；二是不懂得"身怀利器，杀心自起"，皇帝为什么要杀人？因为他有那个权力，权力在手，就有快意恩仇的冲动，杀心会无限放大。这是人性，薛道衡怎么能不懂呢？他掩耳盗铃，也是自欺欺人，最终白白送了性命，害了自己全家，这是对家人的犯罪！

11 皇帝大规模检阅武器和军事物资，称赞器甲之美，宇文述乘势进言说："这都是云定兴的功劳。"皇帝即刻擢升云定兴为太府丞。

大业六年（公元610年）

1 春，正月一日，天还没亮，有盗匪数十人，白衣白帽，一手拿香，一手持花，自称弥勒佛，从建国门进入东都洛阳，守门卫士都向他们叩头。既而抢夺卫士武器，准备作乱，正好被齐王杨暕遇到（时任河南尹），将他们全部斩首。于是大肆搜捕，连坐者一千余家。

2 皇帝因为诸蕃酋长都集中在洛阳，正月十五日，在端门街盛陈百戏，戏场周围五千步，手拿乐器的有一万八千人，声闻数十里，从黄昏到天亮，灯火光耀天地；整整搞了一个月才散，花费数以巨万。自此成为常态，每年元宵节举行。

外国人申请进入丰都市场（洛阳东市称为丰都，南市称大同，北市称通远）交易，皇帝批准。先命令整理装饰店铺，屋脊屋檐都统一，盛设帷帐，珍货充积，无论店员和顾客，都衣着华丽，卖菜的也必须坐在龙须草编织的席子上。外国人有经过酒食店的，一律邀请入店就座，酒足饭饱而散，不要一分钱，骗他们说："中国富饶，酒食都不要钱。"外国人都惊叹。但其中有聪明狡黠的，颇察觉其中的异常，见树上都缠着绸缎，说："中国也有穷人，衣不蔽体，何不把这些绸缎给他们穿，却拿来缠树呢？"市人羞惭，不能回答。

皇帝称赞裴矩之能，对群臣说："裴矩完全了解朕的心意，凡是他所陈奏的，都是朕计划好的，只是我还没说出来，裴矩就上奏了；如果不是奉国尽心，怎能做到这样？"当时裴矩与左翊卫大将军宇文述、内史侍郎虞世基、御史大夫裴蕴、光禄大夫郭衍都以谄媚阿谀有宠。宇文述尤其善于逢迎，容貌举止，侍卫们都向他学习。郭衍曾经劝皇帝五日一视朝，说："不要效仿高祖，白白让自己勤苦。"皇帝更加认为他忠诚，说："唯有郭衍的心，与朕相同。"

皇帝上朝的时候，脸色凝重，发言降诏，文辞义理都很到位；而内心所想所好的，都是声色之乐，在两都及巡游时，常带着僧、尼、道士、女官，称为四道场。梁公萧钜，是萧琮弟弟的儿子；千牛左右宇文晶，是宇文庆的孙子；都有宠于皇帝。皇帝每天在苑中林亭间盛陈酒馔，命燕王杨倓（杨广的孙子）与萧钜、宇文晶及高祖杨坚的嫔妃们坐一席，僧、尼、道士、女官坐一席，皇帝自己与诸宠姬坐一席，各席略相连接，罢朝之后，就一起宴饮，互相劝酒，酒酣席乱之后，什么事都干得出来，以此为常。杨家妇女长得美的，往往进御给皇帝奸淫。宇文矗出入宫掖，不限门禁，以致妃嫔、公主都有丑闻，皇帝也不加罪。

陈稜渡海征伐琉球

3 皇帝再次派朱宽招抚琉球，琉球不从。皇帝派虎贲郎将、庐江人陈稜，朝请大夫、同安人张镇周发东阳兵一万余人，从义安渡海攻击。航行一月余，抵达琉球，以张镇周为先锋。琉球王渴刺兜遣兵逆战；张镇周屡次击破他，于是抵达其国都。渴刺兜亲自将兵出战，又败，退入栅栏。陈稜等乘胜攻拔，斩渴刺兜，俘虏其民一万余口而还。

二月十三日，陈稜等献琉球俘虏，杨广把他们分别颁赐给百官做奴隶，擢升陈稜为右光禄大夫，张镇周为金紫光禄大夫。

4 二月二十三日，下诏说："近世晋封爵位，赏赐封邑，都名不副实，自今往后，唯有立下功勋的才能赐封；仍令子孙继承。"于是以前赐封的五等爵位，不是有功的，全部撤销。

5 二月二十八日，把之前所征调来的北周、北齐、南梁、陈国散乐演艺人员全部隶属太常，都设置博士，招收弟子，以相传授，乐工发展到三万余人。

6 三月二日，皇帝前往江都宫（扬州）。

7 当初，皇帝想要大建汾阳宫，令御史大夫张衡绘图奏报。张衡借机进谏说："近年劳役繁多，百姓疲弊，希望陛下留意，稍加减损。"皇帝非常不满，后来有一天，目视着张衡，对侍臣说："张衡自以为是因为他的策划，才令我得天下。"于是翻旧账，说齐王杨暕携皇甫诩从驾以及之前皇帝前往涿郡祭祠恒山时，父老谒见者衣冠多不整，谴责张衡主管纠举弹劾，却不能指正，外放为榆林太守。过了很久，张衡督役修筑楼烦城，因皇帝巡幸，得以谒见皇帝。皇帝以为张衡一定忧愁恐惧，形体消瘦，结果看他还是一副肥肥胖胖的样子，认为他没有悔过，对他说："你还挺胖的，还是回郡里去吧。"再次遣回榆林。不久，敕令张衡督建江都宫。礼部尚书杨玄感出使到江都，张衡对杨玄感说："薛道衡死得真冤！"杨玄感把他的话上奏，江都郡丞王世充又上奏说张衡不断减少摆设的器具。皇帝于是发怒，将张衡锁拿到江都街市，要将他斩首，拖延了很久，才得以释放，除名为民，放归田里。以王世充领江都宫监。

王世充本是西域胡人，姓支氏。父亲名叫支收，幼年跟从其母改嫁王氏，于是姓王。王世充性格狡谲奸诈，能言善辩，读了一些书，喜好兵法，熟习律令。皇帝数次到江都，王世充能察言观色，阿谀伺候，雕饰池台，奉献珍物，由此有宠。（王世充登上历史舞台。）

8 夏，六月二十四日，发布制度，江都太守级别与京尹一样。（长安、洛阳、江都三个市长级别都一样，相当于有三个京师。）

9 冬，十二月三日，文安宪侯牛弘去世。牛弘宽厚恭俭，学术精博；隋室旧臣，始终受皇帝信任，没有受到猜忌或惩罚的，唯牛弘一人而已。他的弟弟牛弼，好酒，每次醉后都要闹事，曾经醉后射杀牛弘驾车的牛。牛弘回到家，妻子迎上来说："叔射杀牛。"牛弘也不问，直接回答说："拿来做干肉吧。"坐定，妻子又说："叔叔忽然射杀牛，真是怪事！"牛弘说："已经知道了。"神色自若，读书不辍。

【华杉讲透】

气质之学是读书的最高境界

牛弘的修养，我们要学到他的理念。但凡什么事，你想学方法，总是很难；而掌握了背后的理念，就自然而然，你也变成了那样的人。弟弟杀了他的牛，牛弘为什么不问呢？难道一点好奇心都没有吗？两个理念：一是知道弟弟平时做派，搞出啥事也不奇怪，又没杀人，不是什么大事；二是我之后自然会知道原因，不要从我嘴里问出来，我就没参与这是非，是非也不因我而放大。

《论语》：厩焚，子退朝，曰："伤人乎？"不问马。

孔子退朝回家，听说马厩失火了，问："有没有人受伤？"不问马。孔子不是不爱他的马，但仓促间，首先想到的是人，人的生命安全最重要，所以顾不上马怎么样。

牛弘当然熟读《论语》，孔子不问马，他也不问牛。学而时习之，不亦说乎！这一刻知行合一了。

第二条更重要，妻子明明知道弟弟是醉酒杀牛，她就是不说！引牛弘说话。牛弘不说话，她还要嘟囔一句："真是奇怪。"牛弘还是不接话。妻子要做什么呢？她就是要牛弘批评弟弟，然后她再发挥。这家庭矛盾就产生并放大了。牛弘一句都不问，矛盾就会自动平息。

这就是修身齐家治国平天下之道！

在杨广这个魔鬼暴君的朝廷，牛弘成为唯一安全降落的旧朝大臣，而且始终受杨广信任，这就是原因！

牛弘神色自若，读书不辍，他修的是什么学问？是气质之学！读书的最高境界，在于能"变化气质"。曾国藩说，读书不仅能改变气质，而且能改变人的骨相。那就是改变命运了。性格即命运，通过读书，读通透了，润之四体，深入骨髓，就能知行合一，随遇而安，克己复礼，天人合一。知行合一，就能天人合一。

网络上有一句流行语："在气质这一块，我始终拿捏得死死的。"你看牛弘，这就是把气质拿捏得死死的了。

杨广下令挖掘江南运河

10 皇帝敕令挖掘江南运河，自京口至余杭，长八百余里，宽十余丈，可以通行龙舟，并设置驿宫、草料场，准备东巡会稽。

11 皇帝认为百官从驾都穿袴褶（骑兵的军服及行旅之服，上衣裤子分开但是到隋朝逐步演化成一种大袖口的礼仪服装，不利于军事行动），于军旅间不便，本年，下诏："从驾远行者，文武官都穿军服，五品以上，一律穿紫袍，六品以下，可用绯绿，胥史穿青色，庶人穿白色，屠夫商人穿黑色，士卒穿黄色。"

12 皇帝在启民可汗大帐做客时，高丽使者也在启民处。启民不敢隐瞒，带他一起觐见皇帝。黄门侍郎裴矩对皇帝说："高丽本是箕子所封之地，汉、晋时都是郡县；如今才不臣，另为一国。先帝早就想要征讨他了，但是杨谅不肖，师出无功。如今在陛下的时代，怎可不取，让冠带之境，成为蛮貊之乡呢！今天他的使者亲眼看见启民可汗举国服从教化，可趁其恐惧，胁迫让他入朝。"皇帝听从，敕令牛弘宣旨说："朕因为启民诚心奉国，所以亲自到他的大帐。明年当前往涿郡，你回去之后，告诉高丽王：应该早日来朝，不要自己心怀疑惧，朕存养他的礼仪，当如启民可汗一样。如果不来，朕将率启民一起前往去巡视你们国家。"高丽王高元恐惧，于是藩臣之礼渐渐疏怠，皇帝准备征讨；下令天下富人出钱买战马，每匹价格高到十万钱；一面派人检查武器装备，务令精良，一旦发现有粗制滥造的，则使者立即将监制官斩首。

【华杉讲透】

箕子是商纣王的叔父，周灭商，周武王将箕子封在朝鲜。秦朝末年，朝鲜被燕国人卫满占据，传国到他的孙子右渠，被汉武帝消灭，设置四个郡。汉末，公孙度盘踞朝鲜，传国至孙子公孙渊，被曹魏消灭，之后一直到晋朝，都设置郡县。晋朝之后，中国内乱，高丽脱附而去。

杨广要征讨高丽，下令天下富人出钱买马，这是一个重要的信号，就是他国库里的钱已经不够，正常的税收也不能支撑他的征服欲，他就要掏空全国所有人的钱包了。

大业七年（公元611年）

1 春，正月十六日，真定襄侯郭衍去世。

2 二月三日，皇帝登上钓台，亲临杨子津渡口，大宴百官。

二月十九日，皇帝从江都抵达涿郡，乘坐龙舟，渡过黄河，进入永济渠，敕令选部、门下、内史、御史四司的官员到船上办公，裁决全国官员选调增补。参与选拔的有三千余人，有的徒步跟着船走了三千多里，也没等到结果，冻饿疲顿，因而致死者十分之一二。

杨广下诏讨伐高丽，天下骚动

3 二月二十六日，皇帝下诏讨伐高丽。敕令幽州总管元弘嗣前往东莱海口造船三百艘，官吏督役，工匠们昼夜站立于水中，一刻也不敢休息，自腰以下都生蛆，死者十分之三四。

夏，四月十五日，皇帝车驾抵达涿郡临朔宫，文武从官九品以上，都给予住宅安置。之前，下诏总征天下之兵，无论远近，全部到涿郡会师。又征发江淮以南水手一万人，弩手三万人，岭南排镩手（一手持盾，一手持矛）三万人，于是四方之人奔赴如流。

五月，敕令河南、淮南、江南造辎重车五万辆送到高阳，供装载衣甲幔幕之用，不用牛马，令兵士以人力拉车，征发河南、河北民夫以供军需。

秋，七月，征发江、淮以南民夫及船，运黎阳及洛口诸粮仓米到涿郡，舳舻相连一千余里，装载兵甲及攻取战具，往返在路上的人常有数十万，填塞于道，昼夜不绝，死尸堆积，臭秽盈路，天下骚动。

4 山东、河南大水，淹没三十余郡。

冬，十月三日，底柱山崩塌，堵塞河床，河水倒流数十里。

5 当初，皇帝西巡，派侍御史韦节征召西突厥处罗可汗，令他到大斗拔谷觐见皇帝，西突厥贵族们拒绝，处罗可汗向使者道歉，以其他借口推辞。皇帝大怒，但也没怎么样，不了了之。

这时其酋长射匮遣使来求婚，裴矩因此上奏说："处罗不来朝见，是仗恃自己强大罢了。臣请以计削弱他，分裂他的国家，就容易制伏了。射匮是都六可汗的儿子，达头可汗的孙子，世代都为可汗，君临西面，如今听闻他失势，附属于处罗，所以遣使来找我们结援，我们可以给他的使者以厚礼，拜他为大可汗，则突厥势力一分为二，两方都要听从我们了。"

皇帝说："你说得对。"于是派裴矩每天都到使者住的宾馆去，启发开导他。皇帝于仁风殿召见使者，说到处罗不归顺的情形，称赞射匮一心向善，决定立他为大可汗，令他发兵诛讨处罗，然后与皇帝结为姻亲。皇帝取桃竹白羽箭一枚以赐射匮，对使者说："此事宜速，疾如飞箭。"

使者返回，路经处罗处，处罗喜爱那支箭，想要留下给自己，使者支支吾吾一通哄骗，把箭带走了。射匮得到消息，大喜，兴兵袭击处罗。处罗大败，抛弃妻子儿女，率左右数千骑兵向东逃走，沿途又被抢劫，寓居于高昌，向东据守时罗漫山。高昌王麴伯雅向皇帝汇报。皇帝派裴矩与处罗可汗的母亲向氏的亲信左右飞驰到玉门关晋昌城，晓谕处罗，让他入朝觐见。

十二月八日，处罗可汗来朝见于临朔宫，皇帝大悦，接待他以特殊礼遇。皇帝与处罗宴会，处罗叩头，道歉说入见太晚。皇帝以温言安慰他，备设天下珍膳，盛陈女乐，罗绮丝竹，眩曜耳目，但是处罗始终有怏怏不乐之色。

6 皇帝自从去年谋划征讨高丽，下诏在山东设置总部，令养马以供军役。又征发民夫运米，储存在泸河、怀远二镇，运米去的车牛，车毁牛死，都没有一辆能返回的，士卒也死亡过半。男丁都去当兵或做民夫，误了农时，没人耕种，很多田地都荒芜了。加上饥馑，谷价暴涨，东北边尤其严重，一斗米值数百钱。各地所运的米有时质量不好，官吏就下令人民在当地买米来补偿。又征发手推车车夫六十余万，每两人推米三石，路途险远，运的粮都不够车夫自己在路上吃的，到了镇所，没有一粒粮食可以缴纳上去，于是惧罪逃亡。加上官吏贪残，弄权侵渔，导致百姓困穷，财力俱竭，如果安分守己，则不胜冻馁，死亡迫在眉睫，去做强盗才能苟延残喘，于是开始相聚为群盗。

【华杉讲透】

凡事要有一个长期战略，不能想到就干

杨广此刻的关键错误，一个字——急！急啊急，不顾一切地急！要征高丽也罢，你得有一个长期战略，不能想到就干，马上就要实现。杨广则迫不及待，全国紧急动员。

上面一急，下面就要死人。这种情况，非常普遍。今天我们说做人做事不要浮躁，杨广这就是浮躁。一浮躁起来，就只看见利益，看不见危险；只考虑成功，不考虑失败；至于别人的死活，那根本不在考虑范围之内。

《东周列国志》中，蹇叔对秦穆公说："夫霸天下者有三戒：毋贪、毋忿、毋急。贪则多失，忿则多难，急则多蹶。夫审大小而图之，乌用贪；衡彼己而施之，乌用忿；酌缓急而布之，乌用急。君能戒此三者，于霸也近矣！"

想要称霸天下的人，有三个戒条：戒贪，戒愤，戒急。贪婪会造成损失，愤恨会带来灾难，急切会摔跟头。你算清楚哪头大，哪头小，就不会贪婪；能换位思考，将心比心，就不会愤恨；能斟酌缓急，步步为营，就不会急切。为人君者，能守住这三个戒条，也就接近霸业了。

贪和急是一对双胞胎，不贪就不会急，一贪就必定急。我见了很多摔了跟头的人，都是摔在一个"急"字上，书房也挂着"宁静致远"的书法，但自己也不知道那是什么意思，成天摆着一副争分夺秒的架势，

十万火急地找死，唯恐自己死晚了。

邹平人王薄拥众占据长白山，剽掠齐郡和济北郡郊区，自称知世郎，意思是说世事可知，他都看透了；又作《无向辽东浪死歌》，相互激励，逃避征役的人，很多都去投奔他。

平原东有豆子䴚（盐泽地），背海带河，地形艰深险阻。自从高氏北齐以来，群盗多藏匿其中。其中有一个叫刘霸道的，家就在附近，累世仕宦，资产富厚。刘霸道喜欢游侠，家中食客常有数百人。等到群盗蜂起，远近之人多前往依附他，有部众十余万，号称"阿舅贼"。

漳南人窦建德，少年时就崇尚侠气，胆力过人，为乡党所归附。正巧招募人征高丽，窦建德因为勇敢，被选为二百人长。同县孙安祖以骁勇选为征士，孙安祖推辞说家为水淹了，妻子儿女又饿死，县令大怒，鞭笞他。孙安祖刺杀县令，逃亡投奔窦建德，窦建德窝藏他。官府逐捕，顺着踪迹追到窦建德家，窦建德对孙安祖说："文皇帝时，天下殷盛，征发百万之众以伐高丽，尚且失败。如今水潦为灾，百姓困穷，加上之前西征吐谷浑，士卒一去不回，创伤还未恢复；主上不体恤百姓，仍更发兵亲击高丽，天下必将大乱。丈夫不死，当立大功，岂能做一个逃亡犯呢！"于是集合无赖少年，得数百人，命孙安祖率领，进入高鸡泊中为群盗，孙安祖自号将军。

当时，还有鄃县人张金称聚众于河曲，蓚县人高士达聚众于清河境内为盗。郡县官府怀疑窦建德与贼交通，把他的家属全部逮捕杀死。窦建德率麾下二百人逃亡归附高士达，高士达自称东海公，任命窦建德为司兵。

不久，孙安祖为张金称所杀，其部众全部归附窦建德，窦建德的兵发展到一万余人。窦建德能平易近人，礼贤下士，与士卒同甘共苦，由此人们争相归附他，愿意为他效死。

自此之后，各地群盗蜂起，不可胜数，徒众多的发展到一万余人，攻陷城邑。

十二月十三日，皇帝敕令都尉、鹰扬（武官名）与郡县互相配合追捕，抓获的就地斩决，但是不能禁止。

【华杉讲透】

学会与问题共存，带着问题前进

这就是"祸起萧墙"，杨广要征讨高丽，大军还没出发，内部先乱了。乱的原因，就是征高丽引发的。教训是什么呢？是不要急于解决问题，要学会与问题共存，带着问题前进。因为解决问题的举措，可能带来新的、更大的问题。

我有三个问题哲学：

第一，你以为是问题的，大概率根本不是真问题，不需要解决。

第二，虽然需要解决问题，但解决问题的举措会制造出新的问题。不如与问题共存，带着问题前进。

第三，真正需要思考的，不是如何解决现在的问题，而是如何防止复发，以后如何才能不重犯同样的错误，不再出现同样的问题。

补充讲解一下第三条，这是最重要的。当问题出现的时候，其实你只能止损，并不能解决它，更不能"把失去的损失夺回来"，你越想夺回损失，就越是抱薪救火，最后把自己损失得一干二净。因为产生问题的原因，是你之前的错误。你要总结，也是不要再犯同样的错误，那么，以后就不会再出现这种问题了。

这就是寻找问题的"真因"，从"真因"处解决。但是，也只能解决以后，不能解决眼前。眼前只能接受损失。

就以杨广的问题来看，他现在面临两个问题。

第一个是高丽问题。高丽为什么脱附而去？因为中国内乱。所以，要高丽回归隋国，就要把国家搞好，对高丽人民有吸引力。所谓悦近来远，怀柔远方。全国人民都喜悦，境外的人都羡慕，就都想回归。那时候，如果他自己内部又没搞好，自然就回归了。出兵解放，百姓也是"箪食壶浆以迎王师"，不费刀兵，就可传檄而定。不到这种情况，就与问题共存，带着问题前进。

第二个是盗匪问题。盗匪问题本身就是杨广为了解决高丽问题制造出来的。现在他又出招了，朝廷部门和地方官府联合追捕，就地斩决。能解决吗？解决不了。因为问题的原因出在他自己身上，不在盗匪身上。他只有解决自己，才能解决问题。停止征兵，让百姓休养生息，盗匪自己就回家种田了。人家本来就想在家种田，并不想出来做盗匪。

找对问题，找到真因，是我们解决一切问题的钥匙。

大业八年（公元612年）

1 春，正月，皇帝将西突厥处罗可汗的部众一分为三，让他的弟弟阙度设率领羸弱一万余人，居住在会宁，又命特勒大奈率领其他人居住在楼烦，命处罗本人率骑兵五百人跟从车驾巡幸，赐号为曷婆那可汗，赏赐非常丰厚。

2 当初，嵩高山道士潘诞自称三百岁，为皇帝合炼金丹。皇帝为他建造嵩阳观，豪华房屋数百间，以童男童女各一百二十人供他使唤，官位以三品官待遇；平常保持有数千人为他役使，花费巨万。潘诞说炼金丹要用石胆、石髓，征发石工凿嵩高山大石，深达百尺的有数十处。炼了六年，金丹炼不成。皇帝诘问他，潘诞回答说："无石胆、石髓，若得童男女胆髓各三斛六斗，可以替代。"皇帝怒，锁拿到涿郡，斩首。潘诞临死前，对人说："这是天子无福，也是正好我兵解的时辰到了，我应升上梵摩天。"

【华杉讲透】

学仙的人认为死亡是蜕骨登仙，称为尸解，解化为仙。潘诞是为兵器所杀，所以他自称是"兵解"。杨广支持潘诞炼丹，并不等于相信他，只是尝试而已。当金丹炼不成，潘诞要童男童女的胆囊和骨髓的时候，杨广可不是傻子，没有为他去杀人，而是杀了这个妖道。

3 四方军队都已集中到涿郡，皇帝召见合水县令庾质，问道："高丽的人口不能当我一郡，如今朕以大军讨伐之，卿认为能攻克不？"回答说："伐之可克。但是臣私底下有愚见，不愿陛下亲行。"皇帝作色说："朕如今总兵至此，岂可未见贼而先自退？"回答说："如果战而未克，恐怕有损陛下威名。不如车驾留在此处，命猛将劲卒，指授方略，倍道兼行，出其不意，必定攻克。事机在速，缓则无功。"皇帝不悦，说："你既然不敢去，自然可以留在此地。"右尚方署监事耿询上书切谏，皇帝大怒，命左右将他斩首，何稠苦救，得以免死。

正月二日，下诏左路十二军出镂方、长岑、溟海、盖马、建安、南苏、辽东、玄菟、扶余、朝鲜、沃沮、乐浪等道，右路十二军出黏蝉、含资、浑弥、临屯、候城、提奚、蹋顿、肃慎、碣石、东暆、带方、襄平等道，络绎不绝于途，总集于平壤，一共一百一十三万三千八百人，号称二百万，而负责运输的民夫人数，是士兵的两倍。在南桑干河畔祭祀社神，在临朔宫南祭告上天，又在蓟城北祭祀马神。皇帝亲授节度：每军大将、亚将各一人；骑兵四十队，每队一百人，十队为一团；步卒八十队，分为四团，每团各有偏将一人；其盔甲、帽穗、马缨、旗幡，每团颜色不同；受降使者一人，承诏慰抚，不受大将节制；其他辎重散兵等也分为四个团，在步兵保护下前进；进止立营，都有次序号令。

正月三日，第一军出发；之后每日出发一军，相去四十里，连营渐进；前后四十日，才出发完毕，首尾相继，鼓角相闻，旌旗连绵九百六十里。皇帝御营内共有十二卫、三台、五省、九寺，分隶属内、外、前、后、左、右六军，依次后发，又连绵八十里。近古出师之盛，从未如此盛大。

4 正月二十四日，内史令元寿薨逝。

5 二月十二日，观德王杨雄薨逝。

6 北平襄侯段文振为兵部尚书，上表，认为皇帝"宠待突厥太厚，让他们居住在塞内，又资助他们以军粮，戎狄之性，没有亲情，一味贪婪，他日必为国患。应该在恰当的时候晓谕遣返，让他们回到塞外，然后明设烽候，沿边镇防，不要让事态严重，这才是万年之长策"。

兵曹郎斛斯政，是斛斯椿的孙子，因为有才干，熟悉业务，为皇帝所宠任，皇帝让他专掌军事。段文振知道斛斯政阴险轻薄，不可委以机要，屡次劝告皇帝，皇帝不从。等到征讨高丽，皇帝任命段文振为左候卫大将军，从南苏道出发。段文振于道中病重，上表说："我看辽东小丑，没有受过严厉的刑罚，竟劳动陛下御驾亲征。但夷狄多诈，必须加强提防，如果他们嘴上承诺投降，不要马上接受。雨季就要来临，不可拖延。唯愿严勒诸军，星驰速发，水陆俱前，出其不意，则平壤孤城，势可攻拔。如果能倾覆其根本，其他城池自然攻克；如果不能及时平定，遇上秋季大雨，深为艰阻，兵粮枯竭，强敌在前，靺鞨在后，迟疑不决，不是上策。"

三月十四日，段文振去世，皇帝非常痛惜。

【华杉讲透】

杨广征高丽，出动大军113万多，后勤人员是士兵的两倍，则有226万，加起来340万人，这是空前盛大的军队。但是，军队庞大并非一定强大，也非常脆弱，《孙子兵法》说："军无辎重则亡，无粮食则亡，无委积则亡。"装备、粮食、被服、物资，都叫辎重；委积，也是物资财货。所以这军队，没有辎重要死，没有粮食要死，没有物资要死。三百多万人的供应，在古代是不可想象的任务。如果再有艰险的地形、恶劣的天气，三百万人，就如同三百万只蚂蚁而已。而这两项，高丽都不缺！

杨广没有战略，一味硬干、蛮干，最后就是把自己干死。

7 三月十四日，皇帝开始统率各师，亲自指挥，进军到辽水。众军总会师，临水列为大阵，高丽兵在对岸拒守，隋兵无法渡河。左屯卫大将军麦铁杖对人说："大丈夫性命自有所在，岂能在额头上艾灸，又喷瓜蒂汁通鼻,治那一身老病,而卧死在儿女手中呢!"于是自请为前锋,对他的三个儿子说:"我身受国恩,今天就是我的死期!我得以战死,你们就能富贵!"

皇帝命工部尚书宇文恺造三条浮桥于辽水西岸,既成,引桥向东岸靠拢,桥短,离岸还有一丈多。高丽兵大至,隋兵骁勇者争相赴水接战,高丽兵乘高攻击,隋兵不得登岸,死者甚众。麦铁杖一跃登岸,与虎贲郎将钱士雄、孟叉等都战死。于是收兵,把浮桥再拉回西岸。

皇帝下诏,追赠麦铁杖为宿公,让他的儿子麦孟才继承爵位,次子麦仲才、麦季才都拜为正议大夫。再命少府监何稠接桥,二日而成,诸军相次继进,大战于东岸,高丽兵大败,死者数以万计。诸军乘胜进军包围辽东城,就是汉朝的襄平城。皇帝车驾渡过河,带曷萨那可汗及高昌王麴伯雅去观看战场,以震慑他们,并下诏大赦天下。命刑部尚书卫文昇、尚书右丞刘士龙抚慰辽河东岸之民,免除赋税十年,建置郡县,以相统摄。

8 夏,五月四日,纳言杨达薨逝。

征伐高丽失败,隋朝撤军

9 诸将东下时,皇帝亲自告诫他们说:"此次出兵,是吊民伐罪,不是为了功名。你们当中有的人可能没有领会朕的意思,想要轻兵掩袭,孤军独斗,立一身之名以邀勋赏,这不是大军的战法。你们进军,当兵分三路,有所攻击,必定三路互相知道,不得轻军独进,以造成损失。又,凡军事进止,都必须先向我奏报,等我指挥,不得专擅。"

辽东人数次出战不利,于是婴城固守,皇帝命诸军攻城。又敕令诸将,高丽如果投降,即宜抚慰接纳,不得纵兵。辽东城池将要陷落的时候,城中人就说要投降。诸将奉旨不敢再继续攻打,先令飞驰上奏,等皇帝的旨意传来,城中的守御又重整旗鼓,继续抵抗。如此反复再三,皇帝始终没有醒悟。既而城池久攻不下。

六月十一日，皇帝抵达辽东城南，观察城池形势，召诸将诘责说："你们自以为是高官，又仗恃家世，是不是以为我愚昧胆小？在东都之时，你们都不愿让我来，是怕我亲眼看见你们的毛病和失败吧。我今天来此，就是要看看你们的作为，把你们斩首！你们今天怕死，不肯尽力，是以为我不能杀你们吗？"诸将全都战惧失色。皇帝于是留在城西数里，坐镇六合城。高丽诸城各坚守不下。

右翊卫大将军来护儿率江、淮水军，船舰绵延数百里，渡海先行前进，入自浿水，逆流而上，距平壤六十里，与高丽军相遇，进击，大破高丽军。来护儿想要乘胜直扑平壤城，副总管周法尚制止他，请他等诸军抵达会师后再一起前进。来护儿不听，简选精兵四万人，直造城下。高丽伏兵于外城空寺中，出兵与来护儿交战，假装战败，来护儿追逐入城，纵兵抢掠，队伍四散，失去统一指挥。高丽伏兵发动，来护儿大败，仅仅逃得一命，士卒生还者不过数千人。高丽追击到船只停泊处所，周法尚严阵以待，高丽才撤退。来护儿引兵撤回海边，不敢留下来接应后面的军队。

左翊卫大将军宇文述从扶余道，右翊卫大将军于仲文从乐浪道，左骁卫大将军荆元恒从辽东道，右翊卫将军薛世雄从沃沮道，左屯卫将军辛世雄从玄菟道，右御卫将军张瑾从襄平道，右武候将军赵孝才从碣石道，涿郡太守检校左武卫将军崔弘昇从遂城道，检校右御卫虎贲郎将卫文昇从增地道出征，皆会师于鸭绿江西岸。

宇文述等各部队，都是泸河、怀远二镇的士兵，人马都给一百天的粮，又给铠甲、枪槊以及衣服、战具、炊具、帐篷等，每人负重三石以上，士兵们都无法承受。又下令军中："遗弃米粟者斩！"士卒们于是都在帐篷内掘坑将粮食掩埋，才走到一半，粮食已经快吃尽了。

高丽派大臣乙支文德到隋军军营诈降，实际上是要观察虚实。于仲文先奉密旨："如果遇到高元或乙支文德来，一定把他们擒了。"于仲文将要逮捕他，尚书右丞刘士龙为慰抚使，坚决制止。于仲文于是放乙支文德回去，既而反悔，派人追上，骗乙支文德说："还有话说，可以回来。"乙支文德不顾,渡鸭绿江而去。于仲文与宇文述等放走了乙支文德,心中不能自安,宇文述因为粮食吃尽,想要撤退。于仲文建议以精锐追击乙支文德,可以有功。宇文述坚决制止,于仲文怒道:"将军仗十万之众,不能破小贼,有何颜面去见皇帝!况且我此行,早就知道无法建功,为什么呢?古代良将能成功的,军中之事,都是一个人决定。如今各有心思,何以胜敌?!"当时皇帝认为于仲文有韬略,下令诸军向他咨询禀告,归他节度,所以他才这么说。

于是宇文述等不得已而听从他,与诸将渡水追乙支文德。乙支文德见宇文述军士面有饥饿之色,故意要进一步拖垮他们,每次一交战就撤退。宇文述一日之中,七战皆捷,既仗恃自己得胜,又逼于群议,于是继续前进,东渡萨水,离平壤城三十里,依山为营。乙支文德再次遣使诈降,向宇文述请求说:"您如果撤退,我当带着高元到皇帝行在朝见。"宇文述见士卒疲弊,不可再战,又平壤城险固,度量着一下子也难以攻拔,明知对方有诈,也假装相信,撤退。宇文述等列为方阵行军,高丽军四面抄击,宇文述等且战且行。

秋,七月二十四日,宇文述抵达萨水,军队渡河渡了一半,高丽军自后击其后军,右屯卫将军辛世雄战死。于是诸军崩溃,不可禁止。将士奔还,一日一夜至鸭绿江,行四百五十里。将军、天水人王仁恭殿后,击退高丽追兵。来护儿听闻宇文述等战败,也引兵撤退。唯独卫文昇一军得以保全。

当初,九军渡辽,一共三十万五千人,等到撤回辽东城,只剩二千七百人,资储器械数以巨万计,全部丢失得一干二净。皇帝大怒,锁拿宇文述等。

七月二十五日,皇帝撤军。

当初,百济王扶余璋遣使申请参加讨伐高丽,皇帝派他负责侦察高丽动静,扶余璋暗中与高丽勾结。隋军将要出兵,扶余璋派他的臣下国智牟来请示出师日期。皇帝大悦,厚加赏赐,派尚书起部郎席律去百济,告知他会师日期。等到隋军渡辽河,百济也严兵于边境,声言助隋,实际上两头观望。

此次出兵的战果，只是在辽水以西攻拔高丽武历逻，设置辽东郡及通定镇而已。

八月，敕令运黎阳、洛阳、洛口、太原等粮仓谷米到望海顿，派民部尚书樊子盖留守涿郡。

九月十三日，皇帝车驾回到东都洛阳。

10 冬，十月八日，工部尚书宇文恺去世。

11 十一月三日，皇帝以宗室女儿为华容公主，嫁给高昌国王。

12 宇文述一向受宠于皇帝，而且他的儿子宇文士及又娶皇帝的女儿南阳公主，所以皇帝不忍心诛杀他。十一月八日，宇文述与于仲文等都被除名为民，斩刘士龙以谢天下。

萨水之败，高丽追围薛世雄于白石山，薛世雄奋击，击破高丽军，所以唯独对他只是免职处分。以卫文昇为金紫光禄大夫。诸将都委罪于于仲文，皇帝既把诸将释放，唯独还关押于仲文。于仲文忧愁恚恨，发病困笃，这才被释放，死在家中。

13 本年，大旱，瘟疫，山东尤其严重。

14 张衡既被贬斥，皇帝仍不断派亲信去观察他的作为。皇帝从辽东回来，张衡的小妾告张衡心怀怨望，诽谤朝政，皇帝下诏，赐张衡自尽于家中。张衡临死前大声高喊："我替人做了什么事，还指望能久活？"监刑者塞住自己耳朵，催促令人赶快杀了他！

【柏杨注】

张衡拉杀杨坚，杨广一定要杀他灭口。监刑官塞住自己耳朵，不想听到，怕自己再被灭口。

卷第一百八十二　隋纪六

大业九年（613）至大业十一年（615），共3年

炀皇帝中

大业九年（公元613年）

1 春，正月二日，下诏征全国军队到涿郡集结。开始招募百姓为骁果（为骁果作乱埋下伏笔），修辽东古城以贮军粮。

2 灵武贼帅白瑜娑抢夺官府牧马，北连突厥，陇右很多地区都受他劫掠，称为"奴贼"。

3 正月二十三日，大赦天下。

4 正月二十四日，命刑部尚书卫文昇等辅佐代王杨侑留守西京。

5 二月壬午（二月无此日），下诏："宇文述是因为兵粮不继，所以失败。这是军吏调度不力，不是宇文述之罪，应该恢复他的官爵。"不久，又加授开府仪同三司。

6 皇帝对侍臣说："高丽小虏，侮慢上国；如今我就是拔海移山，也能成功，何况这么一个小贼！"于是复议伐高丽。左光禄大夫郭荣进谏说："戎狄失礼，这是臣下之事；千钧之弩，不为鼷鼠发机，奈何亲辱万乘之君，去与一个小寇为敌呢？"皇帝不听。

【华杉讲透】

善战者不败，善败者不亡

"千钧之弩，不为鼷鼠发机"，这是名句。郭荣是引用三国时期杜袭劝谏曹操的话："千钧之弩不为鼷鼠发机，万石之钟不以莛撞起音。"千钧力的弓弩不会对小小的鼷鼠发动机关，万石重的大钟不会被细弱的草茎撞出音响。曹操当时是因为许攸对他轻慢，发怒要讨伐许攸。杜袭劝谏，曹操听从，转而优厚安抚许攸，而许攸也很快归顺了曹操。

不过，这话跟曹操说可以，跟杨广说就适得其反。首先，他就是要亲自去捏死这只"鼷鼠"，之前他都不派人去，要御驾亲征，还要亲自指挥，不让别人分享他的成功。其次，他狂妄，认为自己拔海移山都不在话下，你说他是千钧之弩射小老鼠，他更要去了。

劝说杨广，只能直话直说，善战者不败，善败者不亡，要接受失败。之前已经造成巨大损失，又民变蜂起。再不接受失败，就有亡国之忧。

虽然这样说也没用，但是留下一个话头，并始终坚持这个意见，他或许还有醒悟的时候。

7 三月二日，济阴孟海公起兵为盗，占据周桥，部众发展到数万人，见人说话若那人引经据典，就杀掉他。

8 三月三日，征发男丁十万整修大兴城。

9 三月四日，皇帝前往辽东，命民部尚书樊子盖等辅佐越王杨侗留守东都。

各地盗贼蜂起，张须陀率众平叛

10 各地盗贼蜂起，齐郡人王薄、孟让，北海人郭方预，清河人张金称，平原人郝孝德，河间人格谦，渤海人孙宣雅，各自聚众攻剽，多的有十余万人，少的也有数万人，崤山以东深受其苦。天下承平日久，人不习兵，郡县吏每次与贼兵交战，都望风沮败。唯独齐郡郡丞、闵乡人张须陀得众士心，勇决善战，率郡兵击王薄于泰山下。王薄仗恃其骤然取胜，不设防备；张须陀掩击，大破之。王薄收余兵北渡黄河，张须陀追击于临邑，将他再次击破。王薄北连孙宣雅、郝孝德等十余万攻打章丘，张须陀率步骑兵二万人攻击，贼众大败。贼帅裴长才等部众二万人掩至城下，大肆抢掠。张须陀来不及集结部队，率五名骑兵出战，贼众竞相趋赴，包围一百余重，张须陀多处受伤，越战越勇。这时城中援兵赶到，贼兵稍稍退却。张须陀督众攻击，裴长才等败走。

三月二十六日，郭方预等合军攻陷北海，大掠而去。张须陀对部属说："贼兵仗恃其强，以为我不能救。我如今速行，必定将他们击破！"于是简选精兵，倍道进击，大破之，斩首数万级，前后缴获贼军辎重不可胜计。

历城人罗士信，年十四岁，跟从张须陀击贼于潍水河畔。贼军刚开始布阵，罗士信驰马到阵前，刺杀数人，斩下一人首级，抛向空中，再用长槊接住，挑着在敌阵前奔驰而过。贼兵惊愕，不敢接近。张须陀乘势引兵奋击，贼众大溃。罗士信追杀，每杀一人，就割下鼻子揣在怀里，回来之后，检验杀敌人数。张须陀叹赏，把他留在自己左右。每次作战，张须陀先登，罗士信为副。皇帝遣使慰谕，并让人画下张须陀、罗士信战阵图来观看。

11 夏，四月二十七日，皇帝车驾渡过辽河。

四月二十九日，派宇文述与上大将军杨义臣向平壤挺进。

【华杉讲透】

杨广是典型的"不肖富二代"，不知道创业艰难，不知道自己资源有限，以为可以为所欲为。他在后方大兴土木，国内在平叛，自己还要到前线去伐高丽，三条线同时开展，怎能不亡！他这些事，借给杨坚十个胆子，都不敢干。而杨广呢，他的信条就四个字：拔海移山。

12 左光禄大夫王仁恭从扶余道出师，进军到新城，高丽兵数万拒战，王仁恭率劲骑一千人，击破高丽军，高丽婴城固守。皇帝命诸将攻打辽东，允许他们便宜从事。飞楼、撞车、云梯、地道四面俱进，昼夜不息，而高丽随机应变，坚持抵抗，二十余日，不能攻拔，双方都死伤惨重。冲梯竿长十五丈，骁果、吴兴人沈光爬上顶端，临城与高丽兵交战，短兵相接，杀十数人，高丽兵竞相攻击，沈光坠下；还未及地，正巧冲梯竿上有一根垂下的绳子，沈光一把抓住，再攀缘而上。皇帝望见，壮其勇，当即拜为朝散大夫，留在自己左右。

杨玄感起兵反隋

13 礼部尚书杨玄感，骁勇，精于骑射，好读书，喜欢结交宾客，海内知名之士多与他交游；与蒲山公李密友善。李密，是李弼（宇文氏佐命功臣，事见公元534年记载）的曾孙，少年时就有才略，志气雄远，轻财好士，任左亲侍（左翊府将官）。皇帝见了他，对宇文述说："之前左翼卫队有一个皮肤黑黑的年轻人，眼神跟别人不一样，不要让他宿卫！"宇文述于是告诉李密，让他称病辞职，李密于是屏绝人事，专务读书。曾经坐在黄牛上读《汉书》，杨素遇见，大为惊异，召他到家中，与他谈话，大悦，对儿子杨玄感等说："李密识度如此，你们都赶不上他！"由此杨玄感与李密深交。杨玄感有时欺侮李密，李密说："人说话要实在，岂可当面阿谀奉承！如果决机两阵之间，怒吼呐喊，使敌人震慑，我不如你；但是，驱策天下贤俊，各申其用，你不如我。岂可以因为你的地位比我高，就轻视天下士大夫呢？"杨玄感笑了，对他说的话很服气。

杨素恃功骄倨，朝宴之际，有时有失臣礼。皇帝心中记恨，但是并不说出来，杨素也有所察觉。等到杨素薨逝，皇帝对近臣说："假如杨素不死，终当灭族。"杨玄感隐约听到这些话，而且自以为累世贵显，在朝文武官员多是父亲的老部下，见朝政越来越紊乱，而皇帝又多猜忌，内心不能自安，于是与诸弟密谋作乱。皇帝正忙于征伐，杨玄感自告奋勇说："我家世代蒙荷国恩，愿为将领。"皇帝喜悦说："将门必有将，相门必有相，此言不虚！"由此宠遇日隆，颇能干预朝政。

皇帝伐高丽，命杨玄感在黎阳督运，杨玄感于是与虎贲郎将王仲伯、汲郡赞治（相当于太守的行政助理）赵怀义等密谋，故意逗留漕运，不及时进发，想要让渡辽诸军缺粮。皇帝派使者催促，杨玄感谎称水路多盗，不可前前后后地陆续发。杨玄感的弟弟、虎贲郎将杨玄纵，鹰扬郎将杨万石，都跟着皇帝在辽东，杨玄感秘密派人召他们，二人都逃亡回来。杨万石走到高阳，被监事许华抓获，斩于涿郡。

当时右骁卫大将军来护儿率水军在东莱准备入海前往平壤，杨玄感派家奴假装成朝廷使者从东方来，一路诈称来护儿造反。

六月三日，杨玄感进入黎阳，关闭城门，大肆抓壮丁，取船帆布制造盔甲，任命官属，都按照开皇年间的旧制。移书旁郡，以讨来护儿为名，各令发兵到黎阳仓会师。郡县官吏有才干的，杨玄感都以督运粮食为名，召他们前来集合。杨玄感任命赵怀义为卫州刺史，东光尉元务本为黎州刺史，河内郡主簿唐祎为怀州刺史。

治书侍御史游元，在黎阳督运，杨玄感对他说："独夫肆虐，陷身绝域，这正是天要亡他之时。我今亲率义兵以诛无道，卿意如何？"游元正色说："您的父亲深受皇帝宠信，近世以来，无人可比。您的弟兄们，不是穿青，就是穿紫（紫色为五品以上官服），当竭诚尽节，上答鸿恩。想不到您父亲坟土未干，您就反咬一口！我有死而已，不敢闻命！"杨玄感大怒，将他囚禁，屡次拿刀架在他脖子上，也不屈服，于是杀了他。游元，是游明根的孙子。

杨玄感选运输兵中少壮的，得五千余人，丹杨、宣城船夫三千余人，再杀猪、牛、羊，与大家盟誓，并告谕他们说："主上无道，不以百姓为念，天下骚扰，死于辽东者数以万计。如今与君等起兵，以救亿兆百姓，如何？"众人都踊跃称万岁。于是整顿编制，部署队伍。

唐祎从杨玄感处逃归河内。

之前杨玄感秘密派家童到长安，召李密及弟弟杨玄挺到黎阳。等到举兵时，李密恰好赶到，杨玄感大喜，任命他为军师，对李密说："你时常以匡济天下为己任，如今时机到了！你有什么计策？"李密说："天子出征，远在辽外，距幽州还有一千里。南有巨海，北有强胡，中间只有一条道路跟国内联系，极其艰危。公拥兵出其不意，长驱入蓟县，占据临渝险要地形，扼住其咽喉。他归路既绝，高丽听闻，必蹑其后。不过十天半月，物资粮草皆尽，其众不降则溃，可以不战而擒，这是上计。"杨玄感说："你再说说次计呢？"李密说："关中四塞，天府之国，虽有卫文昇，不足为意。如今率众鼓行而西，经过的城池一概不攻，直取长安。收其豪杰，抚其士民，据险而守之。天子虽还，失其根本，可以徐徐图谋他。"杨玄感说："再说说，有没有其他计策？"李密说："简选精锐，昼夜倍道，袭取东都洛阳，以号令四方。只是担心唐祎告诉他们，先已固守。如果引兵攻打，百日不克，天下之兵四面而至，那结果就不是我所知道的了。"杨玄感说："不对，如今百官家口都在东都，如果先取东都，足以动摇其心。况且经过城池却不攻拔，何以示威！你的下计，才是上策。"于是引兵向洛阳，派杨玄挺率骁勇一千人为前锋，先取河内。唐祎据城拒守，杨玄挺一无所获。

【华杉讲透】

李密这上中下三策，都是下策，为什么呢？因为时机不对。天下不可力夺，也不可智取，唯有天命决定。所谓"恶贯满盈"，杨广此刻之恶，还未满盈，他死期还没到，你灭不了他。如果取上策，就算杀了杨广，朝廷会再立一位新君，杨玄感没有立足之地。如果攻打洛阳或者长安，先别说能不能打下来。只要皇帝还在，合法权力在他那里，顺逆形势不一样，杨玄感还是不能取胜。《孙子兵法》说："胜可知而不可为。"有没有胜算，发动前可以预判；如果没有胜算，胜利不可强求。杨玄感太急，只能做"先烈"。

在李密三策当中，第一条勉强算是下策中的上策，因为拿下皇帝，毕竟是诛灭桀纣之君，可以威震天下，也有政治资本。杨玄感以李密为军师，又不能听军师的话，要自己决策，"任其私智"；李密既然是军师，就应该做决策咨询，只给一个选择，不要给上中下三策。两人都有错，这事干不成。

杨玄感的对手，并非只有杨广。只要天下一乱，野心家多得是，就进入群雄逐鹿的时代了。

唐祎又派人告诉东都越王杨侗与樊子盖等勒兵备战，修武百姓相率把守临清关。杨玄感无法通过，于是在汲郡南渡黄河，追随他的人像赶集一样多。杨玄感派弟弟杨积善将兵三千人从偃师南郊区沿洛水西上，杨玄挺自白司马坂翻越邙山南下，杨玄感率三千余人尾随其后，相距十里左右，自称大军。他的兵都手执单刀柳盾，没有弓箭盔甲。

东都派出河南县令达奚善意率精兵五千人抵御杨积善，将作监、河南赞治裴弘策率八千人拒战杨玄挺。达奚善意南渡洛水，在汉王寺扎营。第二天，杨积善兵到，达奚善意军不战自溃，铠甲武器全部被杨积善所取。裴弘策出兵到白司马坂，一战，败走，抛弃盔甲武器的士兵超过三分之二，杨玄挺也不追。裴弘策退却三四里，收集散兵，再次结阵以待。杨玄挺徐徐赶到，坐下休息良久，忽然起身攻击，裴弘策又败，如此五次交战。

六月十四日，杨玄挺直抵太阳门，裴弘策率十几个骑兵驰入宫城，其余没有一个人回来的，全部投降杨玄感。

杨玄感屯驻在上春门，每每向大家誓言说："我身为上柱国，家产累积巨万金，对于富贵，我一无所求。如今不顾灭族而起兵，是为天下解倒悬之急而已！"众人都感悦。父老争献牛酒，子弟到军门申请参军的，每天都数以千计。

内史舍人韦福嗣，是韦洸哥哥的儿子，从军出战杨玄感。被杨玄感俘虏。杨玄感厚礼他，让他与胡师耽共同执掌文书。杨玄感令韦福嗣写信给樊子盖，数落皇帝罪恶，说："如今欲废昏立明，希望您不要拘于小礼，给自己招来忧患。"樊子盖刚刚从地方上入为京官，东都旧官多怠慢他，以至于军事行动，都不向他报告。裴弘策与樊子盖同在朝廷为官，之前出城讨贼失利，樊子盖再次派他出战，裴弘策不肯去，樊子盖下令把他拉出去斩首示众。国子祭酒、河东人杨汪，小有不恭，樊子盖又要将他斩首；杨汪叩头流血，才得以免死。于是将吏震肃，无敢仰视，令行禁止。杨玄感尽锐攻城，樊子盖随方拒守，杨玄感不能攻克。但是，达官子弟前来应募从军的，听闻裴弘策死，都不敢入城。韩擒虎的儿子韩世谔、观王杨雄的儿子杨恭道、虞世基的儿子虞柔、来护儿的儿子来渊、裴蕴的儿子裴爽、大理卿郑善果的儿子郑俨、周罗睺的儿子周仲等四十余人都投降杨玄感，杨玄感全部以亲要重任委任他们。

郑善果，是郑译哥哥的儿子。

杨玄感收兵得五万余人，发五千人守慈涧道，五千人守伊阙道，派韩世谔率三千人包围荥阳，顾觉率五千人攻取虎牢。虎牢守将投降。杨玄感任命顾觉为郑州刺史，镇守虎牢。

代王杨侑派刑部尚书卫文昇率兵四万救援东都，卫文昇到了华阴，掘开杨素坟墓，焚其骸骨，示士卒以必死之心，于是鼓行出崤山、渑池，直趋东都城北。杨玄感逆战。卫文昇且战且行，屯驻于金谷。

辽东城久攻不拔，皇帝派人造布囊一百余万个，装满泥土，打算堆积为鱼梁大道（像捕鱼筑起的堰坝一样），宽三十步，高与城墙相齐，命战士登上去攻击。又制作八轮楼车，比城墙还高，在鱼梁道两旁，想要俯射城内。总攻日期将到,城内危蹙。这时杨玄感反书送到,皇帝大惧,引纳言苏威入帐中,对他说:"此儿聪明,会不会造成祸患?"苏威说:"能识是非,审成败,才叫作聪明。杨玄感粗心大意,思考疏略,必定不需要担心。只是恐怕因此造成大乱的序幕罢了。"皇帝又听闻达官子弟都跟了杨玄感,更加忧虑。兵部侍郎斛斯政一向与杨玄感友善,杨玄感造反时,斛斯政与他通谋,杨玄纵兄弟逃回,就是斛斯政放跑的。皇帝将穷治杨玄纵等党羽,斛斯政内心不能自安,六月二十六日,逃奔高丽。

六月二十八日,夜晚二更时分(十点到十二点),皇帝密召诸将,命他们引军撤退,军资、器械、攻城器具,堆积如山,营垒、帐幕,一概不动,全部弃之而去。众心恟惧,没有组织纪律,诸道分散。高丽即时察觉,但是不敢出城追击,只是在城内鼓噪。到了第二天中午,才渐渐出外,四处向远方侦察,还担心隋军有诈。过了两天,乃出兵数千人追踪,畏惧隋军人多,不敢逼近,总是保持八九十里距离,将到辽水,知道御营已经全部渡河,才敢进逼后军。当时后军还有数万人,高丽尾随抄击,最后杀了数千羸弱之人。

【华杉讲透】

在我们的人生当中,前方有好事等着我们,也有坏事等着我们。这些好事或者坏事,都不在我们今天看得见的、关注的地方,而是在我们看不到也想不到的地方。你可能得奖励,也可能被惩罚。但是,你想不到是谁奖励你,也想不到是谁惩罚你。而你是得奖励还是被惩罚,全在你自己的修为。

《论语》里,叶公问政,孔子说:"近者悦,远者来。"治理国家也很简单,近处的人民喜悦了,远方的百姓就来投奔,他们从哪里来的你根本不知道,一切都在你自己的修为。我们反过来理解,坏事也是一样,"近者忿,远祸来",近处的人民愤恨,远方的祸事就来了,从哪儿来的你根本意想不到。杨广盯着高丽,他的棋盘里只有高丽。却不知道自己在杨玄感的棋盘里,最后是杨玄感逼得他从高丽退军。苏威说:

"玄感粗疏，必无所虑，但恐因此寖成乱阶耳。"杨玄感搭了一个台阶，开了个头，天下大乱就要开始了，进入《隋唐英雄传》的时代。

当初，皇帝再征高丽，又问太史令庾质："这次如何？"回答说："臣实愚迷，还是坚持之前的看法，陛下如果亲动万乘之躯，劳费太多。"皇帝怒道："我亲自去尚且没有攻克，只派别人去，岂能有功？！"皇帝回来后，问庾质说："卿之前不要我去，应当就是因为此吧。杨玄感能成功吗？"庾质说："杨玄感地位虽然尊崇，但并非众望所归，只是利用百姓的劳苦怨气，冀望侥幸成功。如今天下一家，不易摇动。"

皇帝派虎贲郎将陈棱攻打元务本于黎阳，又派左翊卫大将军宇文述、右候卫将军屈突通乘驿马车发兵以讨杨玄感。来护儿抵达东莱，听闻杨玄感包围东都，召诸将商议回师救援。诸将都认为没有皇帝敕令，不宜擅自还师，固执不从，来护儿厉声说："洛阳被围，心腹之疾；高丽逆命，不过是疥癣而已。国家之事，知无不为，专擅在我，不关你们的事，有沮议者，军法从事！"即日回军。令儿子来弘、来整乘驿马车飞驰奏闻。皇帝当时回到涿郡，已敕令来护儿救援东都，见到来弘、来整，非常喜悦，赐给来护儿玺书说："公回师之时，正是朕下敕令给你之日，君臣意合，虽然相距遥远，却如同符契一样，严丝合缝。"

之前，右武候大将军李子雄犯事被除名，命他从军自效，跟从来护儿在东莱，皇帝猜疑他，下诏命锁拿李子雄到行在所。李子雄杀使者，逃奔杨玄感。

卫文昇以步骑兵二万渡过瀍水，与杨玄感交战，杨玄感屡次击破他。杨玄感每次作战，身先士卒，所向摧陷，又善于抚悦其下，将士们都乐于为他效死，所以每战多捷，部众越来越壮大，至十万人。卫文昇寡不敌众，死伤将尽，于是更进兵屯守邙山南麓，与杨玄感决战，一日十几回合。恰巧杨玄挺中流箭而死，杨玄感军才稍稍退却。

秋，七月十一日，余杭百姓刘元进起兵响应杨玄感。刘元进手长一尺多，手臂垂下来超过膝盖，自以为相表非常，暗中有称王称霸的异志。正巧皇帝再次征发三吴士兵以征高丽，三吴兵都相互说："往年天下全盛，我们的父兄征高丽者尚且三分之二都回不来；如今国家已经破弊，又要出征，我们都要死绝了！"于是大多亡命。郡县抓捕甚急，听闻刘元进举兵，亡命者云集，十天半月之间，部众发展至数万人。

开始时，杨玄感抵达东都，自以为天下响应，功在朝夕。得到韦福嗣，委之以心腹，不再专任李密。韦福嗣每次出谋划策，都两头下注。李密看穿了他的用心，对杨玄感说："韦福嗣本来不是跟我们同盟，实际上怀有观望之心；明公初起大事而奸人在侧，听他拨弄是非，必定为他所误，请将他斩首！"杨玄感说："何至于此！"李密退下后，对所亲近的人说："楚公（杨玄感）喜好造反，却不想要胜利，我们都要被俘虏了！"

李子雄劝杨玄感速称尊号，杨玄感问李密，李密说："当初陈胜自欲称王，张耳进谏而被排挤出外；魏武帝曹操将求九锡，荀彧谏止而被诛杀。如今我想要说真话，又怕落到这二人的下场；阿谀顺意呢，又不是我的本意。为什么呢？起兵以来，虽然频频取胜，但是天下还没有一个郡县响应；东都守御尚强，天下救兵益至，公当挺身力战，早定关中，怎么反而急于自尊自大，让天下看到你的心胸如此不宽广呢？"杨玄感笑而止。

屈突通引兵屯驻河阳，宇文述继后，杨玄感问计于李子雄，李子雄说："屈突通晓习兵事，如果一旦渡河，则胜负难决，不如分兵拒挡。屈突通渡不了河，则樊子盖、卫文昇孤立无援。"杨玄感同意，将要拒挡屈突通。樊子盖知道他的意图，数次攻击其军营，杨玄感抽不出身前往。屈突通顺利渡河，驻军于破陵。杨玄感分为二军，西抗卫文昇，东拒屈突通。樊子盖又出兵大战，杨玄感军屡败，与其党羽谋议，李子雄说："东都援军越来越多，我军数败，不可久留，不如直入关中，开永丰仓以赈济贫民，三辅地区可指麾而定，据有府库，东面而争天下，也是霸王之业。"李密说："弘化留守元弘嗣握强兵在陇右，可以声言说他已造反，遣使迎接我军，因此入关，可以欺骗众人。"

正巧华阴诸杨氏请为向导，七月二十日，杨玄感解除东都包围，引兵西进潼关，宣言："我已击破东都，要去攻取关西了！"宇文述等诸军追踪其后。到了弘农宫,父老拦在杨玄感马前说:"宫城空虚,积粮又多,容易攻下。"杨玄感信以为然。

弘农太守、蔡王杨智积对官属们说:"杨玄感听闻大军将至,想要西图关中,如果让他成功,就难以再攻克他了,当设计拖住他,让他不得前进,不出十天,可以成擒。"等到杨玄感军抵达城下,杨智积登上城墙,大声诟骂。杨玄感怒,留下来攻城。李密进谏说:"您如今是欺诈大众,率军西进,军事贵在快速,况且追兵将至,怎可稽留?如果前不能占据潼关,退又无处可守,大众一散,何以自全?!"杨玄感不从,于是攻城,烧其城门,杨智积在城墙内添柴加火,杨玄感兵不得入城。三日不能攻拔,才引兵向西。到了阌乡,宇文述、卫文昇、来护儿、屈突通等军已追到皇天原(阌乡城东)。杨玄感据守槃豆,布阵横亘五十里,且战且行,一日三败。

杨玄感兵败,首级被送至都城

八月一日,杨玄感列阵于董杜原,诸军进击,杨玄感大败,独自与十余骑兵逃奔上洛。追兵赶到,杨玄感呵斥他们,都拔马逃走。到了葭芦戍,杨玄感独自与弟弟杨积善步行,自度不能免死,对杨积善说:"我不能受人侮辱,你可杀我!"杨积善抽刀将他斫杀,然后自刺,不死,为追兵所执,与杨玄感的首级一起送到皇帝行在所。将杨玄感尸体磔成碎块,在东都街市示众,三日之后,再剁成肉酱,焚烧。

杨玄感的弟弟杨玄奖为义阳太守,将要投奔杨玄感,为郡丞周旋玉所杀;另一弟弟杨仁行为朝请大夫,伏诛于长安。

杨玄感包围东都时,梁郡百姓韩相国举兵响应,杨玄感任命他为河南道元帅,十天半月之间,部众发展到十余万,攻剽郡县;到了襄城,听闻杨玄感败亡,部众稍散,被官吏抓获斩首,首级送到东都示众。

皇帝因为元弘嗣是斛斯政的亲戚,留守弘化郡,派卫尉少卿李渊飞驰前往,将他逮捕,并代为留守,关右十三郡兵都接受征发。李渊御众宽厚简略，人们多归附他。皇帝认为李渊相表奇异，名字又和图谶预言相应，猜忌他。不久，征召他到行在所，李渊生病，还未谒见，他的外甥女王氏在后宫，皇帝问她："你舅舅怎么来得迟了？"王氏回答说是生病，皇帝问："会不会死？"李渊听闻，恐惧，开始每日纵酒狂欢，又收纳贿赂，以破坏自己的形象。

【华杉讲透】

没有最好的战略，只有最不坏的战略

杨玄感犯下一连串决策错误，最终落得粉身碎骨的下场。他的决策思维，我称之为"尝试综合征"，他看不清，心不定，总是要尝试新的可能性。他跟李密相交多年，也佩服李密，以李密为最信任的军师。但是他为什么又不听李密的呢？因为他觉得"你的意见我都知道了"，"你的道理我也同意"，"我知道你是对的"，但是，"我要尝试一下其他的，看看有没有更好的"。所以，遇上一个韦福嗣，他就要试试韦福嗣有什么新主意。

杨玄感不明白，经营就是风险，没有最好的战略，只有最不坏的战略。在失败即全家覆灭的游戏中，重要的是堵塞一切失败的漏洞，而不是去追求最好的可能性。

攻打东都失败，转而向西，这应该是战略了。但是杨智积一个拙劣的激将法，他马上就咬钩上当，留下来攻弘农城，忘了《孙子兵法》的基本原则："军有所不击，城有所不攻，地有所不争。"这不该打的仗，不该攻的城，不该争的地，不要打，不要攻，不要争，不要忘了自己的初心，不要忘了自己的本谋，你是去夺关中的啊！攻一个弘农城干什么呢？

杨玄感为什么要攻城，因为被杨智积辱骂，他发怒了。《孙子兵法》说："主不可怒而兴师，将不可愠而致战；合于利则动，不合于利则止。怒可以复喜，愠可以复悦，亡国不可以复存，死者不可以复生。故

明君慎之，良将警之，此安国全军之道也。"没有利益，就不要去做。做了，就会落个"死者不可复生"的下场。

杨玄感"先烈"了，李密还有后续，他没有死，还要兴风作浪。而最后的赢家李渊，已登上历史舞台。还是那句话，天下不可力夺，也不可智取，唯有天命降下判决。杨玄感一直在筹划，他的星星之火，一闪而灭；李渊可没有想过要当皇帝，但是走着走着，他就成了大唐的开国君主。

14 八月二日，吴郡人朱燮、晋陵人管崇聚众寇掠江南。朱燮本是还俗道人，涉猎经史，颇知兵法，身材瘦小，为昆山县博士，与数十学生起兵，百姓苦于徭役的都奔赴他，跟回家一样踊跃。管崇身材高大，姿容俊美，志气倜傥，隐居常熟，自称有王者相，所以群盗一起尊奉他。当时皇帝在涿郡，命虎牙郎将赵六儿将兵一万人屯驻杨子，分为五营以备南贼。管崇派部将陆颉渡江，夜，突袭赵六儿，击破其两营，收其器械军资而去，管崇部众更加壮盛，发展到十万人。

15 八月二十日，司农卿、云阳人赵元淑被控是杨玄感党羽，伏诛。皇帝派大理卿郑善果、御史大夫裴蕴、刑部侍郎骨仪，与留守樊子盖调查杨玄感党羽。骨仪，本是天竺胡人。皇帝对裴蕴说："杨玄感一呼而从者十万，让我知道天下人不能太多，太多即相聚为盗。不尽加诛杀，则不能惩前毖后。"樊子盖性格本来就残酷，裴蕴又接了皇帝这道旨意，由此峻法穷治，杀了三万余人，全部籍没家产，其中三分之二是冤枉而死的，流放的有六千余人。杨玄感包围东都时，开粮仓赈济百姓。凡是接受赈济的，全部在都城之南活埋。杨玄感所善待的文士，会稽人虞绰、琅邪人王胄都被判流放边疆，虞绰、王胄二人逃亡，被抓获，诛杀。

皇帝善于做文章，不愿意看见别人比他写得好。薛道衡死后，皇帝说："你还能写出'空梁落燕泥'不？"王胄死，皇帝又背诵他的佳句说："'庭草无人随意绿'，你还能写出这样的句子不？"皇帝自负才学,轻视天下之士,曾经对侍臣说:"天下都以为朕是继承先人而有四海,假使令朕与士大夫竞选,朕也当为天子。"

皇帝从容对秘书郎虞世南说:"我天性不喜欢听人进谏,如果是位高望重还以谏求名的,特别让我无法忍受。至于卑贱之士,虽然对他们稍微宽待,但我最终绝不让他们活在地面上。你要知道这一点!"虞世南,是虞世基的弟弟。

【华杉讲透】

身为国君,有三大罪,杨广占全了:一是性格残酷,二是嫉贤妒能,三是拒绝谏劝。

国君掌握生杀大权,如果性格残酷,人民就要生灵涂炭。为人君者,当厚德载物,化育天下,杨广却说天下人不能太多,否则相聚为盗。他不在自己身上找原因,却要杀天下之人。

身为领导者,举荐贤才和培养新的领导者是最大的责任,杨广则相反,见不得别人比他强,对薛道衡、王胄写出了他写不出的佳句怀恨在心,把人杀了才解恨。

君王拥有无限权力,所以才设一个谏诤制度,杨广则公开扬言,谁向他进谏,他就"卒不置之于地上",谁进谏,他就要杀掉谁。

杨广已经狂妄到了空前绝后的地步,他还声称:"设令朕与士大夫高选,亦当为天子矣!"他竞选也能当天子。他居然能想出竞选这一出,也是奇葩了。

还好,死亡面前人人平等。而中国制度,在君王死后有一个谥法制度,给你盖棺论定,杨广的谥号是"炀",谥法有解释:好内远礼曰炀,去礼远众曰炀,逆天虐民曰炀,好大殆政曰炀,薄情寡义曰炀,离德荒国曰炀。这是杨广档案里的官方鉴定了。

16 皇帝派裴矩前往陇西地区安抚,顺道经过会宁,慰问曷萨那可汗部落,派将军阙达度设入侵吐谷浑抢掠,以增加自己财富,回来汇报,皇帝大加赞赏。

17 九月八日,东海百姓彭孝才起兵为盗,有部众数万人。

18 九月二十三日,皇帝车驾抵达上谷,因为郡府供应不够,免太守虞荷等官。

闰九月二十八日,抵达博陵。

19 冬,十月七日,贼帅吕明星包围东郡,虎贲郎将费青奴将他击破。

20 刘元进率其部众将要北渡长江,正巧杨玄感失败,朱燮、管崇迎接刘元进,推举他为主,占据吴郡,称天子,朱燮、管崇都为尚书仆射,署置百官,毗陵、东阳、会稽、建安豪杰多逮捕当地长官以响应他。皇帝派左屯卫大将军、代人吐万绪,光禄大夫、下邳人鱼俱罗将兵讨伐。

21 十一月九日,右候卫将军冯孝慈讨伐张金称于清河,冯孝慈战败阵亡。

22 杨玄感向西挺进时,韦福嗣逃跑,到东都自首,当时像这样的情况都不过问。樊子盖检查杨玄感文簿,得到韦福嗣撰写的文件,密封起来,呈报皇帝。皇帝下令将他逮捕押送到行在所。李密亡命,被人抓获,也押送东都。樊子盖将韦福嗣、李密及杨积善、王仲伯等十余人用铁链锁了,押到高阳,李密与王仲伯等密谋逃亡,拿出他们所携带的全部金子给使者看,说:"我等死的时候,这些金子全部留给您,请您用来埋葬我们,剩下的都归您。"使者贪图那些金子,许诺,防禁渐渐松弛。李密又请求允许他们购买酒食,每次宴饮,整晚喧哗,使者也不以为意。走到魏郡石梁驿,李密把防守人员全部灌醉,穿墙而逃。李密呼韦福嗣同去,韦福嗣说:"我无罪,天子不过当面斥责我而已。"到了高阳,皇帝把书信拿给韦福嗣看,送交大理寺审判。宇文述上奏说:"凶逆之徒，臣下所当共同痛恨，如果不用重法，无以整肃将来。"皇帝说："由你决定。"

十二月十五日，宇文述在野外设刑场，把所有应刑者绑在木格上，以车轮套住头颈，让文武官员九品以上都手持兵器，或砍或射，乱箭齐发，罪犯们都被射成刺猬，肢体已经糜碎，头还在车轮中。对杨积善、韦福嗣还加以车裂，再焚化成灰，扬弃于地。杨积善自称亲手杀了杨玄感，希望以此得以免死。皇帝说："那你就是枭类吧（传说枭吞食娘亲）！"将他改姓枭氏。

23 唐县人宋子贤，善于幻术，能变佛形，自称弥勒出世，远近百姓都被他迷惑而相信，于是密谋在无遮大会时举兵袭击皇帝乘舆；事情泄露，伏诛。其党羽被诛者一千余家。

扶风郡和尚向海明也自称弥勒出世，声言说，如果有归心于他的，夜里就会做好梦，由此三辅之人翕然尊奉他，因此举兵造反，部众发展到数万人。

十二月十八日，向海明自称皇帝，改年号为白乌。皇帝下诏，命太仆卿杨义臣将他击破。

24 皇帝召卫文昇、樊子盖到行在所；慰劳他们，赏赐极厚，再遣返他们回自己任所。

王世充讨伐刘元进，坑杀降卒三万余人

25 刘元进攻打丹杨，吐万绪渡过长江南下，将他击破。刘元进解围而去，吐万绪进兵屯驻曲阿。刘元进结起栅栏工事，抵御吐万绪，相持一百余日，吐万绪进击，贼众大溃，死者数以万计。刘元进挺身夜遁，退保其营垒。朱燮、管崇等屯驻毗陵，连营一百余里，吐万绪乘胜进击，再次击破贼军。贼众退保黄山，吐万绪进兵包围，刘元进、朱燮

仅仅逃得一命，在战阵中斩管崇及其将卒五千余人，俘虏其子女三万余口，解除会稽包围。鱼俱罗与吐万绪合兵一处，战无不捷，但是百姓跟从作乱的，就像赶集一样，贼败而复聚，其势更加兴盛。

刘元进退据建安，皇帝令吐万绪进讨，吐万绪说士卒疲弊，请求休整以待来春，皇帝不悦。鱼俱罗也认为贼军不是短期所能平定的，而自己的儿子们都在洛阳，暗中派家仆去迎接。皇帝怒。有司迎合皇帝旨意，上奏弹劾吐万绪怯懦，鱼俱罗常打败仗，鱼俱罗被斩首，征召吐万绪到皇帝行在，吐万绪忧愤，在路上去世。

皇帝再派江都丞王世充征发淮南兵数万人进讨刘元进。王世充渡江，频频作战，每战皆捷，刘元进、管燮败死于吴，其余众或降或散。王世充召先降者于通玄寺佛像前焚香为誓，约定降者不杀。逃散的人开始想要入海为盗，听到这个消息，十天半月之间，全部回来自首，王世充将他们全部坑杀于黄亭涧，死者三万余人。于是余党再次相聚为盗，官军不能征讨，一直到隋亡。皇帝因为王世充有将帅才，更加宠任。

【华杉讲透】

吐万绪、鱼俱罗死得不冤。吐万绪不乘胜追讨，说部队需要休整，或许有点道理，但必定会让皇帝对他有"养寇自重"的怀疑。鱼俱罗暗中去迎接家属，则是犯了人臣之大忌。他率领大军在外，儿子们在洛阳，本来就是朝廷的人质。他要把儿子偷偷接走，当然其心可诛。所以杨广直接将他斩首，而吐万绪只是被召来问话。

吐万绪忧愤而死，他当然是觉得自己冤枉。但是，就算你真冤枉，也要想想人家是不是"合理怀疑"。没有考虑到皇帝的合理怀疑，还是自己没有保护好自己。

王世充平定了刘元进，但是把三万人骗回来活埋，他是执行杨广的政策，所以杨广对他宠任。不过，后来在杨广死后，王世充称帝，最终被李世民消灭。

26 本年，皇帝下诏，凡是家中有人参加叛军的，全部籍没家产。当时群盗所在之处，都人满为患，郡县官员乘机各专威福，任意诛杀。

27 章丘人杜伏威与临济人辅公祏为刎颈之交，都亡命为群盗。杜伏威时年十六岁，每次出则居前，入则殿后，由此他的徒众们推举他为帅。下邳人苗海潮也聚众为盗，杜伏威派辅公祏去对他说："如今我与君同苦于隋政，各举大义，力量分散，势力薄弱，时常担心被擒。如果我们合而为一，则足以敌隋。你如果能为主，我当敬从，你如果不自信，则来听命于我；否则，咱们就一战以决雌雄。"苗海潮惧怕，即刻率其众投降。杜伏威转战抢掠淮南，自称将军，江都留守派校尉宋颢征讨，杜伏威与他交战，假装不敌，引宋颢部众进入芦苇丛中，在上风口纵火，宋颢部众都被烧死。海陵贼帅赵破陈认为杜伏威兵少，轻视他，召他来合并。杜伏威派辅公祏严兵居外，自己与左右十人带着牛酒进去谒见，就在座位上杀了赵破陈，吞并了他的部众。

大业十年（公元614年）

1 春，二月三日，皇帝下诏，命百官商议伐高丽，过了数日，无人敢言。二月二十日，下诏复征天下兵，百道俱进。

2 二月二十九日，扶风贼帅唐弼立李弘芝为天子，有部众十万，自称唐王。

3 三月十四日，皇帝前往涿郡，士卒在途中，死亡相继。

三月二十五日，皇帝抵达临渝宫，在郊外祭祀黄帝，斩逃兵以祭祀战鼓，逃亡者还是不能制止。

4 夏，四月，榆林太守、成纪人董纯与彭城贼帅张大虎战于昌虑，大破之，斩首一万余级。

5 四月二十七日，皇帝车驾抵达北平郡。

延安刘迦论自称皇王，年号大世

6 五月二十三日，延安贼帅刘迦论自称皇王，建年号为大世，有部众十万，与稽胡部落勾结为寇。皇帝下诏，以左骁卫大将军屈突通为关内讨捕大使，发兵攻击，战于上郡，斩刘迦论及其将卒一万余人，俘虏男女数万口而还。

7 秋，七月十七日，车驾抵达怀远镇。当时天下已乱，所征之兵大多没有按时抵达，高丽也困弊。来护儿抵达毕奢城，高丽举兵逆战，被来护儿击破，来护儿将要挺进平壤，高丽王高元惧怕，七月二十八日，遣使乞降，并囚送斛斯政。皇帝大悦，遣使持节召来护儿还师。来护儿集合众人说："大军三出，未能平贼，现在如果还师，不可能再来。劳而无功，我心底里深以为耻。如今高丽实际上已经非常困难，我军攻击，不日可克。我想进兵直接包围平壤，生擒高元，献捷而归，这样不好吗？"答表请行，不肯奉诏。长吏崔君肃坚决争执，来护儿不同意，说："贼军兵势已破，只需我们这一支军队，就足以拿下。将在外，可以独断专行，宁愿擒得高元回去受处罚，也绝不能放弃这就在眼前的成功！"崔君肃告诉众将说："如果你们跟从元帅违拒诏书，我必当奏闻皇帝，让你们都被治罪。"诸将惧怕，一起请还，来护儿不得不奉诏。

八月四日，皇帝从怀远镇班师。邯郸贼帅杨公卿率其党羽八千人抄掠皇帝车驾后第八队，得飞黄上厩马四十二匹而去。

冬，十月三日，皇帝抵达东都；十月二十五日，返回西京。以高丽使者及斛斯政祭告太庙；仍征召高丽王高元入朝，高元竟然不来。皇帝敕令将帅准备行装，更图后举，但最终没有成行。

当初，开皇末年，国家殷盛，朝野都期待征服高丽，唯独刘炫认为不可，作《抚夷论》以讽刺，至此，他的话应验。

十一月二日，皇帝杀斛斯政于金光门外，和处死杨积善的方式一样，仍烹其肉，给百官吞食，有些谄佞的人为了表示忠诚，甚至吞食到饱，收其余骨，焚烧扬灰。

【华杉讲透】

中国的成功人士有一种标准死因——死于面子。不顾一切，知道前面是万丈深渊也蒙着眼睛跳，只是为了挽回自己的面子。在"掩耳盗铃"这个成语之外，还应该增加一个成语"蒙眼跳楼"。天下已经大乱，杨广不是傻子，他知道搞坏了，但是他还是要第三次征高丽，就是为了他的面子而已。一意孤行，是冀图侥幸。

高丽请降，应了军事里的那句话："我们确实非常非常困难，但是敌人的困难至少和我们一样多！"看谁能熬得住，能挺过去。结果是高元先挺不住了，遣使乞降，这回他拿出了一丁点诚意——斛斯政，因为他只交出了一个隋国叛臣，并没有交出自己的人质。杨广抓住这个机会，挽回面子，即刻退兵。来护儿认为他一定能拿下平壤，那是一厢情愿，人们相信一些事情，唯一的原因不过是因为那符合自己的期望。崔君肃了解形势，也了解皇帝的心意，他连吓带唬，逼来护儿退兵了。至于杨广回到长安之后再召高元入朝，高元当然不会来。他在前线都没有要高元交出一个儿子做人质，就同意退兵，急于撤退，是很明显的了。回到长安了再召高元亲自来，他是把高元当傻子吗？高元不来，他的面子又没了，再下令军队动员，准备出征，那只能是一句空话了。

皇帝已经没有一点声威了，盗贼都敢抢劫羽林军后队，夺得"飞黄上厩"骏马四十二匹。宫廷尚乘局有六个马厩：上等飞黄厩、二等吉良厩、三等龙媒厩、四等騊駼厩、五等駃騠厩、六等天苑厩。飞黄上厩，那是皇帝最好的马。皇帝在自己国家行军都要被抢劫，而且抢了就抢了，还毫无办法。落到这步田地，还去征讨什么外国！

8 十一月十一日，皇帝到南郊祭天，没有按照规定在舍止的地方斋戒。第二天一早，备法驾，到了祭坛，即刻举行仪式。当天，大风。皇帝独自祭献上帝，三公分别祭献五帝。礼毕，御马疾驰而归。

9 十一月二十一日，离石胡人刘苗王造反，自称天子，部众发展到数万人；将军潘长文讨伐，不能攻克。

10 汲郡贼帅王德仁拥众数万，据守林虑山为盗。

11 皇帝将要前往东都，太史令庾质进谏说："近年讨伐辽东，人民实在是劳弊，陛下应该镇抚关内，让百姓尽力农桑，三五年间，四海稍为丰实，然后再巡省天下，这样比较恰当。"皇帝不悦。庾质推辞说自己生病，不能跟从出行，皇帝怒，将庾质下狱，竟死在狱中。

十二月九日，皇帝前往东都，大赦天下；十二月二十五日，抵达。

12 东海贼帅彭孝才转战抢掠沂水，彭城留守董纯征讨，将他生擒。董纯虽然屡战屡胜，但是盗贼还是越来越多，有人诬告董纯胆怯懦弱。皇帝怒，将董纯锁拿到东都，诛杀。

13 变民首领孟让从长白山出兵，寇掠诸郡，抵达盱眙，部众十余万，占据都梁宫，仗恃淮河险要为固。江都丞王世充将兵拒战，设置五道栅栏，以阻塞险要，故意羸形示弱。孟让笑道："王世充文法小吏，岂能将兵？我今天要生擒他，击鼓而行，直入江都！"当时百姓都结堡自固，野外抢掠不到什么东西，贼众渐渐饥馁，于是孟让只留下少量兵力包围五栅，分兵到南方抄掠；王世充乘其松懈，纵兵出击，大破之，孟让率数十骑兵遁去，斩首一万余级。

14 齐郡贼帅左孝友率众十万人屯驻蹲狗山，郡丞张须陀列营进逼，左孝友窘迫出降。张须陀威震东方，以功升迁至齐郡通守，兼领河南道十二郡黜陟讨捕大使。涿郡贼帅卢明月率部众十余万驻军在祝阿，张须陀率军一万人邀击。相持十余日，粮尽，将要撤退，对将士们说："贼军见我撤退，必定全军来追，如果以一千人突袭占领他们的大营，可有大利。此是很危险的事，谁能前往？"众人都不回答，唯独罗士信及历城人秦叔宝请行。于是张须陀放弃营寨撤退，派二人各率一千兵埋伏在芦苇丛中，卢明月全军追击。罗士信、秦叔宝驰马到其营栅，栅门紧闭，二人攀上城楼，各杀数人，营中大乱；二人斩开营门，迎接外面的兵入内，然后纵火焚烧其三十余座营寨，烟焰冲天。卢明月奔还，张须陀回军奋击，大破之，卢明月率数百骑兵遁去，所俘虏斩首的无法计算。

秦叔宝名秦琼，以字行世。

【华杉讲透】

兵力不能放在一处，一定要分正兵和奇兵

这一战，是《孙子兵法》标准战术分战法——"以正合，以奇胜"的教科书式战例。卢明月兵力远超张须陀，但是他败在四个字"全军追击"，没有分兵，他如果留一万人守营，仍然有兵力上的绝对优势，罗士信、秦叔宝的两千人就攻不进来。张须陀的胜利，就胜在他没有全军撤退，而是分兵两千人埋伏，出奇制胜。

无论兵力多少，一定要分为正兵和奇兵，不能放在一处。奇，不念qí，念jī，数学上奇数的奇。余奇，多出来的部分，就是预备队。正兵合战，看见胜机出现的时候，将奇兵投入战场，夺取胜利。

大业十一年（公元615年）

1 春，正月，增设秘书省官员一百二十员，都由学士担任。皇帝喜好读书著述，从担任扬州总管时开始，就设置王府学士至一百人，令他们修订和撰写书籍，一直到当皇帝，前后近二十年，修撰工作从未暂停，从经术、文章、兵、农、地理、医、卜、释、道乃至赌博、鹰狗，

都有著作，无不精洽，共成三十一部，一万七千余卷。

当初，西京嘉则殿藏书三十七万卷，皇帝命秘书监柳顾言等分类整理，剔除其重复、杂乱、低劣的部分，得正御本三万七千余卷，收藏在东都修文殿。又抄写五十部副本，分为三等，分别放置在西京、东都宫、省、官府。各正御书都装帧豪华，珍宝为轴，锦缎为裱褙。于观文殿前设置书房十四间，窗户、床褥、柜橱帘幔，都极其珍丽，每三间开一个大门，垂锦幔，上有两个飞仙，户外地中设置机关。皇帝来书房时，有宫女执香炉，前行踩踏机关，则飞仙下降，锦幔升起，大门及柜门都自动开启，皇帝出去，则垂闭复故。

2 皇帝以百姓逃亡太多，户口不实，盗贼繁多，二月七日，下诏命人民全部住进城中，就近配发耕田。郡县驿亭村坞全部筑起城垒。

【华杉讲透】

这就是所谓的"字越少，事儿越大"。杨广登基十一年，把一个繁华的市井中国，搞成八千里坚壁清野，全国人民都住进军事堡垒中。人间的"烟火气"全没了，成了"烽火连天"。

3 上谷贼帅王须拔自称漫天王，国号燕；贼帅魏刀儿自称历山飞；部众各有十余万，北连突厥，南寇燕、赵。

4 当初，高祖杨坚梦见洪水淹没都城，心中厌恶，所以迁都大兴。

申明公李穆薨逝，孙子李筠袭爵。叔父李浑愤恨他的吝啬，指使哥哥的儿子李善衡将他杀害，而做伪证诬陷堂弟李瞿昙为凶手，让他抵命。李浑对他的妻兄、左卫率宇文述说："如果我得以继承爵位，每年将封国赋税收入的一半给你。"宇文述为他禀告太子，上奏高祖，命李浑为继嗣。两年之后，李浑就不再分封国赋税收入给宇文述，宇文述大为愤恨。皇帝杨广即位，李浑累官至右骁卫大将军，改封郕公，皇帝以其门族强盛，猜忌他。正好有方士安伽陀说"李氏当为天子"，劝皇帝尽诛天下凡是李姓者。李浑的侄子、将作监李敏，小名洪儿，皇帝怀疑他的名字和谶言相应，常常当面告诉他这个谶言，希望他能主动自杀。李敏大惧，数次与李浑及李善衡屏人私语。宇文述向皇帝进谗言，于是派虎贲郎将、河东人裴仁基上表告李浑谋反。皇帝逮捕李浑等家，派尚书左丞元文都、御史大夫裴蕴审理，案问数日，没有谋反证据，据实奏闻。皇帝另派宇文述穷治，宇文述引诱教唆李敏的妻子宇文氏上表，诬告说李浑密谋趁皇帝渡过辽河时，与其家子弟为将领者共同袭取御营，立李敏为天子。宇文述拿着奏章进入，上奏，皇帝流泪说："我宗社几乎倾覆，全赖你保全。"

三月五日，皇帝杀李浑、李敏、李善衡及宗族三十二人，从堂曾祖父、堂祖父、堂叔父以上亲族全部流放边疆。后来过了数月，李敏的妻子也被毒死。

【柏杨注】

李敏的妻子宇文娥英，是北周四任帝宇文赟及乐平公主杨丽华（杨广的姐姐）的女儿。《隋书·李敏传》：杨丽华去世时，遗言拜托杨广："我没有儿子，只有一个女儿，我不担心我的生死，但深怜我死后她无依无靠，我的汤沐邑，请转赠给她的丈夫李敏。"杨广批准。

宇文述接办案件后，到监狱中见到宇文娥英，说："你是皇上的甥女，难道还担心嫁不到好丈夫？李敏、李浑的名字，都在谶言书上，皇上已经决定诛杀，谁也救不了。夫人应该先求保护自己性命，你如果接受我的建议，我保证你可以不受连坐处分。"宇文娥英说："我不知道该怎么办，请长辈指示。"宇文述说："你可以检举李家谋反，李浑曾经告诉李敏：'你的名字在谶言书上，应当做天子。而今，主上喜欢战争，劳动人民，正是上天要隋朝灭亡之时，我当与你共同夺取政权。如果天子再次渡过辽河东征，我与你一定在军中为将，每军（十六禁军）士卒二万余人，加在一起，已有五万人马，再调发李家子弟、内外亲戚以及其他出征将士，而由我们的子弟担任元帅，等待机会，前后响应，我跟你先行进发，袭击皇帝御营，子弟起兵响应，各自击斩主将，只不过一天时间,天下已定。'"宇文述口述,而由宇文娥英亲自撰写奏章。

【华杉讲透】

这真是一段黑吃黑的连环套故事,如果拍成电影,不知道有多精彩!每个人都是坏人,把人性之恶发挥得淋漓尽致!他们的坏,可以分为贪和蠢两种,李浑和宇文述都是贪,李浑因为贪,害死侄子,夺了他的爵位和封邑;宇文述因为贪,帮助李浑;李浑又因为贪,没有兑现给宇文述的回报承诺,最后招来灭族大祸。宇文娥英呢,她是太蠢,她上了宇文述的当,亲笔写下伪证供词,她如果活着,就随时可能翻供,特别是当她发现自己并没有得到满意的回报的时候。所以,她也必须得死。

5 有两只孔雀从洛阳西苑飞到宝城朝堂之前,亲卫校尉高德儒等十余人看见了,上奏说是鸾凤降临。当时孔雀已经飞去,无法验证,于是百官称贺。皇帝下诏,以高德儒诚心暗通上天,以至让他首先看见嘉祥,擢升拜为朝散大夫,赏赐绸缎一百段,其他人也都赐以布帛,并在鸾凤降临的地方建造仪鸾殿。

6 三月十七日,皇帝行幸太原;夏,四月,前往汾阳宫避暑。宫城挤迫狭隘,百官士卒散布在山谷间,搭草庐为营居住。

7 任命卫尉少卿李渊为山西、河东抚慰大使,承制黜陟选补郡县文武官员,仍征发河东兵讨捕群盗。李渊走到龙门,攻击贼帅母端儿,将他击破。

突厥始毕可汗率军反叛,围困杨广于雁门

8 秋,八月五日,皇帝出巡北部边塞。

当初,裴矩认为突厥始毕可汗阿史那咄吉部众渐渐强盛,献策分

裂他的国势，想要把宗室女儿嫁给他的弟弟阿史那叱吉设，拜为南面可汗。阿史那叱吉设不敢接受，而始毕可汗听闻，渐渐怨恨。突厥之臣史蜀胡悉多谋略，为始毕可汗所宠任，裴矩假装与突厥互市，把史蜀胡悉引诱到马邑，杀了他。遣使下诏给始毕可汗说："史蜀胡悉背叛可汗，前来投降，我已经为你把他斩了。"始毕可汗知道是怎么回事，由此不再入朝。

八月八日，始毕可汗率骑兵数十万谋袭皇帝乘舆，义成公主先遣使者告变。

八月十二日，皇帝车驾驰入雁门，齐王杨暕以后军守卫崞县。

八月十三日，突厥包围雁门，上下惶怖，撤下民屋木材作为守御战具，城中兵民十五万人，粮食仅可支持二十天，雁门郡四十一城，突厥攻克其中三十九，唯独雁门、崞县两城还在隋国手中。突厥急攻雁门，流箭射到皇帝跟前；皇帝大惧，抱着赵王杨杲哭泣，眼睛都哭肿了。

左卫大将军宇文述劝皇帝简选精锐数千骑，溃围而出，纳言苏威说："守城则我有余力，轻骑则彼之所长，陛下万乘之主，岂能轻动？"民部尚书樊子盖说："陛下乘危徼幸，一朝狼狈，悔之何及！不如据守坚城以挫其锐，坐征四方兵使入援。陛下亲自抚循士卒，晓谕他们说不再征讨辽东，再高悬赏格，必定人人自奋，何愁不能成功？"内史侍郎萧瑀认为："突厥风俗，可贺敦（皇后）预知军谋；况且义成公主以皇帝女儿身份嫁给外夷，必定需要倚仗大国之援。如果派遣一位使者去向她求援，就算没有什么益处，也不会有什么损失。又，将士们的心意，只是担心陛下免除突厥祸患之后，又要去征高丽罢了，如果发出明诏，晓谕以赦免高丽、专讨突厥，则众心皆安，人自为战矣。"萧瑀，是皇后的弟弟。虞世基也劝皇帝悬出重赏，下诏停止辽东之役。皇帝听从。

皇帝亲巡将士，对他们说："努力击贼，苟能保全，凡在军中的，都不愁得不到富贵，必定不会让有司玩弄刀笔，减损你们的勋劳。"于是下令："守城有功者，没有官职的直接升为六品，赏赐绸缎一百段；有官职的以次增益。"皇帝派出的慰劳使者，相望于道路，于是众人皆踊跃，昼夜拒战，死伤甚众。

八月二十四日，下诏天下募兵，郡守、县令竞相来赴难。李渊之子李世民，年十六岁，应募隶属屯卫将军云定兴，建议云定兴多设旗鼓为疑兵，说："始毕敢举兵包围天子，必定认为我们仓促之间不能赴援。我们应该白天引旌旗数十里不绝，夜里钲鼓相应，敌虏必定以为救兵大至，望风遁去。不然，彼众我寡，如果全军来战，我们必定不能支撑。"云定兴听从。

皇帝派使者去求救于义成公主，公主遣使告诉始毕可汗说："北边有紧急军情。"东都及诸郡援兵也已抵达忻口。

九月十五日，始毕解围而去。

皇帝派人出城侦察，山谷皆空，没有一匹胡马，于是派二千骑兵追击，追到马邑，俘虏突厥老弱二千余人而还。

九月十八日，车驾回到太原。苏威对皇帝说："如今盗贼不息，士马疲弊，愿陛下亟还西京，深根固本，为社稷计。"皇帝起初同意。宇文述说："从官妻子多在东都，应该顺道去洛阳，然后从潼关入西京。"皇帝听从。

冬，十月三日，皇帝抵达东都洛阳，在大街上左右张望，对侍臣说："还大有人在啊！"意思是之前办杨玄感案，杀人还太少！

苏威追论之前守雁门时悬赏的勋格太重，应该再斟酌一下，樊子盖固请，认为不宜失信，皇帝说："你是想收买人心吗？"樊子盖惧，不敢回答。

皇帝的性格，对赏赐十分吝啬，当初平定杨玄感，应该授勋的人很多，于是重新规定级别：建节尉为正六品，其次是奋武、宣惠、绥德、怀仁、秉义、奉诚、立信等尉，依次降一级。将士守雁门者有一万七千人，至此，得以承认有功勋的才一千五百人，都依照平杨玄感时的立功前例办理，第一次作战建立第一功的，进一级，之前没有官职的，只能升到最低一级的立信尉，三次作战建立第一功的，升到秉义尉，其他参与作战而没有立功的，每参加四次战斗进一级，但没有其他赏赐。

会议上，仍讨论征伐高丽，由是将士无不愤怨。

当初，萧瑀因为是外戚，又有才能和品行，曾经在东宫侍奉皇帝，累迁至内史侍郎，委以机务。萧瑀性格刚直，数次言事忤旨，皇帝渐渐疏远他。雁门解围之后，皇帝对群臣说："突厥狂悖而已，他们又能干成什么事？当时只是暂时没把他们撵走，萧瑀就吓得发抖，情不可恕！"外放为河池郡守，即日遣走。

候卫将军杨子崇跟从皇帝在汾阳宫，知道突厥必将为寇，屡次请求早还京师，皇帝不听，解围之后，皇帝怒道："子崇怯懦，惊动众心，不可居于爪牙之官。"外放为离石郡守。杨子崇，是高祖杨坚的族弟。

【华杉讲透】

有什么样的君，就有什么样的臣。高祖杨坚时代，负责突厥事务的大臣是长孙晟，长孙晟胸有大略，深谋远虑，淋漓尽致，既有泰山压顶之势，又有四两拨千斤之妙，发挥了"一人定国"的作用，羁縻突厥，维护边疆安定和民族团结长达二十年。到了杨广时代，长孙晟去世，裴矩主持突厥和西域事务，司马光说令隋朝疲敝以至于亡国，裴矩要负主要责任。裴矩好大喜功，毫无信义，莽撞蛮干，他的做派，就是杨广的做派。杀史蜀胡悉一事，毫无道义，可以说是割了始毕可汗的心腹肉，还当众打他的脸。你说史蜀胡悉投降隋朝你不收，你把他捆送回来给我处置，那我谢谢你。你直接把我的人杀了，再给他安个罪名来糊弄我，我能忍吗？杀史蜀胡悉，直接刺激始毕可汗举兵包围了杨广。

表面上看，裴矩似乎也继承了长孙晟的政策和方略，离间分裂突厥，但是，长孙晟做什么事，都能让人服气，没话说，而裴矩处处都让人不服。这服与不服，差距就大了。

不过，到了唐朝，裴矩又成为一代名臣，司马光说："古人有言：君明臣直。裴矩佞于隋而忠于唐，非其性之有变也。君恶闻其过，则忠化为佞，君乐闻直言，则佞化为忠。是知君者表也，臣者景也，表动则景随矣。"

裴矩这样的人，遇到昏君他就是佞臣，遇上明君，他就是忠臣。人君是日表，臣子是日影，表往哪儿动，影子就往哪儿动。《论语》说："举直错诸枉，能使枉者直。"把直的木板放到弯曲的木板上面，弯曲的木板自然就变直了。修身齐家治国平天下，都在自己身上，就是这个道理。

9 杨玄感之乱，龙舟水殿皆为火所焚，皇帝下诏，命江都重新建造，共数千艘，规格比之前的更大。

10 十月十三日，涿郡变民首领卢明月率众十万寇掠陈州、汝州。

11 东海人李子通，有勇力，先依附长白山贼帅左才相，群盗皆残忍，而唯独李子通宽仁，由此人们多归附他，不到半年，有部众一万人。左才相猜忌他，李子通引去，渡过淮河，与杜伏威联合。杜伏威选军中壮士养为假子，共三十余人，济阴人王雄诞、临济人阚稜最为出色。既而李子通密谋杀死杜伏威，遣兵袭击。杜伏威受重伤，坠马，王雄诞背着他逃入芦苇中，收集散兵，再次振作起来。隋军将军来整攻击杜伏威，将他击破。其将西门君仪之妻王氏，勇而多力，背着杜伏威逃走，王雄诞率壮士十余人保卫，与隋兵力战，由此得以逃脱。来整又攻击李子通，击破，李子通率其余众逃奔海陵，复收兵得二万人，自称将军。

12 城父变民首领朱粲开始时是县府佐史，从军，于是亡命聚众为盗，民间称他为"可达寒贼"，自称迦楼罗王，部众发展到十余万，引兵转战抢掠荆、沔及山南郡县，所过之处，全部杀光，不留一人。

13 十二月二十二日，皇帝下诏，命民部尚书樊子盖征发关中兵数万攻击绛郡贼帅敬盘陀等。樊子盖不分良民还是贼窝，自汾水之北，村坞全部焚毁，叛贼有投降的就全部活埋。百姓怨愤，纷纷相聚为盗。皇帝下诏以李渊替代他。有投降的，李渊就把他安排在自己左右，由此贼众多降，前后数万人，余党散入其他郡。

卷第一百八十三　隋纪七

大业十二年（616）一月至义宁元年（617）五月，共1年5个月

炀皇帝下

大业十二年（公元616年）

1 春，正月，元旦朝会，各地使者没有到的有二十余郡，这才开始商议分遣使者十二道，发兵讨捕盗贼。

2 皇帝下诏，命毗陵通守路道德集合十郡士兵数万人，于郡东南修筑宫苑，周长十二里，内为十六离宫，大抵仿照东都西苑之制，而奇丽又有过之。又想要在会稽修筑宫殿，但天下大乱已起，没有建成。

3 三月三日，皇帝与群臣饮酒于西苑水上，命学士杜宝撰写《水饰图经》，采写七十二个古代水上游乐项目，命朝散大夫黄衮制成木雕，间以女伎乘坐的船、酒船，人物自动行走，栩栩如生，钟磬筝瑟，能自动演奏。

4 三月七日,张金称攻陷平恩,一个早晨就杀了男女一万余人,又攻陷武安、钜鹿、清河诸县。张金称比其他盗贼尤其残暴,所过之处,民无孑遗。

5 夏,四月一日,大业殿西院火灾。皇帝以为是强盗来了,惊走,躲入西苑,藏匿于草间,火灭了才回来。皇帝自大业八年以后,每夜睡眠时总是惊悸,说有贼,令几个妇人摇抚,才能入眠。

【华杉讲透】

摇抚,摇篮的摇,抚摩的抚。恐惧让人如婴儿般脆弱,需要母亲般的照顾。子曰:"知者不惑,仁者不忧,勇者不惧。"为什么智、勇、仁被《中庸》称为"三达德",因为它是配套的。杨广自以为天下第一聪明,但是他没有"仁",只有无穷无尽的私欲,他的私欲打破了天下的生态,也危及他自己的生存,忧、惑、惧都来了。而这时候,他心里没有任何能量能抵御这种危机,只能陷入无助的恐惧,拒绝承认失败,拒绝接受现实,拒绝积极的行动,变本加厉争分夺秒进行末日狂欢,直到灭亡。

有一句话叫作:"宁让天下人负我,勿让我负天下人。"这是至理名言!但是,没有智、勇、仁这三达德的人,很难理解,因为不愿意吃亏。那么就可以在杨广身上看看,这就是一个辜负了天下人的样板。

如果天下人负我,我走遍天下,到哪儿都吃得开。如果我负天下人,就像杨广这样,别说家门半步都踏不出去,待在家里都要被噩梦惊醒!

6 四月七日,绰号"历山飞"的变民首领魏刀儿,派部将甄翟儿率部众十万入寇太原,将军潘长文战败阵亡。

7 五月一日,日全食。

8 五月九日,皇帝于景华宫征求萤火虫,得数斛,夜出游山,放虫,光遍岩谷。

【华杉讲透】

读史至此，叹为观止！新西兰有萤火虫洞，是自然景观，你想不到中国皇帝有人造景观——萤火虫山！这是什么呢？一个字——玩！三个字——玩心大！四个字——玩心太大！有的男人，永远是长不大的小男孩，小时候玩小孩子玩具，长大了，有钱了，玩车、玩表、玩收藏，都是一样的玩具。当了皇帝，整个国家都是他的玩具。杨广就是这样，每天都在寻找新的游戏节目，新的刺激。但是，玩物丧志，玩国就要亡国。而他沉迷其中，掩耳盗铃，蒙着眼睛跟他制造出来的灾难躲迷藏，最终身死国灭。

如何抵抗自己的玩心，唯有志向！王阳明说："持志如心痛，一心只在那痛上。"一旦我今天没有努力，我的心就会痛！我哪有心思玩？我玩什么，都是为了放松一下，以便以更好的精神状态投入我的志向！

苏威进言劝谏，被参革职

9 皇帝问侍臣盗贼情况，左翊卫大将军宇文述说："渐少。"皇帝问："比之前少了几何？"回答说："只剩不到十分之一了。"纳言苏威不愿回答这个问题，挪动身体躲到柱子后面，皇帝呼他上前，问他，苏威回答说："这不是臣所负责的事情，但是不管还有多少，只怕离得越来越近。"皇帝问："此话怎讲？"苏威说："之前贼盘踞长白山（柏杨注：此山在山东省邹平县［今邹平市］南），如今近在汜水。况且之前应该缴纳的租赋和服徭役的男丁，如今都到哪里去了？岂不是都去做盗贼了吗？最近我所看见上奏的叛贼情况，都没有据实汇报，遂使朝廷不能做出正确应对，不能及时剪除。而且，当初在雁门，许诺取消远征辽东，如今又再次征发，叛贼怎么能平息？！"皇帝不悦而罢。

不久就是五月五日（端午节），百官多馈赠珍玩，唯独苏威献上《尚书》。有人说他坏话："《尚书》有《五子之歌》（夏朝君主太康暴虐，出外游猎，一百天之久不返回京师。有穷部落首领后羿因人民愤怒，起兵反叛。太康的娘亲和五个兄弟，在河湾徘徊怨恨，慷慨悲歌，共五首，称为《五子之歌》），苏威的意思，非常不逊。"皇帝更加愤怒。

不久，皇帝问苏威以伐高丽事，苏威想要让皇帝知道天下多盗，回答说："此次战役，希望不用再征发士兵，只需要赦免群盗，自然可得数十万。遣之东征，他们喜于免罪，争务立功，高丽可灭。"皇帝不悦。

苏威出来，御史大夫裴蕴上奏说："此大不逊！天下何处有许多贼？"皇帝说："老东西奸诈，以叛贼来胁迫我！我想打他的嘴，暂且隐忍。"裴蕴知道皇帝的意思，指使河南平民张行本上奏说："苏威之前在高阳负责官员典选，滥授官职；又畏怯突厥，请皇帝回京师（事见公元615年记载）。"皇帝下令调查，罪名成立，下诏数落苏威罪状，除名为民。后来又过了一个多月，又有人上奏苏威与突厥阴图不轨，事情交给裴蕴调查审理，裴蕴判处苏威死刑。苏威无以自明，只是叩头流血，谢罪而已。皇帝怜悯，释放他，说："不忍心杀。"于是连同他的子孙三代，全部除名为平民。

10 秋，七月八日，济景公樊子盖去世。

11 江都新建造的龙舟完成，送到东都；宇文述劝皇帝巡幸江都，皇帝听从。右候卫大将军、酒泉人赵才进谏说："如今百姓疲劳，府藏空竭，盗贼蜂起，禁令不行，愿陛下还京师，以安万兆百姓。"皇帝大怒，把赵才逮捕下狱，过了十天，怒气稍解，才放他出来。朝臣们都不想行，但皇帝意志非常坚定，无人敢谏。建节尉任宗上书极谏，即日于朝堂杖杀。

七月十日，皇帝启程前往江都，命越王杨侗与光禄大夫段达、太府卿元文都、检校民部尚书韦津、右武卫将军皇甫无逸、右司郎卢楚等总管留后事务。韦津，是韦孝宽之子。

皇帝写诗留别宫人说："我梦江都好，征辽亦偶然。"奉信郎崔民象认为盗贼充斥，于建国门上表进谏；皇帝大怒，先打碎他的脸颊，然后斩首。

【华杉讲透】

拒绝接受，是一种心理上的脆弱

传说中亚古国花剌子模有个奇怪的风俗，凡是给国王带来好消息的信使，就会得到奖励和提升；给国王带来坏消息的信使，则会被送去喂了老虎。这传说在杨广这儿，就是现实，苏威、崔民象就被"喂了老虎"。

读史的人可能觉得不可思议，扼腕叹息，觉得他是昏君。其实，每个人都可能会这样。我们读史，也要代入自己，按孔子的话说就是："见贤思齐焉，见不贤而内自省也。"自省一下，这才算在读资治通"鉴"。拿他做镜子照一下自己，我有没有他那样的毛病？解决不了问题，就解决说出问题的人。

对于普通人来说，是一种心理上的脆弱，拒绝接受，拒绝面对，执行"鸵鸟政策"。对于领导者来说，则再加一条，拒绝承认自己把事情搞砸了，以维护自己的权威，因为他把所有坏消息都视为对他的批判，你越是进谏，他的意志越坚定。这就是杨广坚决要去江都的心理因素。

但是，该来的总会来，躲得过初一，躲不过十五。"鸵鸟政策"总是会破产的。解决了传递坏消息的人，最后往往死在传递好消息的佞臣手里。杨广是"隋二世"，他的命运和秦二世一样，秦二世为"好消息使者"赵高所杀；杨广则死在"好消息使者"宇文述的儿子宇文化及手里。当然，他们的死，都是全国人民的好消息！

12 七月十四日，冯翊人孙华举兵为盗。虞世基因盗贼充斥，请发兵屯驻洛口仓，皇帝说："你是书生，所以胆小。"

七月十四日，皇帝车驾抵达巩县。敕令有司将箕山、公路二府（禁兵征兵府）迁到洛口仓内，仍令筑城以备不虞。到了汜水，奉信郎王爱仁再次上表请还西京，皇帝将他斩首，继续前行。走到梁郡，郡人拦住车驾上书说："陛下如果前往江都，天下就不再是陛下所有！"

又将他斩首。当时李子通占据海陵，左才相劫掠淮北，杜伏威屯驻六合，各有部众数万人。皇帝派光禄大夫陈棱将宿卫精兵八千人征讨，往往能取胜。

13 八月二十一日，贼帅赵万海率领部众数十万，从恒山入寇高阳。

宇文述去世

14 冬，十月六日，许恭公宇文述去世。

当初，宇文述的儿子宇文化及、宇文智及都是无赖。宇文化及侍奉皇帝于东宫，皇帝宠昵他，即位之后，任命他为太仆少卿。皇帝到榆林，宇文化及、宇文智及违反禁令，与突厥交易，皇帝怒，将要斩他们，已经解开衣服、发辫，既而又释放他们，赏给宇文述做奴隶。宇文智及的弟弟宇文士及，因为娶了公主为妻，常轻视宇文智及，唯独宇文化及与他亲昵。宇文述去世之后，皇帝又任命宇文化及为右屯卫将军，宇文智及为将作少监。

15 李密逃亡后，前去投奔郝孝德，郝孝德对他并不礼遇，又去投靠王薄，王薄也不重视他。李密困乏，到了削树皮而食的地步，藏匿于淮阳村舍，变姓埋名，聚徒教书。郡县怀疑，去抓捕他，李密再次逃亡，投奔他的妹夫、雍丘县令丘君明。丘君明不敢窝藏他，把他寄送到游侠王秀才家，王秀才把女儿嫁给他为妻。丘君明的堂侄丘怀义告发其事，皇帝令丘怀义自己带着敕书，交给梁郡通守杨汪，命他收捕。杨汪遣兵包围秀才宅第，恰巧李密外出，由此获免，丘君明、王秀才都被处死。

韦城人翟让为东都法曹，坐事当斩。狱吏黄君汉敬佩他的骁勇，夜里秘密对他说："翟法司，天时人事，已经很明显，岂能守死狱中吗？"翟让惊喜叩头说："我现在就是圈在牢里的一头猪，死生唯黄曹主所命！"黄君汉即刻打开枷锁，放他出来。翟让再拜说："我蒙受您再生之恩，这是我的幸运，但是您怎么办呢？"因而泣下。黄君汉怒道："本以为你是个大丈夫，可救生民之命，所以我不顾自己生死，帮助你逃脱，怎么你反而像女子一样哭哭啼啼地道谢！你自己努力逃生，不要担心我！"翟让于是亡命于瓦岗山为群盗。同郡人单雄信，骁健，善用马槊，聚少年前往投奔他。离狐人徐世勣家在卫南，年十七岁，有勇略，对翟让说："东郡于你我都是同乡，人多相识，不宜侵略。荥阳、梁郡，是汴水流经的地方，抢掠来往舟船、商旅，足以自资。"翟让同意，引众入二郡界，抢掠公私船只，财富迅速增加，归附他的人越来越多，聚徒至一万余人。

当时又有外黄人王当仁、济阳人王伯当、韦城人周文举、雍丘人李公逸等都拥众为盗。李密从雍州逃亡，往来于诸首领之间，游说以取天下之策，开始时大家都不信。时间长了，稍以为然，相互说："这人是公卿子弟，志气不凡。如今人人都说杨氏将灭，李氏将兴。我听说王者不死。这人再三获救，难道谶书上说的李氏就是他？"由此渐渐敬重李密。

李密观察，诸首领中唯有翟让最强，于是通过王伯当介绍，去见翟让，为他出谋划策，前往游说收编诸小盗，让他们归附翟让。翟让喜悦，稍稍亲近李密，与他计事，李密于是对翟让说："刘邦、项羽皆起布衣为帝王。如今主昏于上，民怨于下，朝廷精锐士兵全覆没于辽东，与突厥的关系也破裂断绝，而皇帝却巡游扬、越，委弃东都，这正是刘、项奋起的机会。以足下之雄才大略，士马精锐，席卷二京，诛灭暴虐，隋朝必亡！"翟让推辞说："我们只是做强盗，旦夕偷生于草间，你说的话，不是我所能做的。"

正巧有一位叫李玄英的，自东都逃来，走遍各变民营寨，求访李密，说："此人当替代隋家。"人问他缘故，李玄英说："近来民间谣歌有《桃李章》说：'桃李子，皇后绕扬州，宛转花园里。勿浪语，谁道许！''桃李子'，意思是逃亡者李氏之子；皇与后，都是国君；'宛转花园里'，谓天子在扬州回不了西京了，将辗转于沟壑之中；'莫浪语，谁道许'者，不允许随便说话，就是要保密，是一个'密'字。"李玄英既与李密相遇，就委身侍奉他。

前宋城尉、齐郡人房玄藻，自负其才，只恨不为时所用，参与了杨玄感之谋。变姓名亡命，遇上李密于梁、宋之间，于是与他一起走遍汉、沔，遍入诸贼，游说其豪杰；回来的时候，随从已经有数百人，仍为游客，处于翟让营中。翟让见李密为豪杰所归心，想要听从他的计划，犹豫未决。

有一位叫贾雄的，通晓阴阳占卜，为翟让军师，言无不用。李密深结于贾雄，让他以术数去游说翟让。贾雄许诺，还没找到适当机会。正巧翟让召见贾雄，把李密的话告诉他，问他是否可行，贾雄回答说："吉不可言。"又说："你如果自立为主，恐怕未必能成，如果立这个人，事无不济。"翟让说："如果像你说的那样，蒲山公（李密在隋朝的封号）当自立，何必来跟从我？"贾雄说："事有相因。他之所以来，将军姓翟，翟，就是沼泽也，蒲草没有沼泽就不能生长，所以需要将军。"翟让赞同，与李密情好日笃。

李密乘势游说翟让："如今四海糜沸，不得耕耘，将军士众虽多，没有粮仓，全靠野掠，经常苦于供应不上。如果旷日持久，再有大敌来临，必定涣然离散。不如先取荥阳，休整部队，就近取粮（洛口仓），待士马肥充，然后与人争利。"翟让听从，于是攻破金堤关，再攻打荥阳诸县，大多数都攻下。

张须陀讨伐翟让，兵败战死

荥阳太守、郕王杨庆，是杨弘之子，不能讨伐，皇帝调任张须陀为荥阳通守以讨贼。十二月二十七日，张须陀引兵攻击翟让，翟让之前数次被张须陀所败，听闻他来，大惧，将要避走。李密说："张须陀勇而无谋，又骤然取胜，既骄且狠，可以一战而擒。明公只需列阵以待，我担保为明公击破他。"翟让不得已，勒兵将战，李密分兵一千余人埋伏于大海寺北树林里。张须陀一向轻视翟让，列方阵向前推进，翟让与他交战，不利，张须陀乘胜追击，逐北十余里；李密发伏兵掩击，张须陀兵败。李密与翟让及徐世勣、王伯当合军包围，张须陀溃围而出；左右不能全部突围，张须陀跃马再杀入包围圈救援，来往四次，于是战死。所部兵昼夜号哭，数日不止，河南郡县为之丧气。鹰扬郎将、河东人贾务本原是张须陀的副将，也受伤，率余众五千余人逃奔梁郡，贾务本不久也伤重而死。皇帝下诏，以光禄大夫裴仁基为河南道讨捕大使，带领他的部众，把镇所迁到虎牢关。

翟让于是令李密独立建立大营，率领他的部队，号称"蒲山公营"。李密军令严整，凡号令士卒，虽在盛夏，也都如背负霜雪。李密节俭朴素，所得金宝，全部颁赐麾下，所以人人都乐于为他所用。他麾下士卒多为翟让士卒所凌辱，因为军令严厉，不敢上报。翟让对李密说："如今资粮充足，我想回到瓦岗，你如果不回，想去哪里就去哪里，我们就此别过。"翟让率辎重向东，李密也西行到康城，游说了几个城池投降，大获资储。翟让很快后悔，又引兵跟从李密。

16 鄱阳贼帅操师乞自称元兴王，建年号为始兴，攻陷豫章郡，任命他的同乡林士弘为大将军。皇帝下诏，命治书侍御史刘子翊将兵讨伐。操师乞中流箭而死，林士弘代统其众，与刘子翊战于彭蠡湖，刘子翊战败阵亡。林士弘兵势大振，发展到十几万人。

十二月十日，林士弘自称皇帝，国号楚，建年号为太平；于是攻取九江、临川、南康、宜昌等郡，豪杰争相杀死隋朝郡守县令，献出郡县响应他。北自九江，南及番禺，皆为他所有。

17 皇帝下诏，以右骁卫将军唐公李渊为太原留守，以虎贲郎将王威、虎牙郎将高君雅为他的副将，将兵讨伐甄翟儿，李渊与甄翟儿遭遇于雀鼠谷。李渊部众才数千人，贼军包围李渊数重；李世民将精兵救援，在万众之中救出李渊，这时步兵赶到，合击，大破甄翟儿军。

18 皇帝对骨肉亲情十分疏薄，蔡王杨智积每每不能自安，后来生病，也不找医生，临终，对自己亲人说："我今天才踏实了，自己得以把人头完整带入地下。"

19 变民首领张金称、郝孝德、孙宣雅、高士达、杨公卿等寇掠河北，攻陷郡县，即行屠城。隋朝将帅相继败亡，唯独虎贲中郎将、蒲城人王辩，清河郡丞、华阴人杨善会数次有战功，杨善会前后与贼七百余战，未尝负败。皇帝派太仆卿杨义臣讨伐张金称。张金称扎营于平恩东北，杨义臣引兵直抵临清之西，据永济渠为营，离张金称营四十里，深沟高垒，不与他交战。张金称每日引兵到杨义臣营西，杨义臣勒兵擐甲，约他交战，既而又不出来。日暮，张金称还营，第二天，再来，如此过了一个多月，杨义臣还是不出营。张金称以为他胆怯，屡次逼近其营辱骂。杨义臣于是对张金称说："你明天来，我当必战。"张金称轻视他，不再严密防备。杨义臣简选精骑二千人，夜里自馆陶渡河，侦察到张金称离营，即刻入营攻击他们的家属和辎重。张金称听闻，引兵还营，杨义臣从后面攻击，张金称大败，与左右逃于清河之东。过了一个多月，杨善会将他生擒。让官吏在闹市中竖立木架，把张金称头绑在上面，手足张开，令他的仇家来割他的肉吃。张金称未死之前，一直唱歌。

皇帝下诏，任命杨善会为清河通守。

【华杉讲透】

这一战，也是兵法的标准套路，分战法"以正合，以奇胜"，跟公元前205年韩信打败陈余的井陉之战、公元614年张须陀打败卢明月的祝阿之战一模一样，都是分兵两千人劫营，然后等你回救的时候从后面追杀，前后夹击。所以学习兵法，一定要多读战史，通过案例教学。案例知道得多了，你就知道可以做什么，会发生什么。案例读得少，靠自己推演去想，是想不到的。

20 涿郡通守郭绚将兵一万余人讨伐高士达。高士达自认为才略不及窦建德，于是擢升窦建德为军司马，把部队全部交给他。窦建德请高士达守辎重，自己简选精兵七千人拒战郭绚，诈称与高士达有矛盾而叛变，派人请降于郭绚，愿意为他做前锋，攻击高士达以自效。郭绚信了，引兵跟随窦建德至长河，不再防备。窦建德突袭他，斩杀俘虏数千人，斩下郭绚首级，献给高士达，张金称余众都归附窦建德。

杨义臣乘胜抵达平原，想要进入高鸡泊扫荡。窦建德对高士达说："历观隋将，善用兵者没有一个赶得上杨义臣的。如今灭张金称而来，其锋不可当。请引兵回避他，让他欲战不得，坐费岁月，将士疲倦。然后乘间出击，可以击破。不然，恐怕您无法抵挡他。"高士达不从，留窦建德守营，自己亲率精兵逆击杨义臣，战小胜，就纵酒高宴。窦建德听闻，说："东海公未有破敌，就自高自大，祸至不久了！"后来，过了五日，杨义臣大破高士达，就在战阵中将他斩首，乘胜逐北，直扑其营，营中守兵皆溃。窦建德与一百余骑兵逃去，到了饶阳，乘其无备，攻陷城池，收编士兵，得三千余人。杨义臣既杀了高士达，以为窦建德不足为忧，引去。窦建德回到平原，收集高士达散兵，收葬死者，为高士达发丧，军威再次大振，自称将军。之前，群盗抓到隋朝官员及士族子弟，都杀死，唯独窦建德善待他们。由此隋官渐渐开始有人献出城池投降，窦建德声势日盛，能胜任作战的士兵，发展到十余万人。

21 内史侍郎虞世基因为皇帝厌恶听到贼盗的消息，诸将及郡县有告败求救的，虞世基都压下或减轻事实，不以实报，只是说："鼠窃狗盗，郡县捕逐，很快就消灭了，愿陛下不必挂怀。"皇帝信以为然，甚至杖打求救使者，以为他妄言，于是盗贼遍海内，陷没郡县，皇帝都不知道。杨义臣攻破纳降河北贼数十万人，列状上闻，皇帝叹息说："我当初也没听说啊，贼势怎么会发展到这个地步，杨义臣招降的盗贼怎么这么多呢？"虞世基回答说："小贼虽多，未足为虑。杨义臣攻克他们，拥兵不少，久在京师之外，对国家没什么好处。"皇帝说："你说得对。"于是召回杨义臣，遣散他的部队，贼匪又多了起来。

治书侍御史韦云起弹劾上奏："虞世基及御史大夫裴蕴掌管枢要，维持内外，四方报告事变消息，他们却不向陛下报告。贼匪的数量实际上非常多，他们裁减数目，谎称很少，陛下既听闻贼少，发兵不多，众寡悬殊，往皆不克，所以使官军失利，贼党日滋。请把他们交付有司，结正其罪。"大理卿郑善果上奏："韦云起诋毁名臣，所言不实，非议朝政，妄作威权。"由是调任韦云起为大理司直。

【华杉讲透】

只有先暴露错误才能解决错误

皇帝为什么听不到真话，因为他掩耳盗铃不想听！他不想听真话，说假话的就居于高位了。假话总有"爆雷"的时候，皇帝也不想"爆雷"，因为爆雷炸死的是他。但是，说假话的大臣，他的地位甚至人身安全都是靠假话支撑的，他必须捍卫假话，直到爆炸为止。捍卫假话，就是保自己性命；所以，谁说真话，就要跟他拼命，铲除他的事实基础，换一个角度搞掉他。杨义臣打了胜仗，招降了几十万人。这个消息皇帝已经知道，压不下去了，怎么办？虞世基换一个角度，让皇帝防备杨义臣，就把杨义臣召回，解散了他的部队。这样搞下去，能不"爆雷"吗？奸臣们也是走一步看一步，到了"爆雷"的时候，他们也就一起殉葬罢了。虞世基、裴蕴后来就都为杨广殉葬了。

这种情况，延伸到现代企业管理，就形成不处罚犯错误的员工，鼓励大家暴露错误的制度。为什么呢？一个员工，犯了错误，给公司造成损失，他应该承担责任受处罚吧？扣奖金吧？不！不处罚，不扣奖金。因为如果你处罚，他就会掩盖错误，直到掩不住为止，那事儿就大了。容忍错误，不处罚，鼓励上报，甚至奖励上报，才能把灾难消灭在萌芽状态。

这道理如果跟杨广说，他绝顶聪明，也很容易听懂。但是，他太贪玩，耽误他享乐的事，他不愿意干，也就不能听，只能掩耳盗铃，娱乐至死。

22 皇帝抵达江都，江、淮各郡官员前往谒见的，专问呈献的礼物厚薄，送厚礼的就越级提升为郡丞、太守，礼物薄的就停职解职。江都郡丞王世充献铜镜屏风，擢升为通守；历阳郡丞赵元楷献山珍海味，擢升为江都郡丞。于是郡县竞相刻薄搜刮，以充贡献。人民外为盗贼所掠，内为郡县所赋，生计全部破产；加上饥馑无食，人民开始采树皮树叶，或者把秸秆捣为粉末，或者煮土而食，能吃的东西全部吃光了，就开始人吃人；而官府的存粮还很充足，官吏们都畏惧法令，不敢拯救。王世充秘密简选江淮民间美女献给皇帝，于是更加受宠。

23 河间贼帅格谦拥众十余万，占据豆子䴚，自称燕王，皇帝命王世充将兵讨伐，将他斩首。格谦部将、渤海人高开道收其余众，寇掠燕地，军势再次振作起来。

24 当初，皇帝准备讨伐高丽，器械资储，都储积在涿郡；涿郡人物殷阜，屯兵数万。同时，临朔宫中多珍宝，诸贼竞相前来侵掠；留守官虎贲郎将赵什住等不能拒战，唯独虎贲郎将、云阳人罗艺出战，前后破贼甚众，威名日重，赵什住等暗地里忌恨他。罗艺准备作乱，先宣言以刺激他的部众说："我们讨贼数次有功，城中仓库山积，权力在留守官员手里，而不肯散施以赈济贫乏，又何以劝勉将士？"众人皆愤怨。

罗艺出战回师，郡丞出城迎候，罗艺乘势逮捕他，陈兵而入。赵什住等惧怕，都来听命，于是打开仓库，发放物品赏赐战士，开粮仓以赈济贫乏，境内军民都很喜悦。罗艺杀死跟自己不是一条心的渤海太守唐祎等数人，威震燕地，柳城、怀远也都归附于他。罗艺罢黜柳城太守杨林甫，改郡为营州，以襄平太守邓暠为总管，罗艺自称幽州总管。

25 突厥数次入寇北部边境。皇帝下诏，命晋阳留守李渊率太原道兵与马邑太守王仁恭出击。当时突厥正强，两军部众不满五千，王仁恭很担忧。李渊选拔善骑射者二千人，让他们饮食起居都和突厥人一样，有时与突厥遭遇，就伺便攻击，前后屡次战胜，突厥对他颇为忌惮。

恭皇帝上

义宁元年（公元617年）

1 春，正月，右御卫将军陈稜讨伐杜伏威，杜伏威率众抵抗。陈稜闭壁不战，杜伏威送给他妇人衣服，称他为"陈姥"。陈稜怒，出战，杜伏威奋出，大破之，陈稜仅仅逃得一命。杜伏威乘胜攻破高邮，引兵占据历阳，自称总管，以辅公祏为长史，分派诸将攻略属县，所到之处，全部攻下，江淮间小盗争相归附他。杜伏威常选敢死之士五千人，称为"上募"，宠遇甚厚，有攻战，则令上募先出击，战罢阅视，有伤在背上的，即刻处死，因为他是退走而被击伤的。所获资财，全部用以赏给军士们。士兵有战死的，以妻、妾殉葬。所以人自为战，所向无敌。

窦建德自称长乐王，年号为丁丑

2 正月五日，窦建德在乐寿筑坛，自称长乐王，设置百官，改年号为丁丑。

3 正月三十日，鲁郡贼帅徐圆朗攻陷东平，分兵略地，自琅邪以西，北至东平，全部为他所有，能胜任作战的士兵有二万余人。

4 卢明月转战掳掠河南，一直到淮北，部众号称四十万，自称无上王。皇帝命江都通守王世充讨伐。王世充与他战于南阳，大破之，斩卢明月，余众溃散。

5 二月一日，朔方鹰扬郎将梁师都杀郡丞唐世宗，占据郡城，自称大丞相，北连突厥。

6 马邑太守王仁恭，多受贿赂，却不能赈济灾民。郡人刘武周，骁勇喜任侠，为鹰扬府校尉。王仁恭因为他是当地土豪，对他非常亲厚，令他率领亲兵屯驻在自己阁下。刘武周与王仁恭的侍妾私通，担心事情泄露，密谋作乱，于是宣言说："如今百姓饥馑，僵尸满道，王府君闭仓不赈恤，这岂是为民父母的意思吗？"众人皆愤怒。刘武周称病，躺在家中，豪杰来问候，刘武周杀牛纵酒，大声说："壮士岂能坐待死于沟壑？！如今仓粟满积，谁能与我一起去夺取？"豪杰们都许诺参加。

二月八日，王仁恭坐在听事厅，刘武周上前谒见，其党羽张万岁等跟随而入，登上台阶，斩王仁恭，把他的首级拿出来示众，郡中无人敢动。于是开仓以赈济饥民，驰檄境内属城，全部归附，收兵得一万余人。刘武周自称太守，遣使依附于突厥。

7 李密对翟让说："如今东都空虚，士兵也缺乏训练；越王年幼，留守诸官政令不一，士民离心。段达、元文都，愚昧无谋。在我看来，他们都不是将军您的敌手。如果将军能用我的计策，天下可指麾而定。"于是派他的党羽裴叔方去探察东都虚实，留守官员察觉，开始做守御准备，并驰表报告江都。李密对翟让说："事势如此，不可不发。兵法曰：'先则制于己，后则制于人。'如今百姓饥馑，洛口粮仓积粟很多，离东都一百多里，将军如果亲率大军，轻行掩袭，他离得远，不能救援，之前又没有预备，攻取就像拾起一根稻草一样容易。等他们收到消息，我们已经拿下了，发放粮食以赈济贫民，远近谁不归附？百万之众，一朝可集，枕威养锐，以逸待劳。就算他能来，我军也已准备充分。然后檄召四方，引贤豪而资计策，选骁悍而授兵柄，除亡隋之社稷，布将军之政令，岂不盛哉！"翟让说："这是英雄之略，不是我所能胜任的。我听你的，尽力从事，请你先发，我做后队。"

二月九日，李密、翟让率精兵七千人从阳城北开拔，翻越方山，从罗口袭击兴洛仓，击破，开粮仓，让人民自由拿取，前来运粮的人，扶老携幼，道路上前后相连。

朝散大夫时德睿献出尉氏县，响应李密，前宿城县令祖君彦从昌平前往归附。祖君彦，是祖珽之子，博学强记，文辞敏捷华丽，闻名海内，吏部侍郎薛道衡曾经向高祖杨坚举荐他，高祖说："是编造谣言，诬陷杀死斛律明月的那个人的儿子吗（祖珽诬陷斛律明月事见公元572年记载）？朕不需要这种人！"炀帝即位，对祖君彦的文名尤其嫉妒，祖君彦依正常程序调选为东平书佐，检校宿城县令。祖君彦自负其才，常郁郁思乱。李密一向听闻他的名声，得到他之后，大喜，引为上客，军中书檄，全部委托给他办理。

留守东都的越王杨侗派虎贲郎将刘长恭、光禄少卿房崱率步骑兵二万五千人讨伐李密。当时东都人都认为李密他们不过是一群为饥饿所逼的盗米贼，乌合之众，容易击破，争相来应募，国子三馆学士及贵戚子弟都来从军，器械修整，衣服鲜华，旌旗钲鼓甚盛。刘长恭等正面出击，派河南讨捕使裴仁基等率所部兵马从汜水西插入，以掩杀李密身后，约定本月十一日在仓城南会师，李密、翟让探知其全部计划。东都兵先到，士卒还没吃早餐，刘长恭等驱使军队渡过洛水，列阵于石子河西，南北绵延十余里。李密、翟让精选骁雄之士，分为十队，令四队埋伏在横岭下以等待裴仁基，以六队列阵于石子河东。刘长恭等见李密兵少，轻敌。翟让先接战，不利，李密率麾下拦腰横冲。隋兵饥疲，于是大败，刘长恭等都脱下军服逃跑，奔还东都，士卒死者十分之五六。越王杨侗赦免刘长恭等罪，慰抚他们。李密、翟让缴获其辎重器甲，威声大振。

李密被推举为王，号称魏公

翟让于是推举李密为王，上李密号为魏公。二月十九日，设坛场，即位，称元年，大赦。其文书行下，称行军元帅府；魏公府设置三司、六卫，元帅府设置长史以下官属。拜翟让为上柱国、司徒、东郡公，也设置长史以下官员，编制为元帅府的一半；任命单雄信为左武候大将军，徐世勣为右武候大将军，各领所部；房彦藻为元帅左长史，东郡人邴元真为右长史，杨德方为左司马，郑德韬为右司马，祖君彦为记室，其余封拜各有差。于是赵、魏以南，江、淮以北，群盗莫不响应，孟让，郝孝德，王德仁及济阴人房献伯，上谷人王君廓，长平人李士才，淮阳人魏六儿、李德谦，谯郡人张迁，魏郡人李文相，谯郡人黑社、白社，济北人张青特，上洛人周比洮、胡驴贼等都归附李密。李密给他们全部加授官爵，让他们各领其众，设置百营名册以统领他们。道路降者不绝如流，部众发展到数十万。李密命其护军田茂广筑洛口城，周围四十里，作为居城，李密派房彦藻将兵向东攻略土地，攻取安陆、汝南、淮安、济阳，河南郡县多陷于李密。

8 雁门郡丞、河东人陈孝意与虎贲郎将王智辩共同讨伐刘武周，包围桑干镇。

二月二十一日，刘武周与突厥合兵攻击王智辩，杀了他。陈孝意奔还雁门。

三月十七日，刘武周袭破楼烦郡，进取汾阳宫，俘虏宫女，把她们送给突厥始毕可汗；始毕可汗以战马回报，刘武周兵势更振，又攻陷定襄。突厥立刘武周为定杨可汗，赠给他狼头纛（大旗）。刘武周即皇帝位，立妻子沮氏为皇后，改年号为天兴。以卫士杨伏念为尚书左仆射，妹婿、同县人苑君璋为内史令。

刘武周引兵包围雁门，陈孝意全力拒守，乘间出击刘武周，屡次将他击破；既而外无救援，陈孝意派人前往江都求救，都没有消息。陈孝意誓以必死，早晚朝放置皇帝诏书的诏敕库俯伏流涕，悲痛感动左右。围城一百余日，粮食吃尽，校尉张伦杀陈孝意，投降。

9 梁师都略定雕阴、弘化、延安等郡，于是即皇帝位，国号梁，改年号为永隆。始毕可汗赠给他狼头纛，号为大度毗伽可汗。梁师都于是引突厥人进入黄河以南地区居住，攻破盐川郡。

10 左翊卫、蒲城人郭子和犯罪,被流放榆林。正巧郡中发生大饥荒,郭子和暗中结交敢死士十八人攻郡门,逮捕郡丞王才,数落他不体恤百姓的罪状,将他斩首,开仓赈施。自称永乐王,改年号为丑平。尊他的父亲为太公,任命弟弟的儿子郭政为尚书令,郭子端、郭子升为左右仆射。有骑兵二千余人,南连梁师都,北附突厥,分别送子弟为人质以自固。始毕可汗封刘武周为定杨天子,梁师都为解事天子,郭子和为平杨天子。郭子和坚决推辞,不敢当,于是始毕可汗任命他为屋利设("设"是突厥将军之意)。

11 汾阴人薛举,侨居金城,骁勇绝伦,家财巨万,交结豪杰,雄于西边,为金城府校尉。当时陇右盗起,金城县令郝瑗募兵得数千人,命薛举为将,准备讨伐。

夏,四月三日,在出征仪式上,郝瑗正在授给他们盔甲,摆设酒宴,犒赏将士。薛举与儿子薛仁果及同党十三人,就在座位上劫持郝瑗,宣布起事,囚禁郡县官员,开仓赈施。自称西秦霸王,改年号为秦兴。以薛仁果为齐公,小儿子薛仁越为晋公,招集群盗,抢掠官府牧马。贼帅宗罗睺率众归附他,被封为义兴公。将军皇甫绾将兵一万屯驻枹罕,薛举选拔精锐二千人前往袭击,攻克枹罕。岷山羌酋钟利俗率众二万人归附他,薛举兵势大振。改封薛仁果为齐王,领东道行军元帅,薛仁越为晋王,兼河州刺史,宗罗睺为兴王,为薛仁果副将;分兵略地,取西平、浇河二郡。不久,尽有陇西之地,部众发展到十三万。

12 李密任命孟让为总管,封齐郡公。

四月九日夜,翟让率步骑兵二千人进入东都洛阳外城,烧掠丰都市,天明才离去。于是洛阳居民全部迁入宫城,台省府寺全部住满。

巩县县长柴孝和、监察御史郑颋献出城池投降李密,李密任命柴孝和为护军,郑颋为右长史。

裴仁基每次破贼,得到军资,全部用以奖赏士卒,监军御史萧怀静不许,士卒怨怼。萧怀静又屡求裴仁基长短,弹劾上奏。仓城之战,裴仁基未能按期抵达战场，听闻刘长恭等战败，惧怕，不敢前进，屯驻百花谷，固垒自守，又担心获罪于朝廷。李密知道他的狼狈情形，派人游说，啖以厚利。贾务本（原来是张须陀的副将）的儿子贾闰甫在军中，劝裴仁基投降李密，裴仁基说："那萧御史怎么办？"贾闰甫说："萧君就如同树枝上的一只鸡，如果不知机变，只在明公一刀而已。"裴仁基听从，派贾闰甫向李密请降。李密大喜，任命贾闰甫为元帅府司兵参军，兼直记室事，派他复命，送给裴仁基书信，慰抚接纳他。裴仁基还师屯驻虎牢。萧怀静秘密上表向皇帝报告，裴仁基知道了，杀死萧怀静，率其部众献出虎牢，投降李密。李密封裴仁基为上柱国、河东公。裴仁基的儿子裴行俨，骁勇善战，李密也封他为上柱国、绛郡公。

李密得到秦叔宝及东阿人程咬金，都用为骠骑将军。选军中尤其骁勇者八千人，分别隶属四位骠骑将军，作为自己卫队，号称"内军"，常说："此八千人足当百万。"程咬金后来更名为程知节。罗士信、赵仁基也率众归附李密，李密任命他们为总管，让他们各统所部。

四月十三日，李密派裴仁基、孟让率二万余人袭击回洛东仓，击破。于是烧天津桥，纵兵大掠。东都出兵攻击，裴仁基等败走，李密亲自率众屯驻回洛仓。东都兵尚有二十余万人，登城戒备，敲击打更的梆子，昼夜不解甲。李密攻打偃师、金墉，都不能攻克；四月十五日，返还洛口。

东都城内缺粮，而布帛堆积如山，以至于用丝绸为汲水的绳子，布匹当柴烧来煮饭。越王杨侗派人运回洛仓米入城，遣兵五千屯驻丰都市，五千屯驻上春门，五千屯驻北邙山，为九座大营，首尾相应，以防备李密。

四月十七日，李密部将房献伯攻陷汝阴。淮阳太守赵陀举郡投降李密。

四月十九日，李密率众三万，再次返回占据回洛仓，大修军营，挖掘壕沟，以进逼东都；段达等出兵七万拒战。四月二十一日，战于仓北，隋兵败走。

四月二十七日，李密命他的幕府移檄郡县，数落隋炀帝十条罪状，并说："罄南山之竹，书罪无穷；决东海之波，流恶难尽。"这是祖君彦的手笔。

【华杉讲透】

这就是成语"罄竹难书"的由来。"罄南山之竹，书罪无穷；决东海之波，流恶难尽。"用光南山的竹子，也写不完他的罪状；决开东海的堤防，也流不尽他的罪恶。

中国文人下笔，追求的是能不能写出一句流传千年的话，或者更夸张一点，我的金句，能不能与天地同寿。比如李白的"床前明月光，疑是地上霜"，就与中华文明同寿。除了诗文之外，就是檄文，檄文是政治宣传的最高形态——战争动员，要数落对手的罪状，给他的脸上执行"虚拟黥刑"，让他走到哪儿都带着，到死都抹不掉。祖君彦一句话，就在杨广脑门儿上刻下了"罄竹难书"四个字，杨广成了"黥广"。杨广一向嫉妒祖君彦文才比他高，这一场宣传战，祖君彦取得了对他的压倒性胜利。

干革命两杆子，枪杆子和笔杆子，每次动刀枪，都有纸笔配合。三国时期，陈琳为袁绍写讨曹操檄，给曹操"黥"了"赘阉遗丑"四个字，曹操当时正患头风，读了陈琳檄文，惊出一身冷汗，头痛都好了。俘虏陈琳后，并不怪罪，继续任用。

到了唐朝，骆宾王——就是那位写出"鹅鹅鹅，曲项向天歌"的大才子，写讨武则天檄文，留下"一抔之土未干，六尺之孤何托……试看今日之域中，竟是谁家天下"这样的千古名句。武则天读了，惊问是谁写的，并说："国家有如此人才，却沦落为贼人所用，这是宰相之过！"骆宾王成为在诗文和檄文上都留下千古名句的双料冠军。

现代社会也一样，1992年，克林顿与老布什竞选美国总统，当时，老布什挟伊拉克战胜之威，谋求连任，克林顿一句口号"笨蛋！问题是经济！"就把"经济笨蛋"四个字"黥"在了老布什脑门儿上，把他的战争英雄形象和政治资本冲得一干二净。

赵王杨侗派太常丞元善达辗转穿过变民控制的地区，到江都奏称："李密有部众一百万，围逼东都，占据洛口仓，城内没有粮食。如果陛下速还，这些乌合之众，必然四散而逃；不然，东都一定陷落。"元善达嘘唏呜咽，皇帝为之动容。虞世基进言说："越王年少，这些人骗他。如果真像他说的那样被包围了，元善达又怎么能到达这里呢？"皇帝于是勃然大怒说："善达小人，敢当面侮辱我！"命他穿越变民控制地区，前往东阳催运粮草，元善达于是为群盗所杀。之后人人闭口，没人敢向皇帝报告变民消息。

虞世基容貌庄重，说话多能符合圣意，特别为皇帝所亲爱，朝臣中无人能与他相比；亲党们仗恃他的权力，鬻官卖狱，贿赂公行，他家中门庭若市。由此朝野人士都痛恨他。内史舍人封德彝攀附虞世基，因为虞世基不熟悉公务，封德彝就秘密为他筹划，宣行诏命，诡媚顺从皇帝的意思。群臣上表疏可能顶撞触怒皇帝的，都压下不上奏。办理案件，多从严从重，论功行赏，则从严从轻。所以，虞世基越来越受宠，而隋朝的政治越来越坏，都是封德彝所为。

【华杉讲透】

有时候，让别人相信他被骗了，比骗了他还难

百万大军包围东都，岌岌可危，这样的事，理当宁可信其有，不可信其无，虞世基怎么会这么荒唐颠顶呢？他一点也不荒唐，因为这符合他的利益。他一旦接受了东都的现实，就戳穿了他之前编织的所有谎言，东都还没陷落，他先要陷落，所以，他必须封杀元善达。

事物发展的规律就是这样，你一旦撒了一个谎，就必须一直撒谎，撒越来越大的谎；你一旦走错了一步，就必须步步将错就错，错上加错；如此才能勉强维持你的"正确"，到最后盖不住了，就粉身碎骨。

为什么"办理案件，多从严从重，论功行赏，则从严从轻"呢？有必要吗？非常有必要。因为这既符合皇帝的心意，又符合虞世基的利

益。杨广心胸狭隘，对反对他的人睚眦必报，所以惩罚从严从重；杨广贪财好货，给他送礼的都能得到升官，要他拿出官位和钱财来奖赏，他当然舍不得。而对虞世基而言，办案从严可以剥夺官爵，没收财产；奖赏从轻则可以节省官爵和钱财，这些都成为他的利益集团分肥的资源。

杨广又为什么选择采信东都平安无事的话呢？他不怕搞错了吗？这是他的鸵鸟症和拖延症，拒绝承认，就可以不处理，自欺欺人，继续享乐，就这么点出息。马克·吐温说："世人听骗不听劝。"有时候，让人们相信他们被骗了，这比骗他们还难。因为他们宁愿选择被骗。

李渊秘密募兵，以图自重

13 当初，唐公李渊娶了神武肃公窦毅的女儿为妻，生下四个儿子，李建成、李世民、李玄霸、李元吉；一个女儿，嫁给太子千牛备身（太子宫带刀贴身侍卫，千牛刀，指解一千头牛刀刃都不钝的刀）、临汾人柴绍。

李世民聪明勇决，识量过人，见隋室方乱，暗地里有安天下之志，倾身下士，散财结客，都能得其欢心。李世民娶右骁卫将军长孙晟的女儿为妻；右勋卫长孙顺德，是长孙晟的族弟，与右勋侍、池阳人刘弘基，都逃避辽东之役，亡命在晋阳，依靠李渊，与李世民相善。左亲卫窦琮，是窦炽的孙子，也亡命在太原，一向与李世民有矛盾，每每不能自安。李世民加意善待他，让他出入自己卧房，窦琮于是安下心来。

晋阳宫监、猗氏人裴寂，晋阳县令、武功人刘文静，一起同宿，见城上烽火，裴寂叹息说："贫贱如此，又遭逢乱世，将何以自存？"刘文静笑道："时事可知，我们二人联手，何忧贫贱？"刘文静见了李世民，大为惊异，倾心与他结交，对裴寂说："此人不是常人，豁达类似刘邦，神武如同曹操，年纪虽少，却是命世之才。"裴寂开始时不以为然。

刘文静因为与李密是姻亲，被逮捕关押在太原监狱，李世民前去探视他。刘文静说："天下大乱，没有汉高祖、光武帝之才，不能平定。"

李世民说:"怎么没有,只是人们不能辨识罢了。我来看你,不是儿女之情,而是想要与你商议大事。你有什么计策?"刘文静说:"如今主上南巡江、淮,李密围逼东都,群盗殆以万数。当此之际,有真龙天子驱驾而用之,取天下易如反掌。太原百姓都避盗入城,我身为县令数年,知道其中哪些人是豪杰,一旦收集,可得十万人,您父亲所将之兵又有数万,一言出口,谁敢不从!以此乘虚入关,号令天下,不过半年,帝业成矣。"李世民笑道:"你的话正合我意。"于是秘密部署宾客,李渊毫不知情。李世民担心李渊不从,犹豫很久,不敢说出来。

李渊与裴寂有旧交,经常一起饮酒谈话,有时通宵达旦。刘文静想通过裴寂跟李渊说,于是引裴寂与李世民相交。李世民拿出私钱数百万,让龙山县令高斌廉与裴寂赌博,稍稍把钱输给他,裴寂大喜,由此每天都跟着李世民交游,感情越来越亲昵。李世民于是把自己的计划告诉他,裴寂许诺。

正巧突厥入寇马邑,李渊派高君雅将兵与马邑太守王仁恭并力拒战。王仁恭、高君雅作战不利,李渊担心自己连带获罪,非常忧虑。李世民乘机屏退旁人,对李渊说:"如今主上无道,百姓困穷,晋阳城外都是战场。大人如果执守小节,下有寇盗,上有严刑,危亡无日。不若顺民心,兴义兵,转祸为福,这正是天授之时。"李渊大惊说:"你怎么说得出这种话,我现在就逮捕你,交给县官!"然后取纸笔,要写奏章。李世民徐徐说:"世民观天时人事如此,所以敢发言;父亲如果一定要告发我,我不敢辞死!"李渊说:"我怎能忍心告发你,你谨慎,不要乱说!"第二天,李世民又对李渊说:"如今盗贼日繁,遍于天下,大人受诏讨贼,贼能讨尽吗?到了最后,还是不能免于获罪。况且世人都传言李氏当应图谶,所以李浑根本无罪,却一朝之间被灭族。大人假设能杀尽贼匪,则功高不赏,自己还有人身安全问题!唯我昨日之言,可以救祸,这是万全之策也,希望大人不要犹疑!"李渊于是叹息说:"你的话我想了一整晚,也大有道理。如今,破家亡躯也由你,化家为国也由你!"

之前,裴寂私底下把晋阳宫中宫女送去给李渊侍寝,李渊和裴寂饮酒，酒酣，裴寂从容说："二郎（李世民）阴养士马，欲举大事，正是因为我把宫女送来侍候您，担心事发之后，我们都要被诛杀，所以为此急计而已。大家都已同心，公意下如何？"李渊说："我儿子确实有这个想法，事已如此，又能怎样，只能听他的吧。"

皇帝因李渊与王仁恭不能御寇，派使者来逮捕他们，要押送江都。李渊大惧。李世民与裴寂等又对李渊说："如今主昏国乱，尽忠无益。下级军官作战不利，而把罪状写到您头上。事太紧迫，宜早定大计。况且晋阳士马精强，宫监蓄积巨万，以此举事，何患无成！代王年幼（代王杨侑，本年十三岁），关中豪杰并起，不知道该归附谁，明公如果鼓行而西，抚而有之，如探囊取物而已。为何要受到一个使者的囚禁，坐取夷灭之祸？！"李渊同意，秘密部勒，准备发动。正巧，皇帝又派出使者，乘驿马车赶到，赦免李渊及王仁恭，让他们官复原职，李渊的谋划也就暂缓下来。

李渊被任命为河东讨捕使时，请大理司直夏侯端做自己副将。夏侯端，是夏侯详的孙子，善于占卜及相面，对李渊说："如今玉床摇动，帝座不安，参星星座是本年主星，必有真人起于其分，而参星对应的，正是晋阳，那不是您是谁！主上猜忌残忍，尤其忌恨诸李氏，李浑已死，您再不思变通，下一个就是您！"李渊心中认同。

后来，李渊留守晋阳，鹰扬府司马、太原人许世绪对李渊说："您姓在图箓，名应歌谣；握五郡之兵，当四战之地，举事则帝业可成，端坐则死在眼前；全在您自己怎么把握。"

行军司铠、文水人武士彟（武则天之父），前太子左勋卫唐宪，唐宪的弟弟唐俭，都劝李渊举兵。唐俭对李渊说："明公北招戎狄，南收豪杰，以取天下，就是商汤、周武王一样的大举。"李渊说："汤、武不是我敢比的，在私则图自己生存，在公则拯救天下之乱。你姑且自重，我会考虑。"唐宪，是唐邕的孙子。当时李建成、李元吉尚在河东，所以李渊拖延，没有发动。

刘文静对裴寂说："先发制人，后发制于人。何不早劝唐公举兵，而推迁不已！况且你是宫监，而把宫女拿去招待客人，你该死就死吧，为什么还要误了唐公？"裴寂非常惧怕，屡次催促李渊起兵。李渊于是让刘文静伪造皇帝敕书，征发太原、西河、雁门、马邑百姓年二十以上五十以下全部参军，限期年底到涿郡集中，出击高丽，由是人情喧扰，想要作乱的人越来越多。

等到刘武周占据汾阳宫，李世民对李渊说："大人为留守，而盗贼窃据离宫，不早定大计，灾祸马上就到！"李渊于是集合将佐，对他们说："刘武周占据汾阳宫，我们不能制敌，罪当族灭，怎么办？"王威等都惧怕，再拜请计。李渊说："朝廷用兵，一切军事行动都要报请批准。如今贼在数百里内，江都在三千里外，加上道路险要，又被其他贼匪盘踞；我们以守城的兵力，又必须有命令才能行动，在这样大的强敌面前，必定不能保全。进退维谷，怎么办才好呢？"王威等都说："您的地位，既是皇亲国戚，与国家休戚与共，如果什么事都要奏报等批准，那怎么来得及；关键在于平贼，可以独断专行。"李渊装出一副不得已而听从的样子，说："那我们应该先充实兵力。"于是命李世民与刘文静、长孙顺德、刘弘基等各自募兵，远近赴集，十天之间就招募到近万人，仍秘密派遣使者，召李建成、李元吉于河东，召柴绍于长安。

王威、高君雅见兵大集，怀疑李渊有异志，对武士彟说："长孙顺德、刘弘基都是逃避兵役的亡命之徒，所犯的罪应当判死刑，怎么能让他们做将领？"想要逮捕二人。武士彟说："二人都是唐公的客人，如果这样，一定激起纷争。"王威等人于是停止。留守司兵田德平想要劝王威等调查招兵内情，武士彟说："讨捕之兵，全部隶属唐公，王威、高君雅不过是坐在旁边罢了，他们能干啥？"田德平也打消了念头。

晋阳乡长刘世龙密告李渊说："王威、高君雅想要在晋祠祈雨时，对您不利。"五月十四日夜，李渊命李世民伏兵于晋阳宫城之外。十五日早晨，李渊与王威、高君雅共坐办公，让刘文静引开阳府司马、眸城人刘政会进来，站立在庭中，声称有密状。李渊递眼色让王威等取密状来看，刘政会不给，说："所告的正是两位副留守，只有唐公可以看诉状。"李渊假装吃惊说："岂有这事！"看了状子，说："王威、高君雅秘密引突厥入寇。"高君雅撸起袖子大骂说："这是造反的人要杀我吧！"当时李世民已经部署部队阻塞衢路，刘文静于是与刘弘基、长孙顺德等一起抓捕王威、高君雅下狱。

五月十七日，突厥数万人入寇晋阳，轻骑兵从外城北门进入，又从东门出去。李渊命裴寂等勒兵为备，而将诸城门全部打开，突厥不测虚实，不敢前进。众人以为确实是王威、高君雅招来的，李渊于是斩王威、高君雅示众。李渊部将王康达率一千余人出战，全部战死，城中恟惧。李渊夜里派军队秘密出城，早晨则张旗鸣鼓从其他道路而来，假装是援军；突厥始终怀疑，留在城外二日，大掠而去。

14 炀帝命监门将军、泾阳人庞玉，虎贲郎将霍世举率关内兵救援东都。柴孝和对李密说："秦地山川险固，秦、汉都是凭借它以成王业。如今不如派翟司徒守洛口，裴柱国守回洛，明公自简精锐，西袭长安。攻克京师之后，业固兵强，然后东向以平河、洛，天下可传檄而定。方今隋失其鹿，豪杰竞逐，不早为之，必有先我者，悔之不及！"李密说："这确实是上策，我也考虑了很久。但是昏主尚存，跟从他的兵还有很多，我军所部，都是山东人，见洛阳未下，谁肯跟我向西？诸将出身都是群盗，留下他们，必定各竞雌雄，如此，则大业瓦解。"柴孝和说："既然大军未可西上，我想自己前去，看看有没有什么机会。"李密批准。柴孝和与数十骑兵抵达陕县，山贼归附他的有一万余人。当时李密兵锋甚锐，每次攻入西苑，与隋兵连战。不巧李密被流箭射中，卧在营中。五月二十八日，越王杨侗派段达与庞玉等夜里出兵，列阵于回洛仓西北。李密与裴会基出战，段达等大破李密军，杀伤超过三分之二，李密只好放弃回洛，奔回洛口。庞玉、霍世举进军到偃师，柴孝和的部众听闻李密撤退，各自散去。柴孝和轻骑回归李密，杨德方、郑德韬都战死。李密任命郑颋为左司马，荥阳人郑乾象为右司马。

15 李建成、李元吉抛弃弟弟李智云于河东而去，官吏逮捕李智云送到长安，处死。李建成、李元吉在路上遇到柴绍，与他同行。

卷第一百八十四　隋纪八

义宁元年（617）六月至十二月，不满1年

恭皇帝下

义宁元年(公元617年)

1 六月,己卯(六月无此日),李建成等抵达晋阳。

李渊写信与突厥结盟,与其交易骏马

2 刘文静劝李渊与突厥结盟,利用他们的兵马以增大兵势。李渊听从,自己亲笔写信,卑辞厚礼,对始毕可汗说:"我想大举义兵,远迎主上,重新与突厥和亲,就如同开皇之时一样。如果您能与我一起南下,希望不要侵暴百姓;如果只是和亲,坐受宝货,也由可汗选择。"始毕可汗收到信,对他的大臣说:"隋主的为人,我是知道的。如果把他迎接回来,必定杀害唐公,然后攻击我,这是毫无疑问的。如果唐公自己做天子,我当不避盛暑,以兵马协助。"即命以此意回信。使者七日而

返，将佐们都喜悦，建议听从突厥之意见，李渊认为不可。裴寂、刘文静等都说："今义兵虽然集结，但是战马十分缺乏，突厥兵并非必须，但战马非突厥不可；如果拖延回复，恐怕他们又反悔。"李渊说："诸君再想想有没有其他办法。"裴寂等于是请尊杨广为太上皇，立代王杨侑为帝，以安隋室；移檄郡县；改易旗帜，颜色红白相间，以示突厥。李渊说："这可谓'掩耳盗钟'，但是逼于时事，不得不如此。"于是批准，派使者把这个意见告诉突厥。

西河郡不听从李渊命令，六月五日，李渊派李建成、李世民将兵攻击西河；命太原令、太原人温大有与他们同去，说："我儿子们年少，以您参谋军事；事之成败，此次行动的结果就是预兆。"当时军士新集，都没有经过训练，李建成、李世民与之同甘苦，遇敌则身先士卒。近道菜果，不是买的不吃，军士有偷窃的，则找到原主，赔偿他，也不过问偷窃的人，军士及人民都感动喜悦。到了西河城下，百姓有要入城的，一律放行。郡丞高德儒闭城拒守，六月十日，攻拔。抓捕高德儒到军门，李世民数落他说："你指野鸟为鸾凤，以欺人主，换取高官（事见公元615年记载），我兴义兵，正是为了诛杀你这样的佞人！"于是将他斩首。其余不杀一人，秋毫无犯，分别慰劳，让大家安居乐业，远近闻之大悦。李建成等引兵回晋阳，往返一共九天。李渊喜悦说："以此次行兵，就算横行天下也没问题。"于是定下入关之计。

【华杉讲透】

李渊说："事之成败，当以此行卜之。"非常准确！第一次行动，就是你的第一次登台亮相，就是你给全国人民留下的第一印象。"第一印象"是最宝贵的资产，可以给你打下一个坚实有力的基础。而李建成、李世民兄弟，一出手就是"王炸"，形成了"王天下易如反掌"的局面。

此话怎讲呢？就是在《孟子》一书里，孟子当初对公孙丑讲的道理："行仁政而王，莫之能御也。且王者之不作，未有疏于此时者也；民之憔悴于虐政，未有甚于此时者也。饥者易为食，渴者易为饮。孔子曰:'德之流行,速于置邮而传命。'当今之时,万乘之国行仁政,民之悦之,犹解倒悬也。故事半古之人,功必倍之,惟此时为然。"

只要能够施行仁政来统一天下,就根本没有人能够阻止得了。而且统一天下的国君不出现的时间,历史上还从来没有这样长久;老百姓被暴虐的政治所折磨,历史上也从来没有这样厉害过。那饿急了的人,你给他什么他都吃;那渴疯了的人,你给他什么他都喝。孔子说:"德政的流行,比驿站传递君命还快。"现在正是这样的时候,拥有万辆兵车的国家实行仁政,老百姓的高兴,正好像被人倒挂着给解救下来一般。所以事半功倍,只有在这个时代才行。

孟子当时说的是战国时期的齐国,用在此时也很恰当。杨广统治下的人民,真是饿极了,渴疯了,痛苦如同每天被倒挂着吊打一样,谁能把他们解放出来,他们就跟谁。你不是想当皇帝吗?要夺天下当皇帝,那是比登天还难!但是,老百姓要得到一个好皇帝,比你想当皇帝更难!所以,他们比你更急!只要你真的懂得这个道理,真的能诚意正心地去好好做,孟子就告诉你:王天下易如反掌!

李建成和李世民,同甘共苦,身先士卒,秋毫无犯,都是标准动作。但是,"不拿群众一针一线"之后,对军队出现的偷窃事件,照价赔偿原主,而不过问偷窃的士兵,这一点精彩!杨广太残暴了,人民渴望宽厚的君王,李氏兄弟就建立了一个宽厚的形象。他们的故事,就"速于置邮而传命",传遍天下了。

李渊开仓以赈济贫民,应募参军的人越来越多。李渊命分为三军,再分为左右两翼,通称为"义士"。裴寂等上李渊位号为大将军,六月十四日,建大将军府;以裴寂为长史,刘文静为司马,唐俭及前长安尉温大雅为记室,温大雅仍与他的弟弟温大有共掌机密,武士彟为铠曹,刘政会及武城人崔善为、太原人张道源为户曹,晋阳县长、上邽人姜謩为司功参军,太谷县长殷开山为府掾,长孙顺德、刘弘基、窦琮及鹰扬郎将、高平人王长谐、天水人姜宝谊、阳屯为左、右统军;自余文武,随才授任。又封世子李建成为陇西公,左领军大都督,统领左三军;李世民为敦煌公,统领右三军,各自设置官属。任命柴绍为右领军府长史;咨议、谯人刘赡兼领西河通守。张道源名叫张河,殷开山名叫殷峤,都以字行世。殷开山,是殷不害的孙子。

【华杉讲透】

李建成与李世民一起立下第一功,然后又分统三军,势均力敌,再各置官属,形成两个利益集团,这就为玄武门之变埋下了伏笔。兄弟之间,必须有一方能让,如伯夷、叔齐、吴太伯,深知让国之义。如果谁都不让,就一定会血溅家门。

很多事第一步走对了,之后步步都顺,第一步走错了,后面你怎么也解决不了。李渊的第一步,夺天下走对了,但是家族内部安排没走对,他之后就束手无策,只能坐等他们自己火并了。

3 李密再次率众向东都,六月十七日,大战于平乐园。李密左边骑兵、右边步兵、中间布列强弩,鸣千鼓以冲锋,东都兵大败,李密夺回回洛仓。

4 突厥派柱国康鞘利等送马一千匹到李渊处互市,许诺发兵送李渊入关,多少随他定。六月十八日,李渊引见康鞘利等,接受可汗国书,礼容极尽恭敬,赠给康鞘利等的礼物也非常丰厚。在送来的马中挑选好的,只买下其中一半;将士们愿意自己出钱买下另一半,李渊说:"突厥马多而贪利,这次都买了,他们会送来更多,最终你们会花光了钱,不能再买。我之所以少买一点,是向他们显示我们贫穷,而且也并不急切,我会为你们想办法赊欠,不用你们破费。"

六月二十六日,灵寿贼帅郗士陵率众数千人投降李渊,李渊任命他为镇东将军、燕郡公,仍设置镇东府,补任僚属,以招抚山东郡县。

己巳(六月无此日),康鞘利北还。李渊命刘文静出使突厥以请兵,私底下对刘文静说:"胡骑入中国,是人民之大害。我之所以需要突厥军队,是怕刘武周联合他们,共为边患;而且,胡人骑兵的马靠放牧,不费粮食，我只是借他们以壮声势而已。超过数百人，就没什么用处。"

杨广派兵讨伐李密

5 秋，七月，隋炀帝派江都通守王世充率领江、淮劲卒，将军王隆率领邛黄蛮，河北大使、太常少卿韦霁，河南大使、虎牙郎将王辩等各率所领同赴东都，联合讨伐李密。

韦霁，是韦世康之子。

6 七月四日，李渊任命儿子李元吉为太原太守，留守晋阳宫，后方事务全部委任给他。

七月五日，李渊率甲士三万从晋阳出军，立军门誓众，并移檄郡县，晓谕以尊立代王之意；西突厥阿史那大奈也率其部众跟从。

七月六日，李渊派通议大夫张纶率军镇压稽胡部落。

七月八日，李渊抵达西河，慰劳吏民，赈赡穷乏；人民年七十以上，都授予散官（有官职无实权），其余豪俊，随才授任，李渊亲自面试，一边询问其才能，一边提笔写下所授官职，一日之间，任命了一千余人。被任命的官员都来不及取委任状，就拿着李渊所书的官名而去。

李渊入雀鼠谷；七月十四日，驻军于贾胡堡，离霍邑五十余里。代王杨侑派虎牙郎将宋老生率精兵二万屯驻霍邑，左武侯大将军屈突通率骁果数万人屯驻河东，以抗拒李渊。正巧大雨连绵，李渊不得前进，派府佐沈叔安等率嬴兵回太原，再运一月粮食。

七月十七日，张纶攻克离石，杀太守杨子崇。

刘文静抵达突厥，见始毕可汗，请兵，并且与他约定说："如果攻入长安，民众土地入唐公，金玉缯帛归突厥。"始毕可汗大喜，七月十八日，派其大臣级失特勒先到李渊军中，告诉他兵已上道。

李渊以书信招李密。李密自恃兵强，想要做盟主，派祖君彦回信说："与兄支派虽然不同，根系本同。我知道自己德行虚薄，但是为四海英雄共推为盟主。希望与您左提右挈，勠力同心，生擒子婴于咸阳（指秦朝子婴向刘邦投降），杀死商辛于牧野（指牧野之战，周武王灭商朝，烧死纣王），岂不盛哉！"并且想要让李渊带步骑兵数千人，亲自到河内，与他当面定盟约。李渊得书，笑道："李密妄自矜大，不是一封信所能招来的。我正有事于关中，如果断然拒绝他，那是又制造了一个敌人；不如卑辞推奖以骄其志，让他为我封锁成皋道路，阻挡东都之兵，让我得以专意西征。等关中平定，据险养威，再慢慢观鹬蚌之势以收渔人之利，也不算晚。"于是让温大雅回信说："我虽然庸劣，有幸继承祖先余荫，出京担任使节，入京掌典禁军，如果朝廷危亡，我不能扶持，通达贤德之士，都会责备我。所以大会义兵，和亲北狄，共匡天下，志在尊奉隋朝。天生万民，必有司牧。当今为牧，不是您又能是谁？老夫年纪已老，知道自己的天命，没有那么大的野心。欣然拥戴大弟，攀鳞附翼，唯愿弟早应图箓，以宁兆民！您是李氏宗亲的盟主，如果能为您所包容，还能封在唐国，这样的殊荣已经够了。杀商辛于牧野，这样的话我不忍心说；生擒子婴于咸阳，我也不敢闻命。汾晋一带，还需要安辑；盟津之会（周武王伐纣时，在孟津会盟诸侯），还无法确定时间。"

李密收到信，非常喜悦。出示给将佐们看，说："唐公都推举我，天下不足定矣！"从此信使往来不绝。

雨久不止，李渊军中缺粮；刘文静还未返回，有传言说突厥与刘武周要乘虚袭击晋阳；李渊召将佐商议北还。裴寂等都说："宋老生、屈突通连兵据险，短期难以攻下。李密虽然嘴上说联合，奸谋难测。突厥贪而无信，唯利是图。刘武周是跟突厥走的。太原是一方都会，况且义兵家属都在太原，不如还救根本，更图后举。"李世民说："如今遍地都是庄稼，何愁乏粮！宋老生轻率急躁，一战可擒。李密守着粮仓，没有经略远方的战略。刘武周与突厥表面上虽然相附，内心实际上相互猜疑。刘武周虽然贪图太原，他就不担心自己的根据地马邑会受到攻击吗？我们本来是兴大义，奋不顾身以救苍生，当先入咸阳，号令天下。如今遇到一点小敌，就马上班师，恐怕从义之徒一朝解体，回去守太原一城之地，也只是做贼而已，何以自全？"李建成也认为应该这样。李渊不听，促令引发。李世民将要再入帐进谏，正巧日暮，李渊已经就寝；李世民不得入，就在外面号哭，声闻于帐中。李渊召他问话，李世民说："如今兵以义动，进战则克，退还则散；众散于前，敌乘于后，死亡无日，何得不悲？！"李渊这才醒悟，说："军队已经出发，怎么办？"李世民说："右军已经整装，还未出发；左军虽去，算下来走得并不远，请派我去追他们回来。"李渊笑道："我的成败都在于你，还多说什么，随你决定。"李世民于是与李建成分道夜追左军返回。

七月二十八日，太原的粮食也运到了。

【华杉讲透】

军事上最危险的行动是撤退，因为你一撤退，敌人必定跟踪追击。李渊的军队本来是说起义的，如李世民所言，是"兴大义，奋不顾身以求苍生"，所以士兵都叫"义士"，是革命军人。起兵出战，一仗都没打，看见敌人，就害怕缩回去了，那"义士们"的"义气"就泄了，对李渊也没信心了。撤退的路上，有的人就要开小差回家了，这就是李世民说的"退还则散"，这部队根本带不回太原。这时候，敌人追击，兵法上叫"击其惰归"，你要跑，敌军士气就旺盛，因为人人都看到你怕他，他以锐击惰，就是一路砍瓜切菜。你带领残兵撤回去固守太原，那也不是为起义，是当反贼了，这就是李世民说回去做贼的意思。所以，即便第一仗打败了，都比不打就撤要强！绝对不能不打！更何况"进战则克"，打得赢，不是打不赢，这就是李世民看清而李渊没有看清的形势。这不仅是军事问题，更是政治问题。

这个案例，军事上还有一个地势问题，不是地形，是地势，战地的形势，就是《孙子兵法》九地篇中涉及的"重地"和"散地"。李渊的军队在前线，"入人之地深，背城邑多者，为重地"，所谓"深入重地"，士卒没有退路，战斗意志坚定，抱团死战。粮食缺乏怎么办呢？《孙子兵法》也讲了："重地则掠。"抢掠，这是七月份，李世民说，遍地都是庄稼，缺什么粮？抢就是了，就是这个意思。如果撤回去，回到士兵们的家乡，就是"散地"。《孙子兵法》说："诸侯自战其地者，为散地。"本土作战，就是散地。散地怎么办？《孙子兵法》说："散地则无战。"在散地，不能野战，只能固守城池。为什么呢？曹操说："士卒恋土，道近易散。"就在自己家附近，管不好就溜回家了，军心容易散，士卒容易溃散。李筌说："卒恃土，怀妻子，急则散，是为散地也。"他想家呀，又很容易跑回家，就容易散。李世民说"退还则散"，就是散地的散。这样的战争，不是保家卫国，是英雄要夺天下，对于士兵们来说，跟谁都行，都是求功名，取富贵，所以，本土作战是劣势，不是优势。

为什么要读书呢？你要处理的事情，书上都有，如果没有，那是你书读少了，或者没读懂。李世民是兵法家，书都读透了，知行合一，他后来留下一本《唐太宗李卫公问对》，是他和李靖关于军事问题的问答，是《武经七书》之一。其他人，包括李渊和李建成，跟他都不在一个水平。

李世民号哭，因为他看见了胜败结局。李渊醒悟，说："我的成败都在你，随你决定。"这是他第二次说这个话了，这就进一步奠定了李世民的主心骨地位。李唐革命，李世民是主心骨，李渊是开国君主，李建成是太子，这三主并立，离玄武门也就又近了一步。

7 武威鹰扬府司马李轨，家中富有，喜好行侠仗义。薛举作乱于金城，李轨与同郡人曹珍、关谨、梁硕、李赟、安修仁等谋议说："薛举必来侵暴，郡官平庸胆怯，势不能抵御，我辈岂可束手与妻子儿女一起为人所俘虏？不若一起并力拒战，保据河右以待天下之变。"众人皆以为然，要推举一人为盟主，又各自相让，谁也不敢当。曹珍说："久闻图谶李氏当王；如今李轨在我们这里，就是天命。"于是大家一起叩拜李轨，奉以为主。

七月八日，李轨令安修仁集结各匈奴部落，李轨集结民间豪杰，一起起兵，逮捕虎贲郎将谢统师、郡丞韦士政。李轨自称河西大凉王，设置官属，仿照开皇杨坚前例。关谨等想要杀尽隋官，分其家产，李轨说："各位既逼我为主，当禀我号令。如今兴义兵以救生民，却杀人取货,这是群盗做派,能成什么事?"于是任命谢统师为太仆卿,韦士政为太府卿。西突厥阙达度设占据会宁川,自称阙可汗,请降于李轨。

薛举自称秦帝,立儿子薛仁果为太子

8 薛举自称秦帝,立其妻鞠氏为皇后,儿子薛仁果为皇太子。派薛仁果将兵包围天水,攻克,薛举从金城迁都天水。薛仁果多力,善骑射,军中号称万人敌,但是性格贪婪而好杀,曾经俘获庾信的儿子庾立,怒其不降,把他放到火上,一边烤一边割肉下来给军士们吃。攻克天水之后,召集全部富人,倒悬起来,以醋灌鼻,责令他们交出金宝。薛举总是告诫他说:"你的才略足以办事,但是苛虐无恩,终当颠覆我的国家。"

薛举派晋王薛仁越率军南下剑口,到了河池郡;太守萧瑀拒战,将他击退。薛举又派部将常仲兴渡过黄河,攻击李轨,与李轨部将李赟战于昌松,常仲兴全军覆没。李轨想要把投降的官兵全部释放,李赟说:"我们奋力作战,才俘虏了他们,再放他们回到敌营,那我们岂不是白白流血牺牲了!不如全部活埋。"李轨说:"上天如果把福祚给我,当生擒其主,这些人终将为我所有;如果大事不成,杀他们也没有什么好处!"于是全部释放。不久,李轨攻张掖、敦煌、西平、枹罕,全部攻克,尽有河西五郡之地。

【华杉讲透】

不动心,才能守住初心

李轨开始时态度很端正,知道天下不可力夺,也不可智取,唯在天命所归,不可志在必得,只是关注自己的修为,不要做坏事。但是,后来取得了一些地盘,就起了贪心和侥幸,早早称帝。在形势已经明朗的情况下,天子肯定轮不到他了,他又舍不得取消自己的帝号,最终送了性命。

为什么我们懂得很多道理,却依然过不好一生?因为我们没有学会一个本事——不动心。面对利益,面对诱惑,不动心,这是大本事。面对忧患,面对苦难,面对恐惧,不动心,这是更大的本事。

不动心,才能守住初心,初心不动。李轨的初心并没有认为自己一定要当皇帝,只是保境安民,以待天下之变。但是他没守住,要当老大,就掉了脑袋。就像我们现代的很多企业家,创业的初心,本来是要做一个富人;成功了,做了富人了,又想赚更多钱,做最大的事业,做行业老大,就"爆雷"了。

天大的志向都是可以的,但是要加一条——绝不志在必得,无可无不可,随时可以放下。

9 隋炀帝下诏,命左御卫大将军、涿郡留守薛世雄率燕地精兵三万人讨伐李密,命王世充等诸将都受薛世雄节度,大军所过之处,盗贼随便诛剪。薛世雄行军至河间,驻扎在七里井,窦建德士众惶惧,放弃所有城池,向南逃遁,声言还回豆子䴚。薛世雄以为他们畏惧自己,不再防备,窦建德密谋还师袭击。此时窦建德营地离薛世雄营地一百四十里,窦建德率敢死士二百八十人先行,令余众陆续出发,窦建德与其士众约定说:"如果抵达时还是夜里,则突击其营;如果已经天明,就投降。"当挺进到离薛世雄大营还有一里时,天色欲明,窦建德惶惑,商议投降;没想到突然起了大雾,人咫尺不能相辨,窦建德喜悦说:"天助我也!"于是突入其营攻击,薛世雄士卒大乱,都翻越栅栏逃走。薛世雄不能禁止,与左右数十骑逃归涿郡,羞惭忿恚,发病而死。窦建德于是包围河间。

【华杉讲透】

备者,出门如见敌

观史书多少败仗,有四个字高频出现——"不复设备"——就是不再设防备了，认为敌人怕我，已经跑了；认为敌人不会来，就没必要防备了。没有防备，也没有预案，敌人突然杀到，队伍指挥系统就瘫痪了。没了指挥，人多人少都跟羊群一样，任人宰割。

吴起论将道："备者，出门如见敌。"什么叫保持防备呢？就是只要一出家门，就像看见敌人一样，随时严阵以待。还可以加上一句："在家如被围。"在家里也跟外面有敌人包围一样。总之一分钟也不能放松，这是战争。

平时工作学习也是一样，时刻都不能松劲，你一放松自己，就落后了。

10 八月一日，阴雨终于停止。

八月二日，李渊命军中曝晒铠甲、武器和行装。

八月三日，天亮，李渊率军由东南山脚小道向霍邑行军。李渊担心宋老生不出战，李建成、李世民说："宋老生勇而无谋，以轻骑挑战，他没有不出战之理；如果他固守不出，我们就诬告他和我们有勾结。他担心为左右奏报皇帝，怎敢不出？"李渊说："你们的研判正确，宋老生不能趁我们在贾胡堡时逆击，我就知道他成不了事！"

李渊与数百骑兵先到霍邑城东数里，等待步兵会合，派李建成、李世民率数十骑至城下，举鞭指麾，做出一副将要围城的样子，并且诟骂。宋老生怒，引兵三万自东门、南门分道而出，李渊派殷开山去催促后军。后军抵达，李渊想要让军士们先吃饭再作战，李世民说："机不可失。"李渊于是与李建成列阵于城东，李世民列阵于城南。李渊、李建成接战，稍稍退却，李世民与军头、临淄人段志玄自南原引兵飞驰而下，冲击宋老生阵地，攻击他的身后，李世民手杀数十人，两把刀刀刃都砍缺了，流血满袖，甩干再战。李渊兵再次振作起来，大声传呼说："已经抓获宋老生了！"宋老生兵大败，李渊兵先冲向城门，城门关闭，宋老生下马，跳下壕沟，刘弘基上前，将他斩首，战场上死尸绵延数里。此时天色已暮，李渊即命登城，当时并无攻城装备，将士们肉搏而登，攻克城池。

李渊赏霍邑之功，军中文吏认为，以奴隶身份应募从军的，不能与良民相同，李渊说："箭雨飞石，并不管谁贵谁贱；论功之际，为什么又有差别呢，应该一视同仁。"

八月四日，李渊引见霍邑吏民，慰劳赏赐，都和在西河时一样，选其壮丁，让他们从军；关中军士想要回乡的，都授给五品散宫，遣返。有人进谏说，封官太滥，李渊说："隋氏吝惜勋赏，所以失了人心，为什么要仿效他？况且用官职收买人心，不比用刀枪强吗？"

八月八日，李渊进入临汾郡，慰抚如同霍邑。

八月十二日，李渊住宿在鼓山。绛郡通守陈叔达拒守；八月十三日，进攻，攻克。陈叔达，是陈高宗之子，有才学，李渊礼遇而任用他。

八月十五日，李渊抵达龙门，刘文静、康鞘利率突厥兵五百人、马二千匹抵达。李渊喜悦他来得迟缓，对刘文静说："我西行到黄河，突厥兵才到，兵少马多，都是你深刻理解，彻底执行使命的功劳。"

汾阳人薛大鼎对李渊说："请不要攻打河东，从龙门直接渡过黄河，占据永丰仓，传檄远近，关中可坐而取之。"李渊将要听从。但诸将请先攻河东，于是任命薛大鼎为大将军府察非掾（察非，就是纠察）。

河东县户曹任瑰建议李渊说："关中豪杰都踮着脚等待义兵。我在冯翊多年，知道当地豪杰，请派我前往晓谕他们，必定从风而靡。义师从梁山渡过黄河，直指韩城，进逼郃阳。郃阳守将萧造，只是一个文吏，必定望尘请服。贼帅孙华之徒，也当远迎，然后鼓行而进，直据永丰。虽然未得长安，关中已经平定了。"李渊喜悦，任命任瑰为银青光禄大夫。

当时关中群盗，孙华最强。

八月十八日，李渊抵达汾阴，写书信招孙华。

八月二十一日，李渊进军到壶口，河滨之民献上舟船的，每天都数以百计，李渊于是设置水军。

八月二十四日，孙华自郃阳轻骑渡河见李渊。李渊握着他的手，请他入座，慰劳嘉奖他，任命孙华为左光禄大夫、武乡县公，兼领冯翊太守，他的部下有功的，委托孙华依次授给官职，赏赐非常丰厚。命他先渡河返回；接着派遣左右统军王长谐、刘弘基及左领军长史陈演寿、金紫光禄大夫史大奈率步骑兵六千自梁山渡河，驻营于河西以待大军。任命任瑰为招慰大使，任瑰游说韩城，韩城投降。李渊对王长谐等说："屈突通精兵不少，离我们五十余里，不敢来战，足以证明他的部众不愿为他所用。但是屈突通畏罪，不敢不出战。如果他西渡黄河攻击你们，则我进攻河东，河东城必定守不住；如果他不出战，全军守城，则你们截断黄河大桥：前扼其喉，后拊其背，他再不走，必定为我所擒。"

11 跟从隋炀帝在江都的骁果战士大多逃去，皇帝担忧，以问裴矩，回答说："人之常情，没有配偶，难以久处，请允许军士在此娶妻。"皇帝听从。九月，召集江都境内全部寡妇、处女集合在皇宫前，让将士们随意选取；或者先有奸情的，让他们自首，然后准予成亲。

【华杉讲透】

每一次应变，其实都是在制造新的事变

裴矩此计，就叫"随机应变"，随机应变救谁呢？救他自己，继续把他糊弄杨广的骗局糊弄下去。骁果是御林军，御林军逃亡，这是涉及国家倾覆的大问题，他不探讨真问题，用女人来搪塞。杨广呢？他那么没脑子吗？他也是抓得一招算一招，糊弄一天算一天，能糊弄自己也行！

随机应变是一个很糟糕的词，事情应该有战略，有计划，一切尽在我掌握。随机应变，就是被动状态，还自作聪明，沾沾自喜，你能应多少变呢？你的每一次应变，都在制造新的事变。

12 武阳郡丞元宝藏献出本郡，投降李密。九月六日，李密任命元宝藏为上柱国、武阳公。元宝藏派他的宾客、巨鹿人魏徵写信向李密道

谢，并且请求改武阳为魏州；又请率所部西取魏郡，南会诸将，以攻取黎阳仓。李密大喜，即刻任元宝藏为魏州总管，召魏徵为元帅府文学参军，掌记室。魏徵少年丧父，家境贫穷，好读书，有大志，散漫不羁，不事生产。最初当道士，元宝藏召他掌典书记。李密喜爱他的文辞，所以召他到总部。

当初，贵乡县长、弘农人魏德深，为政清静，不严而治。隋炀帝发动辽东战争时，千方百计各种征税，使者交替不断，责成郡县，民不堪命，唯独贵乡县一点也没有骚动，大家互通有无，并没有被榨干，朝廷所要求的，都供应上了。元宝藏受诏捕贼，数次征调军械，动不动就以军法从事。其邻县营造，都聚集在听事厅，官吏互相督责，昼夜喧嚣，还是不能完成。而魏德深允许工匠们自己随意选择工场，官府寂然无声，好像没事一样，唯独告诫负责的官吏，不要做得比其他县更好，使百姓劳苦。但是，百姓各自竭心尽力，还是做到各县之中最好的，县民敬爱他，就如同父母。元宝藏非常嫉妒他的才能，派他率一千兵前往东都。所领的士兵听闻元宝藏投降李密，思念家乡的亲戚，常出东都门，东向恸哭而返；有人劝他们也投降李密，都哭泣说："我与魏明府同来，何忍弃他而去？"

河南、山东大水，饿殍满野，隋炀帝下诏，开黎阳仓赈济，官吏不能及时发放，饿死者每天都有数万人。徐世勣对李密说："天下大乱，本为饥馑。今天如果夺取黎阳仓，大事就成了。"李密派徐世勣率麾下五千人从原武渡过黄河，会同元宝藏、郝孝德、李文相及洹水贼帅张升、清河贼帅赵君德共同袭破黎阳仓，占据之后，开仓放粮，让灾民随意取食，十天之间，得到能胜任作战的士兵二十余万。武安、永安、义阳、弋阳、齐郡相继投降李密。窦建德、朱粲之徒也遣使归附李密，李密任命朱粲为扬州总管、邓公。

泰山道士徐洪客献书于李密，认为："大众久聚，恐怕米尽人散，师老厌战，难可成功。"劝李密"乘进取之机，因士马之锐，沿流东指，直向江都，执取独夫，号令天下"。李密壮其言，写信招他，徐洪客竟不出来，没人知道他去了哪里。

【华杉讲透】

李密大才,但是他做事情就是总"差一截"。而这夺天下的事,你一点都不能差,必须滴水不漏,必须考满分,还要能做附加题。李渊父子就做到了滴水不漏,步步精准,连请突厥为外援,来多少,什么时候来,都算计安排得恰到好处。

李密一度取得了巨大的地盘,俨然有开国之势。但是,他得以成功,不过是因为还没碰到真正的敌手,还没遭遇真正的考验,遇到的都是比他差的人罢了。一旦有真人出现,他就现了自己的半吊子原形。

才华横溢没有用,因为你有遗漏,就会败在你漏掉的地方。要想成功,必须深谋远虑,滴水不漏。

13 九月七日,张纶(李渊任命的通议大夫)攻打龙泉、文成等郡,全部攻下,俘虏文成太守郑元璹。郑元璹,是郑译之子。

14 屈突通派虎牙郎将桑显和率骁果数千人夜袭王长谐等营,王长谐等作战不利,孙华、史大奈以游骑兵从后攻击桑显和,大破之。桑显和脱走入城,于是摧毁黄河桥梁。

九月八日,冯翊太守萧造投降李渊。萧造,是萧修之子(萧修即萧循,公元552年投降西魏)。

九月十日,李渊率诸军包围河东,屈突通婴城自守。

将佐们再次推举李渊兼领太尉,增置官属,李渊听从。当时河东郡还未攻下,三辅豪杰前来投奔的每天都数以千计。李渊想要引兵西征长安,犹豫未决。裴寂说:"屈突通拥大众,凭坚城,我军舍之而去,如果进攻长安不克,退为河东所击,腹背受敌,这是危道。不如先攻克河东,然后西上。长安仗恃屈突通为援,屈突通败,长安必破。"李世民说:"不对!兵贵神速,我军以累胜之威,抚归附之众,鼓行而西,长安之人望风震骇,智不及谋,勇不及断,取之若振枯叶而已。如果滞留自弊于坚城之下,让他们得以制定计谋,修整战备以待我,坐费日月,众心离沮,则大事去矣。况且关中蜂起之将,还未有所归属,不可不早招怀他们。屈突通自守之虏而已，不足为虑。"李渊两边都听从，留诸将包围河东，自己引军向西。

【华杉讲透】

这道题很简单，算个"送分题"，答案是必须攻打长安。《孙子兵法》说："上兵伐谋，其次伐交，其次伐兵，其下攻城。"伐谋、伐交、伐兵、攻城并不是单独的四个不同的行动，而是混合在一起的。攻打长安，就是伐谋与伐交。伐谋，是伐掉对方的计谋，如李世民所言，让对方"智不及谋，勇不及断"，来不及制订计谋和形成共识决策。伐交，是伐掉对方的统一战线，帮助两头观望的人做出加入我方的选择。敌人来不及形成决策共识，长安城内的士兵，有的人就会出城甚至开城投降；长安城外的豪杰，就不会协助守城，而是加入李渊阵营。相反，如果滞留在河东，拖延时日，以致战局不利，整个形势就恶化了。李世民说要尽早挺进长安，才能让关中蜂起之将有所归属，就是这个意思。

李渊两边都听，也是对的，留一部分部队牵制屈突通，避免他打我身后。

任何一个复杂的战局，都有其重心，军事上叫"战略重心"，把重心解决了，其他地方就迎刃而解。识别战略重心，找到决胜点，把主力甚至所有力量投入决胜点，是主帅的任务。

长安，就是战略重心，就是决胜点。

朝邑法曹、武功人靳孝谟，献出蒲津、中潬二城投降李渊，华阴县令李孝常献出永丰仓投降，以粮草物资接应河西诸军。李孝常，是李圆通之子。京兆地区诸县也多遣使请降。

15 王世充、韦霁、王辩及河内通守孟善谊、河阳郡尉独孤武都各率所部在东都会师，唯独王隆没有按期抵达。

九月十一日，越王杨侗派虎贲郎将刘长恭等率留守兵，庞玉等率偃师兵，与王世充等共十余万人，攻击李密于洛口，与李密夹洛水两岸对峙。

隋炀帝下诏,命诸军皆受王世充节度。

皇帝派摄江都郡丞冯慈明前往东都,被李密俘获,李密一向听闻他的大名,请他入座,慰劳咨询,礼数十分周到,对他说:"隋祚已尽,您能与我共立大功吗?"冯慈明说:"你家历事先朝,荣禄兼备。不能善守门阀,反而与杨玄感举兵,侥幸逃脱法网,得有今日,又再反咬一口,不知道你是怎么想的。王莽、董卓、王敦、桓玄并非不强盛,一朝夷灭,罪及祖宗。我死而后已,不敢闻命!"李密怒,将他囚禁。冯慈明说服看守他的人席务本,放他逃走。冯慈明奉表江都,并写信给东都,陈述贼军形势,到了雍丘,为李密部将李公逸所获,李密欣赏他的义气,释放他;走出到营门,翟让把他杀了。冯慈明,是冯子琮之子。

李密攻克洛口时,箕山府郎将张季珣固守不下,李密认为他将寡兵弱,派人劝他投降。张季珣极口辱骂李密,李密怒,派兵攻打,不能攻克。当时李密部众数十万在其城下,张季珣四面阻绝,孤立无援,所领不过数百人,而执志弥坚,誓以必死。时间长了,粮尽水竭,士卒羸病,张季珣抚慰将士,没有一个人离叛,自三月到本月,城池陷落。张季珣见李密,不肯下拜,说:"天子爪牙,岂能拜贼?!"李密还想招降他,威逼利诱,始终不屈,只好将他杀了。张季珣,是张祥之子。

16 九月十二日,李渊率诸军渡过黄河;九月十六日,抵达朝邑,住在长春宫,关中士民前来归附他的,如同赶集一样。

九月十八日,李渊派世子李建成、司马刘文静率王长谐等诸军数万人屯驻永丰仓,镇守潼关以防备东方兵,慰抚使窦轨等受其节度;敦煌公李世民率刘弘基等诸军数万人攻略渭北,慰抚使殷开山等受其节度。窦轨,是窦琮的哥哥。

冠氏县长于志宁、安养县尉颜师古及李世民妻子的兄弟长孙无忌谒见李渊于长春宫。颜师古名籀,以字行世。于志宁,是于宣敏哥哥的儿子;颜师古,是颜之推的孙子;都以文学知名,长孙无忌有才略。李渊都礼遇而任用他们,以于志宁为记室,颜师古为朝散大夫,长孙无忌为渭北行军典签。

屈突通听闻李渊西进，任命鹰扬郎将、汤阴人尧君素兼领河东通守，命他镇守蒲坂，自己引兵数万前往长安，被刘文静所阻遏。将军刘纲戍守潼关，屯驻都尉南城，屈突通想要前往依靠他，王长谐先举兵袭斩刘纲，据城以拒抗屈突通，屈突通退保北城。李渊派部将吕绍宗等攻打河东，不能攻克。

柴绍从长安奔赴太原时，对他的妻子李氏说："你父亲举兵，如今我们一起逃则逃不掉，留下来又要遭祸，怎么办？"李氏说："你只管快走，我一个妇人，容易藏匿，我自己想办法。"柴绍于是离开。李氏回到鄠县别墅，散家财，聚徒众。李渊的堂弟李神通在长安，逃入鄠县山中，与长安大侠史万宝等起兵响应李渊。西域胡商何潘仁进入司竹园为盗，有部众数万，劫持前尚书右丞李纲为长史，李氏派她的奴仆马三宝游说何潘仁，与他一起投奔李神通，合势攻打鄠县，攻下。李神通部众超过一万人，自称关中道行军总管，以前东城县长令狐德棻为记室。令狐德棻，是令狐熙之子。李氏又派马三宝游说群盗李仲文、向善志、丘师利等，都率众跟从。李仲文，是李密的堂叔；丘师利，是丘和的儿子。西京留守屡次派兵讨伐何潘仁等，都被击败。李氏攻打盩厔、武功、始平，全部攻下，部众发展到七万人。左亲卫段纶，是段文振之子，娶李渊的女儿为妻，也聚众于蓝田，得一万余人。等到李渊渡过黄河，李神通、李氏、段纶各遣使迎接李渊。李渊任命李神通为光禄大夫，李神通的儿子李道彦为朝请大夫，段纶为金紫光禄大夫；派柴绍率数百骑兵到南山迎接李氏。何潘仁、李仲文、向善志及关中群盗，都请降于李渊，李渊一一以书信慰劳授官，让他们各居其所，受敦煌公李世民节度。

刑部尚书兼领京兆内史卫文昇年老，听闻李渊兵向长安，忧惧成疾，不能履行职责，唯独左翊卫将军阴世师、京兆郡丞骨仪奉代王杨侑登城拒守。

九月二十一日，李渊抵达蒲津；二十二日，从临晋渡过渭河，到永丰仓劳军，开仓赈饥民。二十三日，回到长春宫；二十四日，进屯冯翊。

李世民所到之处，吏民及群盗归之如流。李世民收其豪俊以充实自己的僚属，驻营于泾阳，能胜任作战的士兵达到九万人。李氏将精兵一万余人与李世民在渭北会师，与丈夫柴绍各置幕府，号称"娘子军"。

之前，平凉奴贼数万包围扶风太守窦璡，数月不能攻下，贼军粮食吃尽。丘师利派他的弟弟丘行恭率五百人背着粮食酒肉到奴贼大营，奴帅长揖，丘行恭挥刀将他斩首，对他的部众说："你们都是良人，为什么事奉一个奴隶为主，让天下称你们为奴贼？！"众人都俯伏在地，说："愿改而事奉您。"丘行恭即刻率其众与丘师利会合，一起谒见李世民于渭北，李世民任命他们为光禄大夫。

窦璡，是窦琮的侄子。

隰城尉房玄龄谒见李世民于军门，李世民与他一见如故，任命为记室参军，引为军师。房玄龄也自认为遇到了知己，竭心尽力，知无不为。

李渊命刘弘基、殷开山分兵向西攻略扶风，有部众六万，南渡渭水，屯驻在长安故城。城中出战，刘弘基逆击，击破。

李世民引兵前往司竹，李仲文、何潘仁、向善志都率众跟从，屯驻于阿城，有能胜任作战的士兵十三万，军令严整，秋毫不犯。

九月二十七日，李世民自盩厔遣使报告李渊，请确定攻打长安的日期。李渊说："屈突通已经向东而行，不能向西，不足为忧了！"于是命李建成选永丰仓守卫精兵从新丰奔赴长乐宫，李世民率新附诸军北屯长安故城，抵达之后，再等待下一个命令。

延安、上郡、雕阴都请降于李渊。

九月二十八日，李渊引军西行，所过离宫园苑全部撤销，放出宫女，各回各家。

冬，十月四日，李渊抵达长安，驻营于春明门之西北，诸军全部抵达，合共二十余万人。李渊命各依壁垒，不得入村落侵暴。屡次遣使到城下，晓谕卫文昇等以尊奉隋朝之意，卫文昇不搭理，不回复。

十月十四日，李渊命诸军进兵围城。

十月十七日，李渊把总部迁到安兴坊。

萧铣自称梁王，改年号为鸣凤

17 巴陵校尉、鄱阳人董景珍、雷世猛、旅帅郑文秀、许玄彻、万瓒、徐德基、郭华、沔阳人张绣等密谋占据本郡，反叛隋朝，推举董景珍为盟主。董景珍说："我一向贫贱，不为众人所服。罗川县令萧铣，是梁室之后，宽仁大度，请奉之以从众望。"于是遣使报告萧铣。萧铣喜悦听从，声言讨贼，招募得数千人。萧铣，是萧岩的孙子。

正巧颖川贼帅沈柳生入寇罗川，萧铣与他交战不利，于是对部众说："如今天下皆叛，隋政不行，巴陵豪杰起兵，想要奉我为主。如果听从他们的请求，号令江南，可以中兴梁祚，以此召沈柳生，他也当听从我了。"众人都喜悦，听命，于是萧铣自称梁公，改隋朝服色旗帜都如同南梁旧时。沈柳生即刻率众归附他，萧铣任命沈柳生为车骑大将军。起兵五日，远近归附者发展到数万人，于是率众向巴陵挺进。董景珍派徐德基率郡中豪杰数百人出迎，还没见到萧铣，沈柳生与他的党羽们谋议说："我先奉梁公，勋居第一。如今巴陵诸将，都位高兵多，我若入城，反而居于他们之下。不如杀了徐德基，把其他人抓做人质，我独自挟持梁公进取郡城，就没有比我地位高的了。"于是杀了徐德基。进去报告萧铣，萧铣大惊说："如今我们要拨乱反正，忽然自相残杀，我不能做你们的主公了。"于是步出军门。沈柳生大惧，伏地请罪，萧铣责备而赦免他，陈兵入城。董景珍对萧铣说："徐德基是建义功臣，而沈柳生无故擅杀，如果这都不诛杀，何以为政？况且沈柳生为盗日久，如今虽然从义，凶悖不移，共处一城，势必为变。错过今天的机会不杀他，后悔无及！"萧铣又听从。董景珍逮捕沈柳生，斩首，他的徒众都溃散而去。

十月十九日，萧铣筑坛，焚烧柴火，祭告上天，自称梁王，改年号为鸣凤。

18 十月二十五日，王世充夜渡洛水，驻营于黑石。第二天，分兵守营，自己将精兵列阵于洛北。李密听闻，引兵渡洛水逆战，李密兵大败，柴孝和溺死。李密率麾下精骑南渡洛水，余众向东撤退到月城，王世充追击包围。李密自洛南策马直扑黑石，黑石营中恐惧，连举六道烽火向王世充告急，王世充解除月城包围，狼狈回师自救；李密迎击，大破王世充军，斩首三千余级。

【华杉讲透】

兵法不是战胜之法，而是不败之法

这一段文字很少，但是兵法标准套路很多，可以讲一讲：

第一步，王世充分兵守营，然后自将主力出战，这是我们之前讲过的分战法，以正合，以奇胜；正兵出战，奇兵——预备队——守营。如果没人守营，大营就被人夺了，像井陉之战的陈余一样。

第二步，王世充在洛水北岸列阵，李密渡河迎战，大败，柴孝和淹死。这一仗，李密犯的错误有点低级。按《孙子兵法·地形篇》，两军隔河对峙，这种地形叫作支形："我出而不利，彼出而不利，曰支。"

支形是什么意思呢？谁先出动，就对谁不利。两军隔河对峙，谁先渡河，就对谁不利。因为你一渡河，兵法上五个大字写得很清楚："兵半渡可击！"你渡了一半的时候就可以攻击你，就把你按在水里淹死了。两军如果隔着山谷对峙，也是支形，因为谁先出动，就要先下到谷底去，再往上仰攻，就进入不利地形了。

那么，李密应该怎么办呢？《孙子兵法》上也写得很清楚："支形者，敌虽利我，我无出也，引而去之，令敌半出而击之利。"就算敌人引诱我，我也不上当，男子汉大丈夫，说不出战就不出战！我"引而去之"——转身就走，等你来撵我，引诱你渡河，而且我埋伏了斥候在河边监视你，你一渡河，我马上转过头来执行"兵半渡可击"的套路，淹死在河里的，就不是柴孝河，而是王世充了。

那么，王世充不上钩怎么办呢？不上钩就算了。敌人不上我的钩，总比我上敌人的钩强。兵法首先不是战法，而是不战之法；不是战胜之法，而是不败之法；不是战而胜之法，而是先胜后战之法。王世充来了又怎么样，非得马上跟他交战吗？而且他在河岸列阵，摆明了就是以逸待劳等李密渡河，李密居然上这个钩，实在难以理解。

第三步，王世充包围月城，李密攻打黑石，这算是符合兵法了。《孙子兵法·虚实篇》："善战者，致人而不致于人。"善战者不到敌人那儿去，能让敌人到我这儿来。他摆的战场我不去，我摆好战场让他来送死。怎么做到让他听我的话，我让他到哪儿来，他就到哪儿来呢？《孙子兵法》说得很清楚："攻其所必救。"攻打他必须要救、非救不可的地方，就是王世充的老巢大营——黑石，所以黑石连举六道烽火，王世充"狼狈自救"。他急匆匆往回赶路，李密自然可以在他回来的路上选择战场，列好阵地，埋伏精兵，重演"围魏救赵，围点打援"的经典套路。

要读书，把书读懂，完完全全按书上说的去做，书是"人类总智慧"的精华，不要认为不能全信，全信可能有错，但是犯错的概率一定比相信自己的判断小很多。相信自己的判断，属于"任其私智，一厢情愿，侥幸心理"，切记！

李渊攻克长安

19 十月二十七日，李渊命诸军攻城，下令"不得侵犯七庙及代王、宗室，违者夷三族"！孙华中流箭阵亡。

十一月九日，军头雷永吉率先登上城墙，于是攻克长安。代王在东宫，左右奔散，唯有侍读姚思廉侍奉在侧。军士将登殿，姚思廉厉声呵斥说："唐公举义兵，匡帝室，你等不得无礼！"众人皆愕然，布立于庭下。李渊迎代王于东宫，迁居大兴殿后，让姚思廉扶代王到顺阳阁下，泣拜而去。姚思廉，是姚察之子。李渊回来，住在长乐宫，与民约法十二条，废除隋朝全部严苛法令。

李渊起兵时，西京留守官发掘他的祖坟，拆毁李家五庙。至此，卫文昇已经去世，十一月十一日，李渊逮捕阴世师、骨仪等，数落他们贪婪苛酷，并且抗拒义师的罪状，一起斩首，处死了十几人，其余都不追究。

马邑郡丞、三原人李靖，一向与李渊有矛盾，李渊入城，将要斩他。李靖大呼说："公兴义兵，是要平定暴乱，却以私怨杀壮士吗？！"李世民为他坚持请求，于是释放他。李世民于是召他到自己幕府。李靖少年时就有志气，有文武才略，他的舅舅韩擒虎总是抚着他的背说："可以与我交谈将帅之略的，只有这个孩子吧！"

20 王世充自洛北战败之后，坚壁不出；越王杨侗遣使慰劳他，王世充惭愧加害怕，请战于李密。

十一月九日，王世充与李密夹石子河列阵，李密布阵南北十余里，翟让先与王世充交战，不利而退；王世充追逐，王伯当、裴仁基从旁横断其后，李密勒中军攻击，王世充大败，向西逃走。

【华杉讲透】

此处也可理解分战法"以正合，以奇胜"，先出为正，后出为奇，李密分兵，是一正两奇，翟让为正兵，王伯当、裴仁基为一支奇兵，李密的中军为第二支奇兵。王世充没有分兵，就一张牌，所以战败。从"事后诸葛亮"的角度来看，他得胜后不应该追击，他作战的初心，本来就不想打，是战败了越王还慰劳他，他既惭愧，又害怕被治罪，所以做做样子，战斗意志并不坚定。

李密酒宴上杀死翟让，收服其部下

翟让的司马王儒信劝翟让自己当大冢宰，总统众务，以夺李密之权，翟让不听。翟让的哥哥、柱国、荥阳公翟弘，是个粗鲁愚蠢的人，对翟让说:"天子你应该自己当,怎么能让给别人?!你要是不当,我当!"翟让只是大笑,不以为意,李密听闻,心中感到厌恶。

总管崔世枢最初在鄢陵起事,归附李密,翟让把他囚禁在自己私府,勒索钱财,崔世枢千方百计筹集,也没达到翟让的要求,于是要对他上刑。翟让召元帅府记室邢义期来赌博,拖延未到,杖打他八十棍。翟让对左长史房彦藻说:"你之前击破汝南,大得宝货,只送给魏公(李密),一点也没给我!魏公是我拥立的,以后的事还未可知。"房彦藻惧怕,于是与左司马郑颋一起对李密说:"翟让贪婪刚愎,不仁不义,有无君之心,应该早做打算。"李密说:"如今安危未定,就互相诛杀,让远方的人怎么看?"郑颋说:"毒蛇蜇手,壮士解腕,是因为所保全的是大局。如果让他先得志,悔之不及。"李密于是听从,摆设酒宴召翟让。

十一月十一日,翟让与哥哥翟弘及侄儿、司徒府长史翟摩侯一起去见李密,李密与翟让、翟弘、裴仁基、郝孝德共坐,单雄信等站立侍奉,房彦藻、郑颋往来张罗。李密说:"今日与达官共饮,不须多人,左右只留数人使唤而已。"李密左右都离去,翟让左右还在。房彦藻报告李密说:"今天大家一起欢乐,天气寒冷,司徒左右,请给酒食。"李密说:"听司徒的。"翟让回应说:"很好。"于是房彦藻带翟让左右全部出去,唯独李密手下壮士蔡建德持刀立侍。还没开始上菜,李密拿出良弓,与翟让练习射箭,翟让刚把弓拉满,蔡建德从他身后砍下,翟让栽倒在床前,声若牛吼,连同翟弘、翟摩侯、王儒信全部被杀。徐世勣走出,守门卫士砍伤他的脖颈,王伯当远远地呵斥制止。单雄信叩头请求饶命,李密释放了他。左右惊扰,不知所为,李密大声说:"与君等同起义兵,本为铲除暴乱。司徒专行贪虐,凌辱群僚,不分上下;今天所诛杀的只有他一家,与诸君无关。"命扶徐世勣于幕下,亲自为他敷药。翟让麾下准备散去,李密派单雄信前往宣慰,李密寻即独骑入其营,一一抚谕,令徐世勣、单雄信、王伯当分领其众,内外于是安定。

翟让残忍,翟摩侯猜忌,王儒信贪纵,所以他们被杀之日,所部没有为他们感到哀伤的;但是,李密的将佐开始有自疑之心了。开始的时候，王世充知道翟让与李密时间长了必定不能和睦，希望他们能火并，自己能收渔翁之利。等到听闻翟让身死，大失所望，叹息说："李密天资聪明，明决果断，将来成龙还是为蛇，不可预测！"

【华杉讲透】

翟弘和王儒信的表现，非常典型，我们身边总有一些亲人，一些朋友，一些"对我们好"的人，他们总是为我们的利益着想，觉得我们吃亏了，要给我们出主意，要为我们打抱不平。这些人，就是给我们闯祸的人。当他们指出我们"吃的亏"的时候，他们是没有头脑的，也是不负责任的，甚至只是为了向我们显示他们对我们好而已。在对手方，于翟让而言就是李密，周围也有这样的人，更何况翟让得罪了一些人，这些人会添油加醋，煽风点火。所以，翟让和李密要能相互信任团结，那是千难万难！

怎么办呢？这中间有什么教训呢？代入自己，如果我是翟让，或者我是李密，我怎么处理呢？

对于翟让而言，他没有听哥哥的，只是大笑，不以为意。但是，他只考虑了自己，没有考虑李密的心思。他既然让位于李密，就要彻底调整自己的位置，不能认为那位置是我让给李密的，我跟他关系不一样，我跟一般人也不一样；而是彻底摆正到臣子的身份，保持戒慎恐惧，这样对自己，对李密，对"国家"都好。

对于李密而言，要有孟子所言"行一不义，杀一无辜而得天下，皆不为也"的胸怀，不能只管保自己的绝对安全。翟让无罪，就不能杀他。杀翟让，是李密事业的转折点，从此将帅离心，人人自危，瓦岗军人心就散了。

人永远没有绝对安全，保证自己绝对安全是错误的。杀了翟氏兄弟全家，当然绝对不会死在翟家手里了，但是还会死在别的地方。

君子不怨天，不尤人，修身以俟命，求仁得仁，无怨无悔，才是态度端正。

李渊迎代王杨侑即皇位，尊杨广为太上皇

21 十一月十五日，李渊备法驾迎代王杨侑即皇帝位于天兴殿，杨侑时年十三岁，大赦，改年号为义宁，遥尊隋炀帝为太上皇。

十一月十七日，李渊自长乐宫入长安。杨侑任命李渊为假黄钺、使持节、大都督内外诸军事、尚书令、大丞相，进封唐王。以武德殿为丞相府，改教称令，每天到虔化门办公。

十一月十八日，榆林、灵武、平凉、安定诸郡都遣使请命。

十一月十九日，杨侑下诏，军国机务，事无大小，文武设官，位无贵贱，宪章赏罚，全部归相府决策；唯有郊祀天地，四时禘祭、祫祭需要奏闻皇帝。设置丞相府官属，以裴寂为长史，刘文静为司马。何潘仁派李纲入见，李渊留下他，以专掌官员选拔事务。又以前考功郎中窦威为司录参军，让他制定礼仪。窦威，是窦炽之子。李渊倾尽府库以赏赐立下功勋的人，国用不足，右光禄大夫刘世龙献策，认为："如今义师数万人，都在京师，木柴草料贵而布帛贱；请伐六街及皇家林苑中树为木柴，以交易布帛，可得数十万匹。"李渊听从。

十一月二十二日，任命李建成为唐国世子，李世民为京兆尹、秦公，李元吉为齐公。

22 河南诸郡全部归附李密，唯独荥阳太守、郇王杨庆，梁郡太守杨汪尚为隋朝守城。李密以书信招杨庆，为他陈说利害关系，并且说："王之先世，本住山东，本姓郭氏，并非杨族。芝草被焚，蕙草固然也会叹息，但两者的事情，完全不一样。"当初，杨庆的祖父杨元孙早孤，跟随母亲郭氏在舅舅家长大。等到武元帝杨忠跟从周文帝宇文泰起兵关中，杨元孙在邺城，害怕被高氏所诛，冒姓郭氏，所以李密才这么说。杨庆收到书信，惶恐，即刻献出本郡，投降李密，恢复郭姓。

23 十二月七日，追谥唐王李渊的祖父襄公李虎为景王；父亲仁公李昞为元王，夫人窦氏为穆妃。

24 薛举派儿子薛仁果入寇扶风,唐弼据守汧源抵抗。薛举遣使招唐弼投降,唐弼于是杀李弘芝,请降于薛举,薛仁果乘其无备,袭破他,兼并了他的全部部众。唐弼以数百骑逃走,到扶风郡请降,扶风太守窦璡杀了他。

薛举势力大张,部众号称三十万,谋取长安;听闻丞相李渊已定长安,于是包围扶风。李渊派李世民将兵出击。又派姜謩、窦轨一起从散关出发,安抚陇山以西地区;左光禄大夫李孝恭招慰秦岭以南地区;府户曹张道源招慰崤山以东地区。李孝恭,是李渊的堂兄的儿子。

十二月十七日,李世民击薛仁果于扶风,大破之,追奔至垅坻而还。薛举大惧,问其群臣说:"自古有天子投降的事吗?"黄门侍郎、钱唐人褚亮说:"赵佗归汉,刘禅仕晋,近世萧琮,至今仍然尊贵。转祸为福,自古也有这样的事。"卫尉卿郝瑗急步上前,说:"陛下不该问这样的问题!褚亮的话又何其荒悖!当年汉高祖刘邦屡经奔败,蜀汉先主刘备几乎妻子儿女都保不住,但最终都成就大业;陛下奈何以一战不利,就做亡国打算呢?"薛举也后悔,说:"我只是试探一下你们罢了。"于是厚赏郝瑗,以他为军师。

25 十二月十九日,平凉留守张隆;十二月二十一日,河池太守萧瑀及扶风郡、汉阳郡相继来降。任命窦璡为工部尚书、燕国公,萧瑀为礼部尚书、宋国公。

26 姜謩、窦轨进军到长道,为薛举所败,撤回。

李渊派通议大夫、醴泉人刘世让安集唐弼余党,与薛举相遇,战败,为薛举所俘虏。

27 李孝恭击破朱粲,诸将请杀光俘虏,李孝恭说:"不可,如果这样,以后谁还肯投降?"全部释放。于是自金川出巴、蜀,檄书所至,降附者三十余州。

28 屈突通与刘文静相持一个多月,屈突通再次派桑显和夜袭刘文静大营,刘文静与左光禄大夫段志玄全力苦战,桑显和败走,俘虏了他的全部部众,屈突通越发困窘。有人劝说屈突通投降,屈突通哭泣说:"我历事两主(杨坚、杨广),对我的恩情照顾都非常优厚。食人之禄而不顾其难,我不做这样的事!"每每抚摩着自己的脖颈说:"要当为国家受一刀!"劳勉将士,未尝不流涕,士兵们也因此十分感动。丞相李渊派他的家童去招降他,屈突通立即将家童斩首。等到听闻长安失守,家属全部被李渊俘虏,屈突通就留桑显和镇守潼关,引兵东出,准备前往洛阳。屈突通刚走,桑显和即刻献出潼关投降刘文静。刘文静派窦琮等将轻骑与桑显和追击,在稠桑追上屈突通。屈突通结阵自固,窦琮派屈突通的儿子屈突寿前往晓谕。屈突通骂道:"此贼来做什么?!我与你从前是父子,今天是仇人!"命左右射击。桑显和对屈突通部众说:"如今京城已经陷落,你们都是关中人,要去哪里呢?"众人都放下武器投降。屈突通知道穷途末路了,下马,朝向东南方再拜号哭说:"臣力屈至此,不是我敢辜负国家,天地神祇都知道!"军人逮捕屈突通送到长安,李渊任命他为兵部尚书,赐爵蒋公,兼秦公元帅府长史。

李渊派屈突通到河东城下招谕尧君素,尧君素见了屈突通,嘘唏不能自胜,屈突通也泣下沾襟,对尧君素说:"我军已败,义旗所指,无不响应,事势如此,卿当早降。"尧君素说:"公为国大臣,主上委公以关中,代王付公以社稷,奈何辜负国家,活着投降,还为人来做说客呢?公所乘的马,即是代王所赐,公有何面目乘坐呢?"屈突通说:"吁!君素,我是力竭而来。"尧君素说:"现在我还没有力竭,何必多言?!"屈突通羞惭而退。

【华杉讲透】

为一姓之忠臣,屈突通做得可以了。天下人都想推翻杨广的暴政,屈突通和尧君素,到底是谁在辜负国家呢?这时候不叫投降,叫起义。所谓"历事两主,恩顾甚厚",送了一匹马也不过是主仆私情,不是国家大义。尧君素执迷不悟,只是让更多的人为之殉葬而已。

29 东都米价涨到一斗三千钱,人饿死十分之二三。

【华杉讲透】

这就是所谓"字越少,事越大",还有字更少的,就三个字——人相食,根据历史规律,这种事也快出现了。这些都是史书上的高频词,也是人类苦难的宿命。因为我们的整体智慧还不够,所以每隔一些年,就要把社会搞砸一回。

30 十二月二十四日,王世充军士有逃亡投降李密的,李密问:"王世充在军中做什么?"军士说:"最近见他在招募士兵,又设宴犒劳将士,不知道原因。"李密对裴仁基说:"我们几乎要落入王世充这奴才的陷阱!你知道吗?我们很久没有出兵,王世充粮秣将尽,求战不得,所以募兵飨士,准备乘月末最后一天,在无月的黑夜袭击我粮仓城,要火速备战。"于是命平原公郝孝德、琅邪公王伯当、齐郡公孟让勒兵分别屯驻仓城之侧,严阵以待。当天晚上三更时分,王世充兵果然抵达,王伯当先与敌人遭遇,与战,不利。王世充兵即刻攀城而上,总管鲁儒将他们击退,王伯当再次收兵攻击,王世充大败,斩其骁将费青奴,士卒战死溺死者一千余人。王世充屡次与李密交战,不胜,越王杨侗遣使慰劳,王世充诉苦说兵少,数战之后,都已疲弊;杨侗再给他增兵七万人。

31 刘文静等引兵向东攻略土地,取弘农郡,于是平定新安以西。

32 十二月二十八日,李渊派云阳县令詹俊、武功县正(县正即县尉,掌治安捕盗之事)李仲衮南下攻略巴、蜀土地,全部占领。

33 十二月二十九日,方与变民首领张善安攻陷庐江郡,然后渡长江南下,归附已称楚帝的林士弘于豫章。林士弘猜疑他,把他安置在南塘。张善安愤恨,袭破林士弘,焚烧豫章城郭而去,林士弘迁居南康。已称梁王的萧铣派其部将苏胡儿袭击豫章,攻克,林士弘退保馀干。

卷第一百八十五　唐纪一

武德元年（618）一月至七月，不满1年

高祖神尧大圣光孝皇帝上之上

武德元年（公元618年）

1 春，正月一日，隋恭帝杨侑下诏，唐王李渊剑履上殿，赞拜不名。唐王既攻克长安，以书信晓谕诸郡县，于是东自商洛，南尽巴、蜀，郡县长吏及盗贼渠帅、氐羌酋长，争相派遣子弟入见请降，有司复书，每日都数以百计。

2 王世充既得东都兵，进击李密于洛北，取胜，于是屯驻巩北。

正月十五日，王世充命诸军各造浮桥渡洛水攻击李密，桥先造成的先前进，前后不一。虎贲郎将王辩攻破李密外栅，李密营中惊扰，就要崩溃；王世充不知道，鸣角收兵，李密于是率敢死队反击，王世充大败，争桥溺死者一万余人。王辩战死，王世充仅仅逃得一命，洛北诸军全部崩溃。王世充不敢回东都，向北前往河阳。这一夜，疾风寒雨，军士涉水沾湿，道路冻死者又数以万计。王世充独与数千人抵达河阳，把自己关进监狱请罪，越王杨侗遣使赦免他，召还东都，赐给金帛、美女，让他安心。王世充收合亡散者，得一万余人，屯驻在含嘉城，不敢再出来作战。

李密乘胜进据金墉城，整修城门、城墙、庐舍，作为自己的根据地，钲鼓之声，东都城内都能听见；没过多久，拥兵三十余万，列阵于北邙，南逼上春门。

正月十九日，金紫光禄大夫段达、民部尚书韦津出兵拒战。段达望见李密兵盛，惧而先还。李密纵兵突击，隋军崩溃，韦津战死。于是偃师、柏谷及河阳都尉独孤武都、检校河内郡丞柳燮、职方郎柳续等各举所部投降李密。窦建德、朱粲、孟海公、徐圆朗等都遣使奉表劝进，李密官属裴仁基等也上表请正位号，李密说："东都还未平定，不能谈这个。"

【华杉讲透】

要识别、警惕廉价的人情

一将无能，累死三军，王世充为什么要鸣角收兵，以致转胜为败，《资治通鉴》没有详细分析。只是从历次战斗中，我们都能看到一点：他没有坚定的战斗意志。一个靠溜须拍马上位的人，一切都是为了个人的利禄，没有立场，也就不能坚持。杨侗对王世充，怎么着都行，总是哄着他，也是实在无人可用，无可奈何。这种老板小心翼翼哄着下属干活的事情，也是常见的。

李密得胜，窦建德、朱粲、孟海公、徐圆朗、裴仁基等都抢着劝进，要他称帝。此刻当然不是称帝的时候，毫无必要，进了东都再称帝，才是最好时机，号令天下。劝进的几个人，当然不至于连这么简单的道理都不懂，他们只是哄李密高兴，抢最先劝进的功劳和荣誉罢了。李密说："东都未平，不可议此。"这也是他们给李密创造一个显示"还是领导想得比我们深"的机会。

这些廉价的人情,需要我们识别和警惕,上级哄下级,下级哄上级,相互哄,都跟小孩子一样,有什么意思呢?

3 正月二十二日,唐王任命世子李建成为左元帅,秦公李世民为右元帅,督诸军十余万人救援东都。

【华杉讲透】

一个"救"字,就是政治。因为此刻李渊还不是"正统",奉隋朝正朔,是听命于皇帝杨侑,去洛阳"救"越王杨侗,之后,他还要去江都"救""太上皇"杨广呢!都"救"完了,他才会称帝。

自古夺天下,急急忙忙称帝的,都是作死。薛举占据巴掌大地盘就称帝,恐惧要投降时还咨询幕僚"古代有没有投降的天子",他还真把自己当天子了,他那天子,不过是一个"坐井观天子"。到了后世,朱升给朱元璋的九字方针——"高筑墙,广积粮,缓称王",算是概括了夺天下的政治规矩。

4 东都缺粮,太府卿元文都等招募能守城且不吃公粮的,进授二品散官,于是商贾拿着笏板上朝的,不可胜数。

5 二月四日,唐王李渊派太常卿郑元璹率军从商洛出发,攻略南阳土地,左领军府司马、安陆人马元规攻略安陆及荆、襄一带。

6 李密派遣房彦藻、郑颋等从黎阳向东,分道招慰州县。任命梁郡太守杨汪为上柱国、宋州总管,又亲笔写信给他说:"当年在雍丘,你曾经追捕我,管仲射中齐桓公带钩,勃鞮斩断晋文公衣襟的事,我不敢和齐桓晋文相比,但是愿意效法。"杨汪遣使往来,通意示好,李密也尽量羁縻笼络。房彦藻写信招窦建德,让他来见李密。窦建德回信,卑辞厚礼,推托说罗艺南侵,请让他捍御北方。房彦藻回来,走到卫州,被贼帅王德仁邀击斩杀。王德仁有部众数万人,占据林虑山,四出抄掠,为数州之患。

7 三月四日，李渊任命齐公李元吉为镇北将军、太原道行军元帅、都督十五郡诸军事，可以全权便宜从事。

8 隋炀帝自从到了江都，荒淫益甚，宫中有一百多个房间，都十分舒适豪华，以美人居住其中，每天令一房为主人。江都郡丞赵元楷主掌供应酒食，皇帝与萧后及他宠幸的姬妾一房挨一房依次宴饮，酒杯不离口，跟从的美姬一千余人，也常在醉中。但是，皇帝见天下危乱，也忧虑困扰，不能自安，退朝之后，就幅巾短衣，拿着手杖散步，遍历台馆，不到黑夜不会停止，欣赏各种精致，唯恐没有看够。

皇帝自己通晓占候卜相，又喜欢说吴地方言；常在夜里置酒，仰视天文，对萧皇后说："外间大有人要图谋侬（吴语"我"的意思），但是侬不失为长城公，你也不失为沈皇后（长城公是陈叔宝，沈皇后是陈叔宝的皇后），我们还是一起快乐饮酒罢了！"然后斟满酒杯，喝得大醉。又曾经引镜自照，回头对萧皇后说："好头颈，谁来砍呢？"皇后惊问其故，皇帝笑道："贵贱苦乐，轮流更替，何必伤心！"

皇帝见中原已乱，无心北归，想要定都丹阳，保据江东，命群臣廷议。内史侍郎虞世基等都赞同；右候卫大将军李才极力陈说不可，请车驾还长安，与虞世基争吵愤怒而出。门下录事、衡水人李桐客说："江东低洼潮湿，土地险狭，对内要奉养万乘之君，对外要供应三军，民不堪命，恐怕也将散乱罢了。"御史弹劾李桐客诽谤朝政。于是公卿们都顺从皇帝意思说："江东之民盼望已久，陛下过江，抚慰而君临他们，这是大禹的事业（大禹南巡，在会稽山接见各封国国君）。"于是下令修建丹阳宫，准备迁都。

【华杉讲透】

人生就是不断地教育自己

杨广太有才，兴趣爱好太广泛，太热爱生活，这就是他败亡的原因了。所谓"生于忧患，死于安乐"，承担大任的人，没有资格享受生活！如果说还有生活，那只是忙里偷闲，是为了休息，以便更好地投入学习和工作。真生活上了，看看亭台楼阁，还觉得喜欢得看不够，就离死不远了。

一个有志向、有事业的人，要对自己的兴趣爱好极度谨慎。在你成功之后，生活会向你打开一扇又一扇的窗口，带来一个又一个的新朋友，有人对各种美酒美食如数家珍；有人教会你欣赏各种奇珍异宝；有人辅导你琴棋书画；还有各种新奇的娱乐运动。这是生活对你的奖赏，也是玩物丧志的陷阱。时间在哪儿，结果就在哪儿，随着你的生活品位越来越高，你的事业就开始悄悄地崩塌，等你后悔的时候，就来不及了。失去了事业的支撑，你的人生就黯淡无光。

醇酒美妇，诗和远方，是美好的人生，但是代价高昂，高到皇帝都付不起！最好的人生，就是克己复礼，人生就是不断地教育自己，这也是读史的意义。

当时江都粮食吃光了，从驾的骁果战士多是关中人，久在外地，都思念乡里，见皇帝没有西归之意，很多人都密谋叛逃回乡。郎将窦贤于是率所部西走，皇帝派骑兵追上，将他斩首，而逃亡者仍然不止，皇帝很焦虑。虎贲郎将、扶风人司马德戡一向受宠于皇帝，皇帝命他率领骁果屯驻于东城，司马德戡与和他关系好的虎贲郎将元礼、直阁将军裴虔通商议说："如今骁果人人都想逃亡，我想要跟皇上说，又怕先被诛杀；不说，之后事发，又要被灭族，怎么办？又听闻关内陷落，李孝常献出华阴叛变，皇上囚禁他的两个弟弟，准备处死。我们家属都在西边，能不为此事担心吗？"二人都惧怕，问："怎么办？"司马德戡说："骁果如果逃亡，不如与他们一起逃。"二人都说："好！"于是转相招引，内史舍人元敏，虎牙郎将赵行枢，鹰扬郎将孟秉，符玺郎李覆、牛方裕，直长许弘仁、薛世良，城门郎唐奉义，医正张恺，勋士杨士览等都与他们同谋，日夜相互结约，在大厅广座中公开讨论叛逃计划，无所畏避。有宫女报告萧皇后说："外间人人欲反。"皇后说："你可奏报皇上。"宫女告诉皇帝，皇帝大怒，认为这不是她该说的，斩首。其后又有宫女报告皇后，皇后说："天下事已经到了这一步，无可救药，何必再说！白白让皇帝担忧罢了！"从此不再有人说话。

赵行枢与将作少监宇文智及一向关系亲厚，杨士览，是宇文智及的外甥，二人把阴谋告诉宇文智及，宇文智及大喜。司马德戡等人约期以三月十五日结党西遁，宇文智及说："主上虽无道，威令尚行，你们逃亡，正如窦贤一样，取死而已。如今是天要隋朝灭亡，英雄并起，同心叛逃者已经数万人，不如不要逃，而是留下干大事，这是帝王之业。"司马德戡等赞同。赵行枢、薛世良建议推举宇文智及的哥哥、右屯卫将军、许公宇文化及为盟主，结约既定，才告诉宇文化及。宇文化及性格懦弱胆怯，听闻之后，变色流汗，既而依从。

司马德戡召集骁果叛变

司马德戡派许弘仁、张恺进入备身府（左右骁卫军），告诉所认识的人说："陛下听闻骁果要叛变，准备了很多毒酒，要在宴会时，全部鸩杀，陛下自己与南方人留在此地。"骁果们都很惧怕，相互转告，造反的阴谋更加急迫。

三月十日，司马德戡召集全部骁果军吏，告诉他们叛变计划，都说："唯将军命！"这一天，刮起大风，白天昏暗如夜。下午五时之后，司马德戡盗出御厩战马，兵器已暗中准备妥当。到了晚上，元礼、裴虔通在殿阁值班，负责保卫殿内；唐奉义负责城门守卫，与裴虔通约定，所有城门都只是虚掩，不上锁。到了三更时分，司马德戡于东城集合士兵，得数万人，举火与城外相应。皇帝望见火光，又听到外面喧嚣，问何事。裴虔通回答说："草坊失火，外面在救火而已。"当时内外隔绝，皇帝信以为真。宇文智及与孟秉于宫城外集结一千余人，劫持候卫虎贲冯普乐，布兵分守街巷。燕王杨倓察觉有变，夜里，从芳林门侧水洞进入宫城，到了玄武门，谎称："臣突然中风，命悬一线，希望当面向皇上诀别。"裴虔通等不通报，将他逮捕囚禁。

三月十一日，天还没亮，司马德戡把军队交给裴虔通，替换各宫门卫士。裴虔通从宫门率数百骑兵到成象殿，宿卫者传呼有贼；裴虔通于是回来，关闭诸门，独开东门，驱赶殿内宿卫士兵，让他们出去，士兵们都扔下武器逃走。右屯卫将军独孤盛对裴虔通说："你带的什么兵，形势太诡异！"裴虔通说："事已至此，不关将军的事；将军谨慎，不要动！"独孤盛大骂说："老贼，你这是什么话？！"来不及披上盔甲，与左右十余人拒战，为乱兵所杀。独孤盛，是独孤楷的弟弟。千牛独孤开远率殿内兵数百人到玄武门，敲门呼喊说："兵士武器都在，还能破贼。陛下如果出来亲自指挥作战，人情自定；不然，大祸降临！"竟无人回应，军士稍稍开始散去。变兵逮捕独孤开远，敬佩他的忠义，将他释放。之前，皇帝选拔骁健官奴数百人，安排在玄武门，称为给使，以防备非常事变，待遇优厚，甚至把宫女赏赐给他们。司宫魏氏为皇帝所信任，宇文化及等和她勾结，让她做内应。当日，魏氏矫诏把给使放假出外，仓促之际，没有一人在岗位上。

杨广被令狐行达缢杀

司马德戡等引兵自玄武门入，皇帝闻乱，易服逃往西阁。裴虔通与元礼进兵冲击左阁，魏氏开门迎接，于是进入永巷，问："陛下安在？"有美人出来，指指西阁。校尉令狐行达拔刀直进，皇帝隔着窗扉问令狐行达："你要杀我吗？"回答说："臣不敢，只是想奉陛下西还而已。"于是扶皇帝下阁。裴虔通，本来是皇帝为晋王时的亲信左右，皇帝见了他,说:"你不是我的老部下吗?何恨而反?"回答说:"臣不敢反,但将士思归,想要奉陛下回京师而已。"皇帝说:"朕正想要回去,因为江上米船还没到,现在就与你们一起回去吧!"裴虔通于是勒兵看守皇帝。

到了早上,孟秉派武装骑兵迎接宇文化及,宇文化及战栗,不能说话,人有来谒见他的,他就只是低头抓着马鞍,口称"罪过"。宇文化及到了城门,司马德戡迎谒,引入朝堂,号为丞相。裴虔通对皇帝说:"百官都在朝堂,陛下须亲自出来慰劳。"把自己的马拉过来,逼皇帝上马;皇帝嫌他的马鞍太破旧,换了一副新的,这才乘上去。裴虔通一手执着马辔,一手挟刀,出了宫门,变兵们喜悦,欢呼动地。宇文化及大声说:"把这东西弄来做什么,还不带回去下手?!"皇帝问:"虞世基何在?"变兵将领马文举说:"已经枭首了!"于是带皇帝回到寝殿,裴虔通、司马德戡等拔白刃侍立。皇帝叹息说:"我何罪至此?"马文举说:"陛下违弃宗庙,巡游不息,外勤征讨,内极奢淫,使丁壮尽于矢刃,女弱填于沟壑,四民丧业,盗贼蜂起;专任佞谀,粉饰错误,拒绝谏劝;何谓无罪?!"皇帝说:"我确实有负于百姓;至于你们,荣禄兼极,何至于此?!今日之事,谁是首领?"司马德戡说:"普天同怨,何止一人!"宇文化及又让封德彝数落皇帝罪状,皇帝说:"你是士人,怎么这样?"封德彝羞愧而退。皇帝爱子、赵王杨杲,时年十二岁,在皇帝身边,号恸不已,裴虔通挥刀将他斩首,血溅御服。变兵们要弑皇帝,皇帝说:"天子死自有法,何得加以锋刃!取鸩酒来!"马文举等不许,让令狐行达按皇帝坐下。皇帝解下自己的丝巾,交给令狐行达,令狐行达将他缢杀。

当初,皇帝自知必定不免于难,时常随身带一瓶毒药,对所宠幸的姬妾们说:"如果贼人到了,你们当先饮,然后我饮。"等到事变发生,回头找毒药,左右都逃散了,竟未能找到。萧皇后与宫女撤下漆床板,做了一口小棺材,与赵王杨杲一同暂厝于西院流珠堂。

【华杉讲透】

做物质的主人,不做物质的奴隶

杨广死到临头,还嫌马鞍太破旧,要换一副新的,他才上马。这就是他的格局了,什么格局呢?就是物质的奴隶,那新马鞍就是他的神,他在拜神。他不是君主,是拜物教教主。

有的人富有之后,变得十分讲究,每一件东西,都要精美,一分一秒,都要用于享乐。这种事无巨细、争分夺秒追求享受的状态,在富人中很普遍。一顿饭没吃好,一个晚上没有美人相伴,他就觉得这一天虚度了,算算人生还有多少天,我今天没有享受到位,怎么就浪费了这一天!觉得自己简直是在犯罪!

读史的人会觉得杨广为什么自始至终不作为,意志坚定地等死,那是因为你没有享受过他那种生活,不知道物质享受是多么能消磨一个人的意志。见得多了,你就了解这种心理,除了物质享受,他已经无法再接受另一种生活,他宁愿娱乐至死,也不愿麻烦自己去处理问题。

我们要从中吸取的教训,是永远对物质保持鄙视,永远保持本色,真正视钱财如粪土,只是用来浇灌我的庄稼。你成功了,进入有钱人的圈子,总有人会向你展示他的奇珍异玩、亭台楼阁,所谓生活的品位。千万不要为之心动神摇,不要羡慕,不要模仿,都视若粪土就好了。人要有志向,也要有自己的精神生活,做物质的主人,不做物质的奴隶。

皇帝每次巡幸,总是带着蜀王杨秀,此时囚禁在骁果军营(杨秀是杨广四弟,之前被贬作平民,见公元602年记载)。宇文化及弑帝,想要立杨秀为君,众人不同意,于是杀了杨秀及他的七个儿子。又杀齐王杨暕(杨广的次子)及他的两个儿子,还有燕王杨倓、隋氏宗室、外戚,无论年纪大小,全部处死。唯独秦王杨浩一向与宇文智及有来往,宇文智及设计保全他。齐王杨暕一向不受皇帝喜爱,相互猜忌。皇帝听闻变乱,回头对萧皇后说:"莫非是阿孩(杨暕乳名)?"宇文化及派人到杨崠家中诛杀他，杨崠以为是皇帝派来的，说："钦差大臣请缓一缓，我没有辜负国家！"来人将他拖拽到街中，斩首。杨崠到死也不知道是谁杀了他，父子之间的误会，至死也没有解开。又杀内史侍郎虞世基、御史大夫裴蕴、左翊卫大将军来护儿、秘书监袁充、右翊卫将军宇文协、千牛宇文皛、梁公萧钜等人及其子。萧钜，是萧琮弟弟的儿子。

变难将作时，江阳县长张惠绍飞驰报告裴蕴，裴蕴与张惠绍密谋矫诏征发城下士兵，逮捕宇文化及等，前往皇宫救援皇帝。议定，派人报告虞世基；虞世基怀疑告密的消息不实，压下不许。一会儿工夫，事变发生，裴蕴叹息说："跟虞世基这种人谈计谋，果然误了大事！"虞世基的族人虞伋对虞世基的儿子、符玺郎虞熙说："事势已经如此，我打算帮助你南渡长江，否则，都死在这里，又有何益？"虞熙说："弃父背君，求生何地？感谢您的关怀，我们自此诀别了！"虞世基的弟弟虞世南抱着虞世基号哭，请求让自己替他去死，宇文化及不许。黄门侍郎裴矩知道必将有乱，就算是一个厮役，他也都礼敬优厚，又建议皇帝给骁果战士们娶妻；等到变乱发作，变兵们都说："不是裴黄门之罪。"既而宇文化及抵达，裴矩在马头前迎接下拜，得以免死。宇文化及因为苏威不干预朝政，也免他一死。苏威一向德高望重，前往参见宇文化及；宇文化及集合众人，正式接见他，对他加以特殊礼遇。百官都到朝堂祝贺，唯独给事郎许善心不去。许弘仁飞驰告诉他说："天子已崩，宇文将军摄政，满朝文武全部到齐。天道人事，自有终结更替，这跟叔父有什么关系，何必低回若此？"许善心怒，不肯行。许弘仁反走上马，哭泣而去。宇文化及派人到家，将许善心抓到朝堂，既而又释放他。许善心不舞蹈下拜，转身就走，宇文化及怒道："此人气性大得很！"下令将他擒还，处死。许善心的母亲范氏，时年九十二岁，抚柩不哭，说："能死国难，我有个好儿子！"之后躺卧绝食，十余日后去世。

唐王李渊入关时，张季珣的弟弟张仲琰为上洛县令，率吏民拒守，部下杀了他投降。宇文化及之乱，张仲琰的弟弟张琮为千牛左右，宇文化及杀了他，兄弟三人都死于国难，时人都感到羞愧。

宇文化及立秦王杨浩为帝，自封大丞相

宇文化及自称大丞相，总揽百官。以皇后令立秦王杨浩为帝，居住在别宫，令他发诏画敕书而已，仍以兵监守他。宇文化及任命弟弟宇文智及为左仆射，宇文士及为内史令，裴矩为右仆射。

【华杉讲透】

裴矩保护自己的计策，幸运地收到了效果，给历史提供了一个样本，就是积德，收买人心。底层人民没有权力，在变乱的时候，君臣名分未定，他们就有非常短暂的权力窗口期，而他们很乐意充分展示、发挥和行使权力，决定一个大人物的生死。裴矩的计策，就是为这个时间窗口配套设计的。裴矩无法判断投靠任何一个阵营，他选择了与底层"不结而盟"，这个盟约，是他预期的"心理契约"，现在底层人民履约了。用《孙子兵法》来看，他这也是"上兵伐谋，其次伐交"的伐交之计。

至于许善心母子，如我之前所说，是写历史的规矩，每次弑杀暴君之后，一定要找一个"死难之士"的故事，而且他多半会有一个刚烈的母亲。暴君应该被推翻，但是我们忠君的价值观又怎么弘扬呢？一定要找一个"许善心"出来，让他名垂青史。历史从来不缺死忠之臣，不缺倔强之士，也不缺愿为求名而死的儒生，不知道许善心属于哪一类，或者都是。司马光先写了许善心母子，又写了张季珣兄弟三人，母子兄弟都有了，完成了价值观的平衡，江都之变这一页就翻过去了。

9 三月十日，李渊改封秦公李世民为赵公。

10 三月二十三日，隋恭帝杨侑下诏，增加十个郡为唐国封地，仍以唐王李渊为相国，总揽百官，唐国设置丞相以下官，又加九锡。唐王对僚属们说："这是溜须拍马的人策划的罢了。我执掌大政而自己给自己加九锡，可以吗？如果一定要走魏、晋的老路，那都是些繁文伪饰，欺天罔人；要论他们的功绩，不如春秋五霸，而求名想要超过大禹、商汤

和文王、武王，这是我觉得他们可笑又可耻的。"有人说："历代都是这么做，怎么能废除？"李渊说："尧、舜、汤、武，各因其时，虽然取得政权的方式不一样，但都是推其至诚以应天顺人，没听说夏、商之末，一定要效法唐、虞禅让的。如果少帝有知，必定不肯这么做；如果他无知，我自尊自大，又假装辞让，这是我平生一向所不愿意做的。"于是，只改丞相为相国府，其他九锡殊礼全部退回。

11 宇文化及任命左武卫将军陈稜为江都太守，总领留守事务。

三月二十七日，宇文化及下令内外戒严，声称要回长安。皇后六宫都依旧式建立御营，在营前单独立帐，宇文化及在里面办公，仗卫部伍，全部跟皇帝乘舆一样。夺取江都人舟船，取彭城水路西归。认为折冲郎将沈光骁勇，让他率领给使驻扎在禁内。走到显福宫，虎贲郎将麦孟才、虎牙郎钱杰与沈光密谋说："我辈受先帝厚恩，如今俯首事奉仇敌，受其驱使，有何面目生存于世间？我一定要杀了他，死无所恨！"沈光哭泣说："这正是我对将军的期望！"麦孟才于是纠合有恩的旧部，率所将数千人，约期在晨起将要出发时袭击宇文化及。阴谋泄露，宇文化及夜里与心腹走出营外，留人告诉司马德戡等，让他们讨伐。沈光听闻营内喧嚣，知道事情败露，即刻突袭宇文化及营，空无所获，撞见内史侍郎元敏，数落他，将他斩首。司马德戡引兵入营包围，杀沈光，其麾下数百人全部战死，没有一人投降，麦孟才也被杀。麦孟才，是麦铁杖之子。

沈法兴占据江表十郡，自称江南道大总管

12 武康人沈法兴，世代为郡里大姓，宗族有数千家。沈法兴为吴兴太守，听闻宇文化及弑逆，举兵，以讨宇文化及为名。走到乌程，得精卒六万，于是进攻余杭、毗陵、丹阳，全部攻下，占据江表十郡。自称江南道大总管，承制设置百官。

13 陈国公窦抗,是唐王李渊妃子的哥哥。隋炀帝派他巡视长城于灵武;窦抗听闻唐王定关中,三月二十八日,率灵武、盐川等数郡来降。

14 夏,四月,稽胡入寇富平,被将军王师仁击破。又率领五万余人入寇宜春,相国府咨议参军窦轨将兵讨伐,战于黄钦山。稽胡乘高纵火,官军稍微退却;窦轨斩其部将十四人,提拔队中小校替代,勒兵再战。窦轨自己率数百骑兵居于军后,下令说:"闻鼓声有不进者,就在后面斩首!"既而擂鼓,将士争先赴敌,稽胡射击也不能制止;于是大破稽胡军,俘虏男女二万人。

15 世子李建成等抵达东都,驻军于芳华苑;东都城门紧闭,派人招谕,不回应。李密出军争战,两军稍微接触小战,就各自撤退。城中多有想要做内应的,赵公李世民说:"我们刚刚平定关中,根据地还未稳固,悬军远来,就算得到东都,也守不住。"于是不接受。四月四日,引军撤退。李世民说:"城中看见我们撤退,必定会来追击。"于是在三王陵设置三道埋伏;段达果然率一万余人追击,遇伏而败。李世民乘胜逐北,一直追到城下,斩首四千余级。于是设置新安、宜阳二郡,派行军总管史万宝、盛彦师将兵镇守宜阳,吕绍宗、任瑰将兵镇新安,班师。

【华杉讲透】

李渊的所谓救援东都,只是政治表演,虚晃一枪。此刻他的战略重心,在于稳固关中,根本稳固,才能东向以争天下。李世民说,就算得到东都,也守不住,以至于城中有内应,他都不接受。既然这样,那么大老远跑来做什么呢?就是刚拿下长安时的政治号召。现在政治任务完成,也就没有军事任务了。克劳塞维茨说:"军事是政治的延续。"就是这个意思。

这个战略方针,应该是既定的,但历史记载却是"李世民说",总之关键时候都有李世民,可见这段历史,都是李世民书写的了。

16 当初，五原通守、栎阳人张长逊因为中原大乱，举郡归附突厥，突厥任命他为割利特勒。郝瑗游说薛举，与梁师都及突厥联兵以取长安，薛举听从。当时启民可汗之子咄苾，号莫贺咄设，建牙帐于五原之北，薛举遣使邀请莫贺咄设一起入寇长安，莫贺咄设许诺。唐王李渊派都水监宇文歆贿赂莫贺咄设，并且向他陈说利害关系，制止他出兵，又游说莫贺咄设派张长逊入朝，把五原之地归还中国，莫贺咄设全部听从。四月五日，武都、宕渠、五原等郡全部投降，李渊即刻任命张长逊为五原太守。张长逊又伪造皇帝诏书给莫贺咄设，表示知道他要南侵的阴谋。莫贺咄设于是拒绝薛举、梁师都等，不让他们的使者入境。

17 四月二十四日，世子李建成等回到长安。

18 东都号令不出四门，人无固志，朝议郎段世弘等密谋响应西军。不巧西军已经回长安，于是派人招李密，约期在四月二十日夜里迎接李密入城。事情被察觉，越王杨侗命王世充讨伐诛杀段世弘一党。李密听闻城中已定，也撤退。

19 宇文化及拥众十余万，据有六宫，奢侈生活，一如隋炀帝。每每在帐中南面而坐，有人进来汇报工作，他默然不应；下班之后，再拿汇报文件与唐奉义、牛方裕、薛世良、张恺等参议决策。把少主杨浩交付尚书省，令卫士十余人看守，派令史取他的签字画敕，百官不再朝见少主。到了彭城，水路不通，又夺取百姓牛车，得二千辆，用以装载宫女和珍宝；而武器盔甲装备，全部让士兵们自己背负，道路遥远，士兵们疲惫不堪，开始抱怨。司马德戡私底下对赵行枢说："你犯下大错，误我！当今拨乱反正，必须依靠英贤；宇文化及平庸愚暗，身边又都是小人，事将必败，怎么办？"赵行枢说："事情都在我们手里，废黜他又有何难？"

司马德戡欲袭杀宇文化及，事泄被杀

当初，宇文化及既得政，赐司马德戡爵温国公，加授光禄大夫；让他专统骁果部队，而内心猜忌防备他。后来过了数日，宇文化及部署诸将，分配士卒，任命司马德戡为礼部尚书，表面上是升迁，实际上夺了他的兵权。司马德戡由是愤怨，所获赏赐，全部用来贿赂宇文智及；宇文智及为他说话，派他率后军一万余人，跟在队伍后面。于是司马德戡、赵行枢与诸将李本、尹正卿、宇文导师等密谋以后军袭杀宇文化及，另立司马德戡为主；派人联络变民首领孟海公，结为外援；拖延未发，等待孟海公回复。许弘仁、张恺知道了这项阴谋，向宇文化及告密。宇文化及派宇文士及假装游猎，前往后军，司马德戡不知道事情已经败露，出营迎谒，被宇文士及逮捕。宇文化及指责他说："我与你勠力共定海内，出于万死。如今刚刚事成，愿与你共守富贵，你又为什么要反呢？"司马德戡说："我们杀死昏君，是苦于他的淫虐；推举你为盟主，而你的淫虐更甚于他；人心逼迫，不得不如此。"宇文化及将他缢杀，并杀其支党十余人。孟海公畏惧宇文化及之强，率众带着牛酒迎接。李密占据巩洛，拒挡宇文化及，宇文化及无法西行，于是引兵向东郡，东郡通守王轨献出城池投降。

20 四月二十七日，李密部将、井陉人王君廓率众投降李渊。王君廓本是强盗，有部众数千人，与贼帅韦宝、邓豹合军驻扎在虞乡，唐王李渊与李密都遣使招降他。韦宝、邓豹想要投降李渊，王君廓假装跟他们意见一致，乘其无备，袭击，击破他们，夺其辎重，投奔李密；李密对他没有礼遇，于是王君廓转而投降李渊，拜为上柱国，代理河内太守。

萧铣自立为帝，设立百官

21 萧铣即皇帝位，设置百官，一切按梁朝时的制度。谥其叔父萧琮为孝靖皇帝，祖父萧岩为河间忠烈王，父亲萧璿为文宪王，封董景珍等功臣七人皆为王。派宋王杨道生攻击南郡，攻下，迁都江陵，修复园庙。任命岑文本为中书侍郎，让他典掌文书，委以机密。又派鲁王张绣攻略岭南，隋将张镇周、王仁寿等拒战；既而听闻隋炀帝遇弑，都投降萧铣。钦州刺史宁长真也以郁林、始安之地归附萧铣。汉阳太守冯盎以苍梧、高凉、珠崖、番禺之地归附称楚帝的林士弘。萧铣、林士弘各自派人招降交趾太守丘和，丘和不从。萧铣派宁长真率岭南兵从海道攻打丘和，丘和想要出城迎降，司法书佐高士廉说："宁长真兵数虽多，悬军远来，不能持久，城中胜兵足以抵挡，为何望风而降，受制于人？"丘和听从，任命高士廉为军司马，率水陆诸军逆击，击破，宁长真仅仅逃得一命，俘虏了他的全部部众。既而有骁果战士从江都来，得知隋炀帝死讯，丘和也以郡归附于萧铣。高士廉，是高劢之子。

始安郡丞李袭志，是李迁哲的孙子，隋末，散家财，招募士兵得三千人，以保郡城。萧铣、林士弘、曹武彻依次来攻城，都不能攻克。听闻隋炀帝遇弑，率吏民哀悼三日。有人对李袭志说："您是中州贵族，在鄙郡时间长久，汉人、夷人都很悦服。如今隋室无主，海内鼎沸，以您的威严和恩惠，号令岭南，赵佗（西汉时期割据岭南的南越王）之事业可以安坐而成。"李袭志怒道："我家世代忠贞，如今江都虽覆，宗社尚存，赵佗狂悖僭越，有什么值得向慕的？！"要斩那说话的人，众人于是不敢言。坚守二年，外无声援，城池陷落，被萧铣俘虏，萧铣任命他为工部尚书，检校桂州总管。于是东自九江，西抵三峡，南尽交趾，北距汉川，都为萧铣所有，能胜任作战的士兵有四十余万。

22 隋炀帝的死讯传到长安，唐王李渊恸哭，说："我北面事人，失道不能救，敢不哀悼吗？"

23 五月，山南抚慰使马元规击朱粲于冠军，击破。

24 王德仁既杀李密的特使房彦藻，李密派徐世勣讨伐。王德仁兵败,五月十日,与武安通守袁子幹一起投降李渊,皇帝杨侑下诏,任命王德仁为邺郡太守。

隋恭帝禅位于唐,李渊在太极殿即位

25 五月十四日,隋恭帝禅位于唐,逊居代王府。

五月二十日,唐王李渊即皇帝位于太极殿,派刑部尚书萧造祭告上天于南郊,大赦,改年号。撤销郡编制,设置州,以郡太守为刺史。推演五行运转的关系,确定唐朝为土德,以黄色为尊。

26 隋炀帝的死讯传到东都,五月二十四日,留守官员奉越王杨侗即皇帝位,大赦,改年号为皇泰。当天在朝堂宣旨,因为正处于战争状态,公私都即日脱下丧服。追谥大行皇帝杨广为明皇帝,庙号世祖;追尊杨侗之父、元德太子杨昭为成皇帝,庙号世宗。尊母亲刘良娣为皇太后。任命段达为纳言、陈国公,王世充为纳言、郑国公,元文都为内史令、鲁国公,皇甫无逸为兵部尚书、杞国公,又以卢楚为内史令,郭文懿为内史侍郎,赵长文为黄门侍郎,共掌朝政,时人号"七贵"。皇帝杨侗眉目如画,温厚仁爱,风格俨然。

27 五月二十七日,突厥始毕可汗派骨咄禄特勒出使长安,宴会于太极殿,奏九部乐。当时中国人避乱者多入突厥,突厥强盛,东自契丹、室韦,西尽吐谷浑、高昌,诸国都臣服于突厥,控弦之士有一百余万。皇帝李渊因为初起时得到突厥兵马资助,前后赠送,不可胜记。突厥恃功骄倨,每每使者到长安,多横暴不法,皇帝优礼包容他们。

28 五月二十八日,皇帝李渊命裴寂、刘文静等修订法律。设置国子、太学、四门生,合三百余人,郡县学亦各置生员。

29 六月一日，皇帝李渊任命赵公李世民为尚书令，黄台公李瑗为刑部侍郎，相国府长史裴寂为右仆射、知政事，司马刘文静为纳言，司录窦威为内史令，李纲为礼部尚书、参掌官员选拔事务，掾殷开山为吏部侍郎，属赵慈景为兵部侍郎，韦义节为礼部侍郎，主簿陈叔达、博陵人崔民幹并为黄门侍郎，唐俭为内史侍郎，录事参军裴晞为尚书左丞；以隋朝民部尚书萧瑀为内史令，礼部尚书窦琎为户部尚书，蒋公屈突通为兵部尚书，长安县令独孤怀恩为工部尚书。李瑗，是皇帝的侄儿；独孤怀恩，是皇帝舅舅的儿子。

皇帝待裴寂特别优厚，群臣都无法与他相比，赏赐服装器玩，不可胜记；命尚食奉御每天都把御膳赐给裴寂，上朝时必定引他与自己同坐，入阁则请到卧室内；言无不从，称他为裴监（裴寂曾任晋阳宫宫监），而不直呼其名。民政则委任给萧瑀，事无大小，都由他处理。萧瑀也孜孜尽力，纠举错误，揭发过失，人们都畏惧他，诋毁他的人很多，他始终不为自己申辩。皇帝曾经有敕，而内史没有及时宣行，皇帝责备其迟，萧瑀回答说："隋朝大业年间，内史宣敕，往往前后矛盾，有司不知所从，所以宣布容易，执行就比较困难；臣在尚书省时间长了，经常见到这种情况。如今王业刚刚开始，每一件事都关系着国家安危，远方士人如果对朝廷施政有疑，恐怕就失去机会，所以我每次收到一份敕书，必定要仔细勘察审核，让它与之前的敕令没有前后矛盾，才敢宣行，稽缓的原因，实由于此。"皇帝说："卿如此用心，我还有什么担忧？"

30 当初，皇帝派马元规慰抚山南，唯独南阳郡丞、河东人吕子臧据郡不从；马元规数次遣使晓谕，都被吕子臧所杀。等到隋炀帝遇弑，吕子臧发丧成礼，然后请降；拜为邓州刺史，封南郡公。

31 废除大业律令，颁布新法。

32 皇帝每次上朝视事，都以自己姓名自称，引贵臣同榻而坐。刘文静进谏说："当初王导有言：'如果太阳俯同万物，那群生何以仰照！'如今贵贱失位，不是长久之道。"皇帝说："当年汉光武帝与严子陵共寝，严子陵把脚压到皇帝肚子上。如今诸公都德高望重，又是我平生亲友，当年的欢聚之情，怎能忘记。你不要在意！"

33 六月五日，隋朝安阳县令吕珉献出相州投降唐朝，任命为相州刺史。

34 六月六日，皇帝李渊将四代祖先的牌位供奉进太庙内。追尊皇高祖、瀛州府君李熙为宣简公；皇曾祖、司空李天赐为懿王；皇祖、景王李虎为景皇帝，庙号太祖，祖母为景烈皇后；父亲、元王李昞为元皇帝，庙号世祖，母亲独孤氏为元贞皇后；追谥正妻窦氏为穆皇后。每年祭祀昊天上帝、皇地祇、神州地祇，以景帝配祭；感生帝、明堂，以元帝配祭。

六月七日，立世子李建成为皇太子，赵公李世民为秦王，齐公李元吉为齐王，宗室、黄国公李白驹为平原王，蜀公李孝基为永安王，柱国李道玄为淮阳王，长平公李叔良为长平王，郑公李神通为永康王，安吉公李神符为襄邑王，柱国李德良为新兴王，上柱国李博叉为陇西王，上柱国李奉慈为渤海王。李孝基、李叔良、李神符、李德良，都是皇帝的堂弟；李博叉、李奉慈，是皇帝的侄儿；李道玄，是皇帝堂哥的儿子。

35 六月十日，薛举入寇泾州。皇帝李渊任命秦王李世民为元帅，率八位总管的军队拒战。

36 皇帝李渊派太仆卿宇文明达招慰山东，任命永安王李孝基为陕州总管。当时天下未定，凡是边疆或形势重要的州，都设置总管府，以统率数州军队。

37 六月十二日，奉退位的隋帝杨侑为酅国公。下诏说："近世以来，每当时运迁革，对前朝皇室亲族，无不诛杀夷灭。王朝的兴亡，岂是靠人力吗？对隋朝蔡王杨智积（杨坚弟弟杨整的儿子）等子孙，都交付所司，量才选用。"

38 东都听闻宇文化及西来，上下震惧。有一位叫盖琮的人，上疏自荐去游说李密与东都联合抵抗宇文化及。元文都对卢楚等人说："如今仇耻未雪而兵力不足，如果赦免李密之罪，让他去攻击宇文化及，两贼自斗，我们坐等时机。宇文化及既破，李密的兵也疲敝了；而且，他的将士贪图我们的封官赏赐，容易离间，则李密也可擒了。"卢楚等都以为然，即刻任命盖琮为通直散骑常侍，带着敕书去游说李密。

39 六月二十三日，隋朝信都郡丞、东莱人麹稜来降，拜为冀州刺史。

40 六月二十四日，万年县法曹、武城人孙伏伽上表，认为："隋朝因为厌恶听到别人的批评而亡天下。陛下龙飞晋阳，远近响应，不到一年，就登上帝位；只知道自己得来很容易，不知道隋朝失去它也不难。臣认为，应该改变隋朝的覆辙，一定要充分接触了解下情。凡是人君的一言一行，不可不慎。最近，看见陛下今天即位，明天就有人献上雏鹞，那是少年玩的东西，岂是圣主所需吗？而且，百戏散乐，都是亡国淫声。最近，太常于民间借妇女裙襦五百余套，以充当歌伎的衣服，拟于五月五日在玄武门游戏，这也不是应该让子孙效法的。凡如此类，都应该废罢。善恶之习，都是朝夕浸染，容易改变人。皇太子、诸王参僚左右，应该谨慎选择其人；凡是家中门风不能和睦，为人素无行义，专好奢靡，以声色游猎为事者，都不可让他们亲近。从古到今，骨肉乖离，以致败国亡家，没有不是因左右离间而然的。愿陛下谨慎。"皇帝省表大悦，下诏褒奖，擢升孙伏伽为治书侍御史，赏赐布帛三百匹，并将他的奏章颁示远近。

41 六月二十八日，内史令、延安靖公窦威薨逝。任命将作大匠窦抗兼任纳言，黄门侍郎陈叔达判纳言。

42 宇文化及留辎重于滑台，任命王轨为刑部尚书，负责留守，自己引兵向黎阳进发。李密部将徐世勣据守黎阳，畏惧宇文化及兵锋，率军西保仓城。宇文化及渡过黄河，占领黎阳，分兵包围徐世勣。李密率步骑兵二万人，扎营壁于清淇，与徐世勣以烽火相互联络，深沟高垒，不与宇文化及交战。宇文化及每次攻打仓城，李密就引兵攻击他身后。李密与宇文化及隔水喊话，李密数落他罪状说："你本来是匈奴人家的奴隶，姓破野头（破野头跟随主人改姓宇文，参见公元554年记载。宇文化及不是北周宇文皇族），父兄子弟，并受隋恩，富贵累世，举朝无二。主上失德，不能死谏，反行弑逆，想要篡夺。不效法诸葛瞻之忠诚（事见公元263年记载），乃为霍禹之恶逆（事见公元前66年记载），天地所不容，还能去哪里？如果速来归降我，尚可得保全后嗣。"宇文化及默然，俯视良久，抬头瞪眼大声说："跟你讨论厮杀的事，说这些书上的话干什么？！"李密对随从说："宇文化及庸愚如此，居然还想要做帝王，我折根树枝就能驱赶他！"宇文化及大肆制造攻城装备，以逼仓城，徐世勣于城外挖掘深沟以固守，宇文化及被壕沟阻挡，不能到城下。徐世勣又在壕沟中挖地道，出兵攻击，宇文化及大败，徐世勣焚毁了他的攻城装备。

当时李密与东都相持日久，又东拒宇文化及，时常担心东都攻打他身后。见盖琮前来，大喜，于是上表乞降，请讨灭宇文化及以赎罪，派元帅府记室参军李俭、上开府徐师誉，将所俘虏的宇文化及部下、雄武郎将于洪建押送到东都，觐见皇泰主杨侗。杨侗下令，将于洪建于左掖门外诛杀，如同当年诛杀斛斯政那样。

元文都等都认为李密投降是真心实意，盛大装饰宾馆于宣仁门东。皇泰主引见李俭等，任命李俭为司农卿，徐师誉为尚书右丞，派仪仗队为前导，乐队一路吹吹打打，从皇宫返回宾馆，不断赏赐璧玉布帛及酒席，皇宫和宾馆之间，宦官往来不断。册拜李密为太尉、尚书令、东南道大行台行军元帅、魏国公，令他先平定宇文化及，然后入朝辅政。任命徐世勣为右武候大将军。仍下诏称赞李密忠款，并且说："其用兵机略，一律禀告魏公节度。"

元文都等都喜于和解，认为天下可定，于上东门置酒作乐，自段达以下，都欢呼起舞。王世充作色对起居侍郎崔长文说："朝廷官爵，拿去送给贼匪，他们想要做什么呢？"元文都等怀疑王世充想要以东都响应宇文化及，由此有矛盾，但是表面上还相互维持，假装亲善。

秋，七月，皇泰主派大理卿张权、鸿胪卿崔善福赐书给李密说："今日以前，相互争战；今日之后，彼此通怀。国家大政，等待您的匡弼；攻伐之事，委托给您指挥。"张权等既至，李密北面叩拜，接受诏书。李密既无西方之虑，就集中全部精兵东击宇文化及。李密知道宇文化及军粮将尽，假意与他讲和；宇文化及大喜，放任士兵大吃大喝，认为李密会送粮给他。正巧李密帐下有人获罪，逃亡投奔宇文化及，说了实情，宇文化及大怒，而粮食已经吃尽了，于是渡过永济渠，与李密战于童山之下，从早上七点打到下午七点，李密被流箭射中，坠马昏绝，左右奔散。追兵将至，唯独秦叔宝奋战保护，李密由此得救。秦叔宝再次收兵与宇文化及力战，宇文化及撤退。

宇文化及入汲郡求军粮，又遣使拷打东郡吏民，要他们交出粮食。王轨等不堪其苦，派通事舍人许敬宗到李密处请降。李密任命王轨为滑州总管，以许敬宗为元帅府记室，与魏徵一起掌管文书。许敬宗，是许善心之子。房公苏威在东郡，跟随众人投降李密，李密因为他是隋朝大臣，对他虚心礼遇。苏威见李密，一句话不谈帝室艰危，只是再三舞蹈叩拜，说："想不到今日再看见圣明！"时人都鄙视他。

宇文化及听闻王轨叛变，大惧，从汲郡引兵北上，想要攻取北方诸郡。他的部将陈智略率岭南骁果兵一万余人，樊文超率江淮排矟（短矛）兵，张童儿率江东骁果兵数千人，都投降李密。樊文超，是樊子盖之子。宇文化及还有部众二万，北上魏县；李密知道他成不了事，西还巩洛，留徐世勣防备宇文化及反扑。

43 七月二日，宣州刺史周超攻击朱粲，取胜。

44 七月四日,梁师都入寇灵州,骠骑将军蔺兴粲将他击破。

45 突厥阙可汗(小可汗)派来使者,归附唐朝。当初,阙可汗依附于李轨,隋朝西戎使者曹琼据守甘州,阙可汗受曹琼引诱,于是改而归附曹琼,与他联合拒抗李轨,被李轨击败后,逃窜于达斗拔谷,与吐谷浑互为表里。至此归附唐朝,皇帝李渊对他厚加慰抚。但不久,被李轨消灭。

46 薛举进逼高墌,游兵出现在豳州、岐州,秦王李世民深沟高垒,不与他交战。正巧李世民得疟疾,把军事委托给长史、纳言刘文静,司马殷开山,并且告诫他们说:"薛举悬军深入,食少兵疲,若来挑战,不要回应。等我病愈,为你们击破他。"殷开山退下后,对刘文静说:"大王担心你办不了这事,所以有这话。况且贼军听闻大王有疾,必定轻视我,应该耀武扬威,震一震他们。"于是列阵于高墌西南,仗恃人多,而不设防备。薛举秘密行军绕到唐军身后,七月九日,发动突袭,战于浅水原,八总管全部战败,士卒死者十分之五六,大将军慕容罗睺、李安远、刘弘基全部战死,李世民引兵撤回长安。薛举于是攻拔高墌,收集唐兵死尸,堆成京观。刘文静等因此被除名。

【华杉讲透】

京观,是古代为炫耀武功,聚集敌尸,封土而成的高冢,这座京观,就是殷开山、刘文静二人的"丰碑"。这二人的毛病,就是你跟他讲什么,他都左耳朵进,右耳朵出,他听不懂,也不想听,自己心里琢磨,"任其私智"。他的"智慧",会把你跟他说得明明白白的话重新解读,然后再拿出一套他自以为是的办法来,总之跟你交代他的不一样,他要给你惊喜!

李世民说得很清楚,敌人孤军深入,士兵疲惫,粮食又少,撑不了多久。只需深沟高垒,高挂免战牌,饿他肚子,耗他锐气,等他撤退,就"击其惰归",兵法上就是这么写的,标准套路。殷开山非要搞出一套解释,自作聪明,狂妄自大,然后闯下大祸,害死那么多人。他被除名是轻了，斩首也不冤。

47 七月十二日，榆林贼帅郭子和遣使来降，皇帝李渊任命他为灵州总管。

王世充袭杀元文都，任用党羽把持政事

48 李密每次战胜，都遣使告捷于皇泰主杨侗。隋人都很欢喜，唯独王世充对他的麾下说："元文都之流，刀笔吏而已，我看这形势，我们必定为李密所擒。况且我军士屡次与李密交战，杀死他们的父兄子弟，前后已经很多，一旦位居其下，我们全都活不成！"想要以此激怒其众。元文都听闻，大惧，与卢楚等密谋趁王世充入朝时，埋伏武士诛杀他。段达性格庸懦，害怕事情干不成，反遭其祸，派女婿张志将卢楚等人的阴谋向王世充告密。

七月十五日，午夜三更，王世充勒兵袭击含嘉门。元文都闻变，入宫奉皇泰主到乾阳殿，陈兵自卫，命诸将闭门拒守。将军跋野纲将兵出宫，遇到王世充，即刻下马投降。将军费曜、田阇战于门外，不利。元文都亲自率领宿卫兵，想要从玄武门出宫，袭击王世充身后，长秋监段瑜说找不到宫门钥匙，时间就耽误了很久。天色将明，元文都带着兵又想出太阳门逆战，回到乾阳殿，王世充已经从太阳门攻入。皇甫无逸抛弃母亲及妻子，砍开右掖门，西奔长安。卢楚藏匿于太官署，被王世充党羽擒获，押到兴教门，见王世充，王世充下令乱刀砍死，接着进攻紫微宫门。皇泰主派人登上紫微观，问："带兵来干什么？"王世充下马谢罪说："元文都、卢楚等无缘无故要杀我；请杀元文都，我甘愿接受法办。"段达于是令将军黄桃树逮捕元文都，送给王世充。元文都回头对皇泰主说："臣早上死，晚上就轮到陛下了！"皇泰主恸哭，将他遣送出去，出了兴教门，被乱刀砍死，和卢楚一样，并杀卢楚、元文都的儿子们。段达又以皇泰主命，开门接纳王世充，王世充派自己人替代全部宫

廷宿卫，然后入见皇泰主于乾阳殿。皇泰主对王世充说："擅相诛杀，并不曾奏闻，这岂是为臣之道吗？你想要肆其强力，敢动我吗？"王世充拜伏流涕谢罪说："臣蒙先皇提拔，粉身碎骨也无以为报。元文都等包藏祸心，想要召李密以危社稷，因为我有不同意见，对我深积猜嫌；臣迫于救自己的命，来不及奏闻。如果心怀不轨，违负陛下，天地日月，可以见证，让臣满门殄灭，全家死绝。"词泪俱发。皇泰主认为他有诚意，命他升殿，与他谈话很久，然后一起入见皇太后；王世充解开头巾，披头散发立誓，声称不敢有二心。于是任命王世充为左仆射、总督内外诸军事。到了中午，捕获赵长文、郭文懿，处死。然后巡城，告谕以诛杀元、卢之意。王世充自含嘉城移居尚书省，渐渐结成党援，恣意作威作福。用哥哥王世恽为内史令，入居禁中，子弟都掌兵权，把政事分为十类，全部以自己的党羽主持，势震内外，群臣无不趋附于他，皇泰主只是拱手而已。

【华杉讲透】

王世充披头散发，恸哭立誓之后，"皇泰主以为诚，引令升殿，与语久之，因与俱入见皇太后"。杨侗怎么能相信王世充有诚意呢？这是人性的弱点，当他无能为力的时候，他就会为对方着想，无限假设和放大对方的善意，还主动曲解对方的恶意为善意，一厢情愿，欺骗自己。

王世充有没有诚意，看他行动就知道，你不是说只要杀了元文都，你就甘愿接受法办吗？你要杀的人都已经杀了，我现在下诏赦免你，再给你丹书铁券，我跟你立誓，从我到我的子孙，都不能杀你王家的人。但是，你现在把你的兵带走，宫廷卫士我自己安排。你把我的卫士都换成了你的兵，是你要办我，不是我要办你。

杨侗不敢跟王世充摊牌，也就成了王世充最后杀他的帮凶。这也是人性的弱点，不敢奋力一搏，就给杀死自己的人做了帮凶。

该死的时候就要以死相搏，不要做温水里的青蛙，死得窝囊。

49 李密将要入朝，走到温县，收到元文都等死讯，于是回金墉。东都发生大饥荒，民间私铸的钱泛滥，质量恶劣，大半掺杂以锡镴，钱薄如细线，一斛米价值八九万钱。

50 当初，李密曾经受业于儒生徐文远。徐文远为皇泰主国子祭酒，自己出城砍柴，为李密军所抓获。李密令徐文远南面而坐，备弟子礼，北面向他下拜。徐文远说："老夫既蒙受你的厚礼，敢不尽言？不知道将军的志向，如果要做伊尹、霍光以接续将要断绝的皇室血统，扶持即将倾危的国家，则老夫虽然年老迟暮，仍愿尽力；如果是要做王莽、董卓，乘危邀利，那就没有什么用得着老夫的地方了！"李密叩头说："昨天接到朝命，备位上公，希望能竭尽所能，匡济国难，这是李密的本心啊！"徐文远说："将军是名臣之子，迷途至此，如果能在还没走得太远的时候回头，也不失为忠义之臣。"

等到王世充杀元文都等，李密再次问计于徐文远。徐文远说："王世充也是我的门生，其为人残忍褊隘，既然造成了这个局面，必定另有所图，将军之前的计划已经不行了。除非击破王世充，不可入朝。"李密说："开始时认为先生是儒者，不达时事，如今则坐决大计，何其英明！"徐文远，是徐孝嗣的玄孙。

51 七月十七日，唐帝李渊下诏，隋朝离宫游幸之所，全部废除。

52 七月二十五日，派黄台公李瑗安抚山南地区。

53 七月二十六日，任命隋右武卫将军皇甫无逸为刑部尚书。

54 隋河间郡丞王琮守郡城以拒群盗，窦建德攻城，一年多也不能攻下。王琮接到隋炀帝的死讯，率吏士发丧，城墙上的战士都痛哭。窦建德遣使吊唁，王琮于是向使者请降，窦建德将大营后撤，准备宴席接待他。王琮言及隋亡，俯伏流涕，窦建德也为之哭泣。诸将说："王琮久拒我军，杀伤甚众，力尽乃降，请将他烹杀。"窦建德说："王琮是个忠臣，我正要赏赐他，以劝勉大家懂得如何侍奉君王，为什么要杀他？之前我们在高鸡泊为盗，或许可以乱杀；如今要安百姓，定天下，岂能残害忠良！"于是下令军中说："之前与王琮有怨敢妄动者，夷灭三族！"任命王琮为瀛州刺史。于是河北郡县听闻，争相归附于窦建德。

之前，窦建德攻陷景城，抓获户曹、河东人张玄素，将要杀他，县民一千余人号泣请求代他去死，说："户曹清廉无比，大王杀他，何以劝善？！"窦建德于是释放他，任命为治书侍御史，张玄素坚决推辞；等到江都败亡，再任命他为黄门侍郎，张玄素才接受任命。

饶阳县令宋正本，博学有才气，向窦建德进献定河北之策，窦建德任命他为军师。窦建德定都乐寿，将自己居城命名为金城宫，备置百官。

【华杉讲透】

《孙子兵法》说："不战而屈人之兵，善之善者也。"什么叫不战而屈人之兵呢？窦建德礼敬任用王琮，就是不战而屈人之兵。屈了谁的兵？就是其他河北郡县。他们本来准备抵抗窦建德的，看到王琮得到的礼遇，他们就主动归附投降了。所以兵法首先不是讲怎么打仗，而是讲怎么能不打仗就解决问题。

卷第一百八十六　唐纪二

武德元年（618）八月至十二月，不满1年

高祖神尧大圣光孝皇帝上之中

武德元年（公元618年）

薛举病逝，太子薛仁果继位

1 八月，薛举派儿子薛仁果进兵包围宁州，被刺史胡演击退。郝瑗对薛举说："如今唐兵新破，关中骚动，应该乘胜直取长安。"薛举同意，不巧有病而止。八月九日，薛举病逝。太子薛仁果继位，居于折墌城，谥薛举为武帝。

2 皇帝李渊想要与李轨联手图谋秦、陇地区，遣使秘密抵达凉州，招抚他，写信给他，称呼他为堂弟。李轨大喜，派他的弟弟李懋入朝进贡。李渊任命李懋为大将军，命鸿胪少卿张俟德册拜李轨为凉州总管，封凉王。

3 当初,朝廷以安阳县令吕珉为相州刺史,将原相州刺史王德仁调任岩州刺史。王德仁由此怨愤,八月十二日,王德仁引诱山东大使宇文明达进入林虑山,将他杀死,叛归王世充。

【华杉讲透】

王德仁这是职场典型,一不开心就跳槽。他本来是跟李密的,因为对李密杀翟让不满,杀了李密的使者房彦藻,投降李渊。现在又对李渊给他的工作调动不满,杀了李渊的使者宇文明达,投降王世充。他两次杀的都是使者,柿子拣软的捏,使者只有卫队,而他有军队。

身处乱世,良禽择木而栖,良臣择主而事,该选择哪个阵营,这是自身安全和家族兴亡的历史抉择,选择的标准是看谁能成事,而不是看谁能让我开心。不开心就走,下一个地方还是不开心。

每个人都有人生机会,王德仁投降李渊,就是他的人生机会,岩州刺史的位置很差吗?如果觉得自己得不到信任和重用,首先要在自己身上找原因。而如果被贬,被贬的时候,就是赢得信任和重用的最佳时机,因为你此刻只需要毫无怨言,努力工作,做出成绩,就可以加倍翻本。觉得自己的机会有的是,此处不留爷,自有留爷处,跳槽多了,最终就会无处容身。

中国有句俗话:"树挪死,人挪活。"应该反过来说,"人挪死,树挪活",特别是现在,大树移植技术成熟得很,树可以随便挪,而人,越挪越贬值。在争天下的年代,更是不能随便挪,做"三姓家奴"。跟谁就跟到底,他灭亡了我再投降,也不失为忠义之臣,王琮就是例子。

4 八月十七日,皇帝李渊任命秦王李世民为元帅,攻击薛仁果。

5 八月二十五日,临洮等四郡归降唐朝。

6 隋朝江都太守陈稜求得隋炀帝的灵柩,取宇文化及所留下的皇帝辇辂及鼓吹乐队,勉强凑成一支天子仪仗队,改葬于江都宫西吴公台下，其余被杀的王公以下，都埋在杨广坟墓之侧。

7 宇文化及从江都出发时，任命杜伏威为历阳太守；杜伏威不接受，仍上表于隋，皇泰主拜杜伏威为东道大总管，封楚王。变民首领沈法兴也上表于皇泰主，自称大司马、录尚书事、天门公，承制设置百官，以陈杲仁为司徒，孙士汉为司空，蒋元超为左仆射，殷芊为左丞，徐令言为右丞，刘子翼为选部侍郎，李百药为府掾。李百药，是李德林之子。

8 九月，隋朝襄国通守陈君宾投降唐朝，拜为邢州刺史。陈君宾，是陈伯山之子。

9 虞州刺史韦义节攻打隋朝河东通守尧君素，久攻不下，数次作战不利；九月十日，以工部尚书独孤怀恩替代韦义节。

10 当初，李密既杀了翟让，颇为骄矜，不体恤士众；虽然占着粮仓，粟米很多，但是没有府库钱帛，战士有功，没有东西赏赐；又过分优待初附之人，众心颇有怨恨。徐世勣曾经在宴会时讥刺他的缺点；李密不悦，派徐世勣出镇黎阳，虽然名为委任，实际上也是疏远他。

李密开洛口仓散发粮食，但是没有人看守，没有人称重统计数量，也不需要凭券，任何人都可以随意来取，也随意取多少；于是有的人离仓之后，背得太多，力不能致，就把粮食丢弃在街道上，自仓城到外城郭门，地上米堆积厚达数寸，为车马所碾压踩踏；群盗来就食者连同家属近一百万人，没有瓦罐木盆，织荆条为筐来淘米，稻米大量漏出，洛水两岸十里之间，望上去就像白色的沙滩。李密喜悦，对贾闰甫说："这就叫作足食了！"贾闰甫回答说："国以民为本，民以食为天。如今人民之所以扶老携幼，如流而至，就是因为'天'在这里。而有司毫不爱惜，这样糟蹋粮食！我担心一旦米尽民散，明公与谁来成就大业呢？"李密感谢他的话，即刻任命贾闰甫为判司仓参军事。

【华杉讲透】

数胜必亡，骄兵必败

数胜必亡，骄兵必败。为什么说"百战百胜，非善之善者也"？因为只要天下还未平定，仗还没打完，所有的胜利，就都还不是最后胜利。而数战数胜之后，会带来一种"主骄民疲"的情况，数胜则主骄，数战则民疲，以一个骄傲的主帅，率领一群疲惫的兵民，灭亡就在眼前了。这就是此刻李密的形势。

当然他本人不知道，他正处在一种志得意满、顾盼自雄的兴奋状态。人一骄傲自满，一兴奋，智商就会直线下降。发放粮食居然没人统计记账，随意拿取，以至街道上，河岸两旁，数十里满地堆积白花花的大米，任何一个心智正常的人都会心疼。李密却兴奋，掉书袋，说他看到了"足食"，他说的是哪本书呢？是《论语》，"子贡问政。子曰：足食，足兵，民信之矣"。子贡问政治怎么搞，孔子说，关键就三条：粮食充足，军队强大，对人民讲信义。李密认为他做到了孔子说的，所以得意，孔子的话，我知道了！他却不知道他三条都没做到。足食，是要足天下人之食，不是占领了粮仓，吃前朝人民的积蓄，这叫坐吃山空，不叫足食，没有一粒米是你种的粮食，你足什么食？足兵，现在争天下的军队还多呢，他只是其中一支。讲信义，这根本就是他的软肋，他杀了翟让，失了信义，人心已经散了，他还自以为干得漂亮！

还有一个问题，"又厚抚初附之人，众心颇怨"，这是非常典型和普遍的毛病，现在很多企业家也是这样，对员工，高薪去挖外面的人，伤了旧人的心。他总觉得外面的人优秀，其实主要是因为他对对方不了解，对旧人呢，他了解了，就认为人家不过如此。这就是不明白一个领导者的责任，领导者的责任是创造环境条件让每个人得到最大的发挥，而不是挖来"人才"，他就自动替我干出成绩了。

这是一种猴子掰苞米的行为，对人才的猴子掰苞米。在今天的商业社会里还有一种典型，对客户的猴子掰苞米，已经给他钱的客户，他就放松了，认为已经"搞定"了，然后投入精力去争取新客户，那么老客户也就有怨言了。

没有什么是理所应当，一切都是难能可贵；没有什么是一劳永逸，一切都需要不断获取，而"知所先后，则近道矣"，不断获取的先后次序，就是由近及远，近悦远来，始终从近处着手，新人再好，我也不会抛弃旧人，这样才能人人安心。

王世充进逼李密，李密军败逃

李密认为东都兵多次战败，实力微弱，而将相自相屠灭，很快就会被他平定。而王世充呢，既专掌大权，开始厚赏将士，缮治器械，也秘密图谋攻取李密。当时隋军缺粮，而李密军缺衣，王世充请交易，李密感到为难；长史邴元真等因为在这项交易中可以牟取私利，劝李密同意。之前，东都人投归李密的，每天都数以百计；既得了粮食，来投降的人就减少了，李密后悔，停止交易。

李密击破宇文化及之后，其劲卒良马多死，士卒疲病。王世充想要乘其疲弊攻击他，担心人心不一，于是诈称左军卫士张永通三次梦见周公，令他宣意于王世充，当勒兵相助击贼。于是为周公立庙，每次出兵，先到庙前祈祷。王世充令巫师宣言周公想要下令仆射急讨李密，当有大功，否则士兵们都要发瘟疫而死。王世充的兵多是楚人，相信妖言，全都请战。王世充简选精锐得二万余人，马二千余匹，九月十日，出师攻击李密，军旗之上都书写"永通"二字，军容甚盛。九月十一日，抵达偃师，扎营于通济渠南，在渠上架了三座桥。李密留王伯当守金墉，自引精兵从偃师北出发，封锁邙山，严阵以待。

李密召诸将会议，裴仁基说："王世充倾巢而来，洛阳必定空虚，可分兵守其要路，让他不得向东，简精兵三万，沿河西上，以逼东都。王世充还师救援，我军则按兵不动；王世充再出，我们又进逼。如此反复，则我有余力，他劳于奔命，必定能击破他。"李密说："你的计策非常好。如今东都兵有三不可挡：兵仗精锐，这是其一；决计深入，这是其二；食尽求战，这是其三。我只需要登城固守，蓄力以待；他求战不得，求走无路，不过十日，王世充之头可送到麾下。"陈智略、樊文超、单雄信都说："算下来，王世充战卒甚少，屡经摧破，都已丧胆。《兵法》说'倍则战'，何况我军兵力不止比他们多一倍！况且江、淮新归附我军的战士，都盼望乘此机立功效力；趁他们士气高昂而用，可以得志。"于是诸将群情激昂，求战的有十分之七八，李密惑于众议，听从。裴仁基苦争不得，击地叹息说："公之后必定后悔！"魏徵对长史郑颋说："魏公虽骤然取胜，而骁将锐卒大多战死，士气低落，此二者难以应敌。况且王世充缺粮，志在死战，难与争锋，不如深沟高垒以拒之，不过十天半月，王世充粮尽，必然自退，追而击之，无不取胜。"郑颋说："你这是老生常谈而已。"魏徵说："这是奇策，何谓常谈？！"拂衣而起。

程知节率内马军与李密一同扎营在北邙山上，单雄信率外马军驻营于偃师城北。王世充派数百骑兵渡过通济渠攻打单雄信营，李密派裴行俨与程知节助战。裴行俨先驰赴敌，被流箭射中，扑倒于地；程知节救他，杀了数人，王世充军溃退，于是抱着裴行俨，两人骑一匹马返回。两人被王世充骑兵追逐，一槊刺来，洞穿程知节身体，程知节回身斩断槊杆，并斩死追者，与裴行俨一起逃脱。这时日暮，各自收兵还营。李密骁将孙长乐等十余人也都身受重伤。

李密新破宇文化及，有轻视王世充之心，不设壁垒。王世充夜里派二百余骑兵潜入北山，埋伏在溪谷中，命军士都喂饱战马，早上起来，就在床前就食。九月十二日黎明，将战，王世充动员说："今日之战，不只是争胜负；而是争生死，一切在此一举。如果取胜，富贵姑且不论；如果战败，必定没有一个人能活着回去。所争的是死，不只是为国，各位自勉！"

天亮之后，引兵进逼李密。李密出兵应战，还没来得及列阵，王世充纵兵突击。王世充的士卒都是江、淮剽勇之士，出入如飞。王世充先找出一个长得像李密的人，捆绑了藏起来。战斗正酣，派人将他牵着走过阵前，鼓噪大喊："已经抓获李密了！"士卒们都高呼万岁。伏兵发动，乘高而下，飞驰压向李密大营，纵火焚烧其庐舍。李密部众大溃，其将张童仁、陈智略都投降，李密与一万余人奔驰逃往洛口。

王世充当夜包围偃师；郑颋镇守偃师，其部下翻城而出，迎接王世充入城。

当初，王世充家属在江都，随宇文化及到滑台，又随王轨投降李密，李密把他们留在偃师，想要以此招降王世充。等到偃师陷落，王世充得到他的哥哥王世伟，儿子王玄应、王虔恕、王琼等，又俘虏李密将佐裴仁基、郑颋、祖君彦等数十人。王世充于是整兵向洛口，俘获邴元真妻子儿女、郑虔象母亲及李密诸将的子弟，都抚慰他们，让他们秘密招降各自父兄。

当初，邴元真为县吏，因为贪污犯罪，逃坐，跟从翟让于瓦岗；翟让因为他曾经做过官吏，让他掌管文书。后来李密开幕府，选拔人才，翟让推荐邴元真为长史；李密不得已而用他，而行军谋划，从未让他参与。李密西拒王世充，留邴元真镇守洛口仓。邴元真性格贪鄙，宇文温对李密说："不杀邴元真，必定成为您的祸患。"李密不回应。邴元真知道了，阴谋背叛李密；杨庆听闻，告诉李密，李密固然也有疑心。至此，李密将入洛口城，邴元真已派人秘密招引王世充。李密得知消息，但不动声色，与众人谋议，等王世充兵渡洛水渡过一半的时候，发动突击。王世充军抵达，李密的侦察骑兵却没有及时发现，等到将要出战，王世充军已经全部渡河完毕。单雄信等又勒兵自保，拒绝接受作战命令；李密算计下来，自己一个人兵力不足，于是率麾下轻骑奔往虎牢，邴元真于是献出洛口城投降王世充。

当初，单雄信骁勇敏捷，善用马槊，名冠诸军，军中号称"飞将"。房彦藻认为单雄信轻于去就，劝李密铲除他；李密爱他的才华，不忍心杀他。等到李密失利，单雄信就以所部投降王世充。

李密将要前往黎阳，有人说："杀翟让的时候，徐世勣几乎也被杀死，如今作战失利，而去投奔他，能保证安全吗？"当时王伯当放弃金墉，退保河阳，李密从虎牢前往投奔他，引诸将一起商议。李密想要南边以黄河为屏障，北边把守太行山，东方连接黎阳，以图进取。诸将都说："如今军队刚刚战败，众心危惧，如果再停留，恐怕叛变逃亡，一日之间，就一走而空。而且，人情不愿，难以成功。"李密说："我所依靠的，就是大家而已，大家既然不愿，我也没有办法了。"想要自刎以谢众。王伯当抱住李密，号哭昏绝，众人都悲泣，李密又说："诸君如果不相弃，当一起归附关中，我虽然没有功劳，诸君必保富贵。"府掾柳燮说："明公与唐公同族，又有之前的友好盟约；虽然没有跟他一起起兵，但是阻断东都，截断隋军归路，让唐公不战而据长安，这也是您的功劳啊！"众人都说："对。"李密又对王伯当说："将军家族庞大，还能与我同行吗？"王伯当说："当年萧何尽率子弟以从汉王，我恨不能兄弟们全部跟从，岂能以公今日之失利就轻于去就呢？就算在荒野上被分尸，也心甘情愿！"左右莫不感激，跟从李密入关者共二万人。于是李密的将帅、州县多投降东都隋朝。朱粲也遣使降隋，皇泰主封朱粲为楚王。

【华杉讲透】

永远按老生常谈来决策

李密之败，典型地演绎了"数胜必亡"，百战百胜，一败而亡。这前面已经讲解了，不赘述。在这一页要学到的，有两条：

一是我们要永远按"老生常谈"来决策行事，老生常谈，就是绝对正确。但是，智力低下的人，就瞧不起老生常谈，总认为"这回不一样""我跟别人不一样"，实际上每次都一样，每个人都一样，这才会形成老生常谈嘛。李密的初心本谋，魏徵的意见，都是兵法上的标准战法，一切都跟书上写的一样，结果当然也跟书上一样。

二是对自己不信任的人要及时处理，特别是已经知道他的毛病，还心软拖延。邴元真贪鄙，单雄信"轻于去就"，就是"养不熟"，随时会叛变投敌，转换阵营，这李密都知道，却没有及时处理。当年黄帝出游，遇到一个牧马童，说："小伙子，你这马放得不错啊！"牧马童说：

"这放马嘛,跟您治理天下的道理也差不多。"黄帝问:"哟呵!你还懂治理天下,说说看,怎么能和放马一样?"牧马童说:"就是把害群之马牵出去。"李密没有把害群之马及时牵出去,就被害群之马耽误了。

11 九月十二日,唐朝秦州总管窦轨攻击薛仁果,不利;骠骑将军刘感镇守泾州,薛仁果包围。城中粮尽,刘感将自己所乘的马杀了,把肉分给将士们,而自己一口都不吃,只是煮马骨汤和着木屑吞食。城几次到了陷落边缘,正巧长平王李叔良率军抵达泾州,薛仁果于是扬言说他的粮食吃尽了,引兵南去。

九月十三日,薛仁果又派高墌人假装献出城池投降。李叔良派刘感率众前往接收,九月十七日,抵达城下,城中人说:"贼已离去,可以翻城墙进来。"刘感下令火烧城门,城上放水下来灭火。刘感知道有诈,派步兵先撤,自己率精兵殿后。过了一会儿,城上举起三道烽火,薛仁果兵从南原蜂拥而下,战于百里细川,唐军大败,刘感为薛仁果所擒。

薛仁果再次包围泾州,令刘感对城中守军说:"援军已败,不如早降。"刘感许诺,到了城下,大呼:"逆贼饥馁,亡在朝夕,秦王率数十万众,四面俱集,城中勿忧,努力作战!"薛仁果怒,抓捕刘感,于城旁挖土埋到膝盖,驰骑射击;刘感厉声诟骂,直到气绝。李叔良婴城固守,仅能自全。刘感,是刘丰生的孙子。

12 九月十八日,陇州刺史、陕人常达攻击薛仁果于宜禄川,斩首一千余级。

13 皇帝李渊派侄子、襄武公李琛,太常卿郑元璹赠送女妓给始毕可汗。九月二十日,始毕可汗再次派骨咄禄特勒来访。

14 九月二十一日,白马道士傅仁均制成《戊寅历》,上奏,颁行。

15 薛仁果屡次进攻常达,不能取胜,于是派部将仵士政率数百人诈降，常达优厚地抚慰他们。九月二十三日，仵士政抓住机会，率众劫持常达，拥城中二千人降于薛仁果。常达见了薛仁果，词色不屈，薛仁果敬佩他的壮烈，释放他。奴贼帅张贵对常达说："你认识我不？"常达说："你是一个逃死奴贼而已！"张贵怒，要杀他，其他人援救，获免。

16 九月二十九日，唐朝追谥隋太上皇为炀帝。

宇文化及鸩杀杨浩，自即皇位，国号许

17 宇文化及抵达魏县，张恺等密谋要铲除他；事情被察觉，宇文化及杀了他们。如此，自己的心腹差不多都要杀光了，兵势一天比一天窘迫，兄弟二人束手无策，只是每天相聚酣宴，歌舞女乐。宇文化及喝醉，埋怨宇文智及说："我当初什么都不知道，都是听你的，强迫立我为盟主。如今一无所成，士马日散，背负着弑君之名，为天下所不容。现在要被灭族，岂不都是因为你？"抱着自己两个儿子哭泣。宇文智及怒道："事捷之日，你怎么不埋怨我？如今要败了，却归罪于我，你何不杀了我，投降窦建德！"两人来回争吵，说话没大没小；总是喝得大醉，酒醒之后又再喝，每天如此。部众大多逃跑，宇文化及自知必败，叹息说："人生固当死，岂不能当一天皇帝吗？"于是鸩杀秦王杨浩，即皇帝位于魏县，国号许，改年号为天寿，署置百官。

【华杉讲透】
宇文化及这跳梁小丑，死到临头，还要实现他的皇帝梦。如果这就算当过皇帝，任何一个占山为王的盗贼都可以称帝了。

18 冬，十月一日，日食。

19 十月七日，李渊宴请突厥骨咄禄特勒，请骨咄禄特勒登上御座，以示恩宠。

李密抵达长安，投靠唐朝

20 李密将要抵达长安，皇帝遣使迎接慰劳，使者一个接一个，前后相望于道路。李密大喜，对他的随从们说："我拥众百万，一朝解甲归唐，山东连城数百，知我在此，遣使招降，也当全部回归；比起窦融，我的功劳也不小，岂不给我一个台司（三公）的位置吗？"

十月八日，李密到长安，有司供应接待不怎么周到，所部兵整天都得不到饭吃，众心颇怨。既而任命李密为光禄卿、上柱国，赐爵邢国公。李密既得不到满足，朝臣又多轻视他，掌权的人有的还来索贿，李密愤愤不平；唯有皇帝对他亲密礼敬，常呼他为弟，把自己舅舅的女儿独孤氏嫁给他为妻。

【华杉讲透】

李密轻佻小人，每一句话都不懂事，所谓"拥众百万，一朝解甲"，这事根本不存在，因为他并不是带了一百万人来投降唐朝，而是一百万人全没了，狼狈来求收容。至于山东连城数百，他一句话就能招降，如果能，他就不会败了，这也是信口开河，逞口舌之能。

什么叫小人？孔子说："近之则不逊，远之则怨。"李密见李渊对他好，就开始不逊，等心理有了落差，他就要怨恨，惹出事情来。所以这种人，你不敢对他好，因为你一对他好，他马上就膨胀，越要越多，直到你给不起为止。

别人对你好，你不能当真，皇帝亲密礼敬，其他人可不一定服气。恰恰相反，皇帝越对你亲密礼敬，其他人越不服气，你一个败军之将，落魄来投，牛什么牛呢？大家关注的只有一件事情，也是最核心的事情，你之前那么大事业，差不多也是一国之主，肯定搞了不少钱！你带了多少钱来？是不是该分一点给我们？对李密接待不周，以至于他的兵一整天都得不到饭吃，和皇帝的态度落差那么大，就是要钱的意思。李密不愿给，人家就直接索贿了。

李密应该怎么办？他应该一到长安，就把所有钱财都拿出来，捐给国家做军费，也算有个见面礼，同时让大家知道我没钱了。要不呢，你就用来给大家送礼，搞好关系。总之，不能啥都要，只想着自己。

李密摆不正自己的位置，心理有了落差，之后就要自取灭亡了。

21 十月九日，皇帝下诏，命右翊卫大将军、淮安人王神通为山东道安抚大使，山东诸军都受他节度；任命黄门侍郎崔民干为他的副手。

【胡三省注】
崔民干是山东望族，所以派他去。

22 邓州刺史吕子臧与抚慰使马元规攻击朱粲，击破。吕子臧对马元规说："朱粲新败，上下危惧，请并力攻击，一举可灭。如果拖延，他的部队重新集结起来，兵力强，粮食又吃光了，必定和我们死战，祸患更大。"马元规不听。吕子臧请求独自率自己所部兵攻击，马元规不许。既而朱粲收集余众，兵势再次大振，自称楚帝于冠军，改年号为昌达，进攻邓州。吕子臧捶胸叹息，对马元规说："老夫今天被你害死了！"朱粲包围南阳，不巧天降大雨，城墙崩坏，亲信劝吕子臧投降。吕子臧说："岂有天子方伯降贼的吗？"率麾下赴敌而死。一会儿工夫，城陷，马元规也战死。

23 十月十二日，王世充收集李密的美人、珍宝及降卒十余万人回到东都，陈列在宫阙之下。

十月十四日，皇泰主杨侗下诏大赦。

十月十五日，任命王世充为太尉、尚书令，总督内外诸军事，仍让他开太尉府，备置官属，选拔人才。王世充认为裴仁基父子骁勇，对他们十分礼敬。徐文远再次进入东都，每次见王世充，必先跪拜。有人问他："你见李密时，非常倨傲，而对王公（王世充）却这么礼敬，为什么？"徐文远说："魏公（李密）是君子，能容纳贤士；王公是小人也，能杀故人，我怎敢不拜？"

24 李密的总管李育德献出武陟，投降唐朝，拜为陟州刺史。李育德，是李谔的孙子。其余将佐刘德威、贾闰甫、高季辅等，或者献出城邑，或者率领所部，相继来降。

当初，北海贼帅綦公顺率其徒众三万人攻打北海郡城，已攻克其外城城郭，进攻子城；城中粮食吃尽，綦公顺自以为攻克就在旦夕之间，不设防备。明经（科举考试的一种学位资格，明习经书之意）刘兰成纠合城中骁健之士一百余人出城袭击，守城部队继后，綦公顺大败，弃营逃走，郡城得以保全。于是郡官及望族分城中民为六军，各自担任将领，刘兰成也率领一军。有一位叫宋书佐的，离间诸军说："刘兰成得众心，必定对大家不利，不如杀了他。"众人不忍心杀，但是夺了他的部队，交给宋书佐。刘兰成害怕遭祸，逃亡投奔綦公顺。綦公顺军中喜悦鼓噪，要推举他为盟主，刘兰成坚决推辞，于是任命他为长史，军事行动都听他的。

过了五十多天，刘兰成简选军中矫健者一百五十人，前往北海抢掠。距城四十里，留下十人，让他们多多地割草，分为一百多堆；距城二十里，又留二十人，各执大旗；距城五六里，又留三十人，埋伏在险要之处；刘兰成自己带了十个人，夜，距城一里许埋伏；剩下八十人分别布置在方便之处，约定听到鼓声就抢掠人口和牲畜，迅速离去，并及时焚烧草堆。

第二天清晨，城中远望没有烟尘，都出城打柴放牧。中午时分，刘兰成率十人直抵城门，城上钲鼓之声大作；刘兰成伏兵四出，抄掠杂畜一千余头及打柴放牧的人而去。刘兰成度量着抢掠得手的人已经走远，徐徐步行而还。城中虽然出兵，但是害怕有伏兵，不敢急追；又看见前面有旌旗、烟火，于是不敢前进，撤退回城。既而城中知道刘兰成一共就没多少人，后悔没有穷追。

过了一个多月，刘兰成谋划攻取郡城，又以二十人直抵城门。城中人竞相出城追逐，走了不到十里，綦公顺率大军赶到。郡兵奔驰回城，綦公顺进兵包围，刘兰成出面招谕，城中人争相出降。刘兰成抚存老幼，礼遇郡官，见宋书佐，也对他礼遇如旧，并给他旅费，送他出境，内外平安。

当时，海陵贼帅臧君相听闻綦公顺占据北海，率其众五万人来争战；綦公顺兵少，闻之大惧。刘兰成为綦公顺献策说："臧君相现在离我们还很远，必定不设防备，请将军倍道兼行，袭击其营。"綦公顺听从，亲自率领骁勇五千人，带着熟食，倍道突袭。将要抵达臧君相大营时，刘兰成与敢死士二十人前行，距敌营五十里，看见敌军出来抄掠的人挑着担子回营，刘兰成也与他的人挑着蔬菜、粮米、炊具，假装成抢掠部队士兵，跟着一起走，择空而偷听探察，得知他们的暗号口令及主将姓名；到了黄昏时分，与贼比肩而入，挑着担子巡视军营，知其虚实，得到他们新的暗号口令。于是在空地燃火煮饭，到了三更时分，忽然在主将幕前交刀乱下，杀一百余人，贼众惊扰；綦公顺兵也杀到，急攻，臧君相仅仅逃得一命，俘虏斩首数千人，缴获其物资、粮食、盔甲、武器，得胜而还。由此綦公顺党众大盛。后来，李密占据洛口，綦公顺率众归附，李密战败，綦公顺投降唐朝。

【华杉讲透】

什么叫用兵如神，刘兰成就是了。他是标准的分战法，"以正合，以奇胜"。第一次去抢掠，150人的兵力，他居然分成了五支！一支正兵，仅仅10人，四支奇兵，各有任务。与臧君相之战，他首先是"故知战之地知战之日，则可千里而会战"，仗在哪里打，什么时间打，全是他主动，敌人是完全没有准备。其次，仍是分战法，"以正合，以奇胜"，一支正兵，仅仅20人；一支奇兵，5000人。

偷营这种战法，自家军营里混进了敌人，而且还掌握我军口令，乱砍乱杀，而我军士兵不辨敌我，怎么办？对于正规军，这应该有预案，标准预案，兵书上都有。首先，不可不设防备，每一天晚上，军营都有可能混进敌人，发动突袭；或者根本没有敌人，士兵们以为混进了敌人，惊慌失措，互相砍杀，这叫惊营。这都是非常、非常、非常容易发生的，不是黑天鹅，而是灰犀牛。其次，事先要有布置，军营中当搭有高台，布置有火堆，当惊营或劫营事件发生，则全军按各自营房和编制原地不动，就地集合，各班、各排都在一起，相互都认识，手持武器，但是不动。这样，到处乱动的就是敌人了。同时，点燃全部篝火，将营中照得通明如白昼，出动别动队——神箭手登高台向下射击，只要在走动的就射，像刘兰成这进来二十人，一会儿工夫就杀光了。所以，对付这种情况，是从军营怎么规划布置开始。当年诸葛亮撤退，司马懿巡察他留下的军营痕迹，观察他的规划，惊为天人，就是这个意思。除了事先规划，还要经常演习，演练敌人偷营时的各种情况，让每个人都形成肌肉记忆。像臧君相这种变民军队，乌合之众，哪里有这样的专业军事人才和训练，所以轻松就被刘兰成袭破了。刘兰成也没打过仗，但他是"明经"，真的明经，明习经典，读过书，而且读懂了。这读过书的对上没读过书的，就成了降维打击。

25 隋末群盗蜂起，冠军县司兵李袭誉建议西京留守阴世师派兵占据永丰仓，发放粮食以赈济穷乏，拿出库物赏赐战士，移檄郡县，同心讨贼；阴世师不能用。于是请求在山南招募新兵，阴世师批准。皇帝李渊攻克长安，将李袭誉从汉中召还，任命为太府少卿；十月二十四日，将李袭誉的名字列入皇室族谱。李袭誉，是李袭志的弟弟。

26 十月二十五日，朱粲入寇淅州，皇帝派太常卿郑元璹率步骑兵一万出击。

27 本月，免去窦抗纳言职务，另行任命为左武候大将军。

28 十一月四日，凉王李轨即皇帝位，改年号为安乐。

【华杉讲透】

皇帝梦,害死人!天下未定,自己不过占据了巴掌大一点土地,就要称帝,好好的凉王不做,非要自取灭亡。

29 十一月七日,王轨(李密的滑州总管)献出滑州,投降唐朝。

李世民击败宗罗睺,薛仁果出降

30 薛仁果当太子时,与诸将多有矛盾;即位之后,众心猜惧。郝瑗哭悼薛举,悲痛成疾,一病不起,由是国势渐弱。

秦王李世民抵达高墌,薛仁果派宗罗睺将兵拒战;宗罗睺数次挑战,李世民坚壁不出。诸将全都请战,李世民说:"我军新败,士气沮丧,贼恃胜而骄,有轻我之心,最好紧闭营门,等待时机。等他骄傲怠惰,而我军士兵人人思奋,可以一战而克。"于是下令军中说:"敢言战者斩!"相持六十余日,薛仁果粮尽,其将梁胡郎等率所部来降。李世民知道薛仁果将士离心,命行军总管梁实扎营于浅水原,引诱他。宗罗睺大喜,尽锐攻击,梁实守险不出;营中无水,人马好几天都没有水喝。宗罗睺攻之甚急;李世民度量着贼军已经疲惫,对诸将说:"可以出战了!"天色将明,派右武候大将军庞玉列阵于浅水原。宗罗睺并兵攻击,庞玉迎战,几乎不能支撑,李世民引大军从浅水原北出其不意,宗罗睺引兵还战。李世民率骁骑数十人身先士卒,冲锋陷阵,唐兵表里奋击,呼声动地。宗罗睺士卒大溃,斩首数千级。李世民率骑兵二千余人追击,窦轨拉住马头苦谏说:"薛仁果仍然占据坚城,虽然击破了宗罗睺,不可轻进,请且按兵以观察。"李世民说:"我已经考虑很久了,破竹之势,机不可失,舅舅不用再说!"于是进兵。薛仁果列阵于城下,李世民在泾水旁扎营,薛仁果的骁将浑幹等数人临阵来降。薛仁果惧,引兵入城拒守。日暮时分,大军继至,于是围城。夜半,守城者争相翻城出降。薛仁果计穷,十一月八日,出降;得其精兵一万余人,男女五万口。

诸将皆贺,并问:"大王一战而胜,竟不带步兵,又没有攻城装备,轻骑直造城下,众人都以为不能攻克,而一下子就拿下了,为什么?"李世民说:"宗罗睺所率领的都是陇外之人,将骁卒悍;我只是出其不意而击破他们,斩获不多。如果缓一缓,让他们都进了城,薛仁果抚慰而用他们,就不易攻克了;我急追急攻,他们就散归陇外,各自逃回老家。如此,高墌虚弱,薛仁果胆破,来不及制定计谋,这就被我攻克了。"众人喜悦佩服。

李世民所得降卒,全都让薛仁果兄弟及宗罗睺、翟长孙等率领,与他们一起射猎,毫无猜疑。贼畏威衔恩,都愿效死力。李世民听闻褚亮声名,求访,找到他,礼遇甚厚,任命为王府文学。

皇帝李渊遣使对李世民说:"薛举父子杀了我们很多士卒,一定要杀光他们的党羽,以谢冤魂。"李密进谏说:"薛举虐杀不辜,这正是他之所以灭亡的原因,陛下有什么怨愤呢?怀服之民,不可不抚。"于是下令只诛杀首恶,其余全部赦免。

皇帝派李密迎接秦王李世民于豳州,李密自恃其智略功名,见皇帝尚且有傲色;等见到了李世民,不觉惊服,私底下对殷开山说:"真英主也!不这样,又怎能平定祸乱!"

皇帝下诏,任命员外散骑常侍姜謩为秦州刺史,姜謩抚以恩信,盗贼全部投降,士民安定。

【华杉讲透】

善用兵者,一是治气,二是伐谋

李世民此战,用了《孙子兵法》两条,一是治气,二是伐谋。

《孙子兵法》说:"朝气锐,昼气惰,暮气归。故善用兵者,避其锐气,击其惰归,此治气者也。"读者可以留意,李世民几乎每一仗,都是这么打的,对方锐气正盛的时候,他就坚壁不战,让对方士兵的气越耗越泄，等己方士兵的气越憋越足，等到把对方的气耗尽了，而己方的气已经憋得要爆炸了，他就放出一个诱饵，引对方出战，然后一击取胜。原理就这么简单，李世民就这一个套路，但是，什么时候，几号几点几分几秒是正确出击时间，那就是他的军事艺术了。

治气，还包括了治力和治心。《孙子兵法》说："以治待乱，以静待哗，此治心者也。以近待远，以逸待劳，以饱待饥，此治力者也。"总之就是把敌人的心气、力气都给他耗光、搞掉，而让我军士兵心气越来越高，力气越来越足。

治气、治心、治力，先是治敌我双方士兵，然后就是治敌方主将，《孙子兵法》说："故三军可夺气，将军可以夺心。"高墌虚弱，薛仁果破胆，就是都被李世民夺了心，心胆俱裂。

最后就是上兵伐谋了，李世民这一战，是先伐兵，后伐谋。伐谋，是伐掉对方的计谋。李世民带着骑兵穷追，而两千骑兵是根本无法攻城的，他的目的，是不让宗罗睺的骑兵进城，追赶他们各自逃回老家。精锐部队没了，薛仁果吓破了胆，仓促之间，来不及制定计谋，这就是伐掉了他的"谋"。加上其他人纷纷翻墙投降，薛仁果也就反了，降了。

再说李密，李密见李渊还"犹有傲色"，见了李世民"不觉惊服"，这是他的毛病，也是很普遍的毛病，就是随时揣着一颗评判比较之心，评判自己遇到的每一个人，把他和自己比较，然后下结论，这人还行，或者这人不怎么样，来决定自己和他交往的态度。有时遇到这样的人，他跟你说："我这人从来不服任何人的，但是我就服你！"听到这话，前半句肯定是真心话，后半句就不一定。心里老是在掂量服谁不服谁的人，他就是谁都不服，摆不正自己位置，最后总要搞出事情来。

正确态度是什么呢？尊重人，不存在服不服的问题。三人行，必有我师，见贤思齐，见不贤而内自省也，这是我们对人的正确态度。

31 徐世勣占据李密旧境，还没有归属任何一方。魏徵随李密至长安，于是自请去招抚山东各势力，皇帝任命他为秘书丞，乘驿车到黎阳，送信给徐世勣，劝他早降。徐世勣于是决计西向，对长史、阳翟人郭孝恪说："这些土地，都是魏公所有；我如果上表献给皇上，是因主公之败而获利，当成自己功劳来求取富贵，我实在耻于这么做。如今应该把郡县户口和战士名册、战马数目报告魏公，让他自己去献给皇上。"于是派郭孝恪到长安，又运粮支援淮安王李神通（李神通是朝廷任命的山东道安抚大使，山东诸军都受他节度）。皇帝听闻徐世勣使者到了，但是没有奏章，只是报告给李密，觉得非常奇怪。郭孝恪详细解释了徐世勣的意思，皇帝于是叹息说："徐世勣不背德，不邀功，真是纯臣！"赐姓李。任命郭孝恪为宋州刺史，让他与徐世勣经营虎牢以东，所得州县，委托他们选补官吏。

32 十一月十二日，独孤怀恩攻打尧君素于蒲坂。行军总管赵慈景娶皇帝女儿桂阳公主为妻，被尧君素生擒，就在城外枭首示众，以示毫无降意。

33 十一月二十二日，秦王李世民回到长安，斩薛仁果于市，皇帝赏赐常达绸缎三百段。追赠刘感为平原郡公，谥号忠壮。扑杀仵士政于殿庭。因为张贵尤其淫暴，腰斩。皇帝享劳将士，对群臣说："我在诸公辅佐之下，以成帝业，如果天下承平，可以共保富贵。假使王世充得志，公等还能有后代子孙吗？就像薛仁果君臣，岂不就是前车之鉴！"

十一月二十八日，任命刘文静为户部尚书，兼领陕东道行台左仆射，恢复殷开山爵位。（二人因浅水原之败被除名。）

34 李密骄贵日久，又自负有归国之功，朝廷给他的待遇没有达到他的期望，郁郁不乐。有一次大朝会，李密为光禄卿，应负责饮食供应准备，深以为耻；退下之后，告诉左武卫大将军王伯当。王伯当也快快不乐，于是对李密说："天下之事，都在您度量之中而已。如今东海公（徐世勣）在黎阳，襄阳公（张善相）在罗口，河南一带可以调动的兵马，掰着指头就能算出来，岂能长久如此！"李密大喜，于是献策于皇帝说："臣虚蒙荣宠，安坐京师，对国家没有效力；山东之众，都是臣的旧部，请派我前往安抚招降。凭借国威，取王世充就如同拾起地上一根芥草！"皇帝听闻李密旧部多不归附王世充，也想派李密前往招降。群臣多劝谏说："李密狡猾好反叛，现在派他去，就如同投鱼于泉，放虎于山，必定不会回来了！"皇帝说："帝王自有天命，非小子所能取。就算他叛去，也就如同以蒿箭射在蒿草中而已！他们互斗，我正可以坐收其弊。"

十二月一日，派李密前往山东，招降他还未归附唐朝的旧部。李密申请与贾闰甫同行，皇帝批准，命李密及贾闰甫同升御榻，赐食，又向他们敬酒，说："我们三人同饮此酒，以明同心；望你们好好地建立功名，不要辜负朕一番心意。丈夫一言许人，千金不易。确实有人坚持不愿让贤弟去，朕推赤心于贤弟，不是他人所能离间的。"李密、贾闰甫再拜受命。皇帝又任命王伯当为李密副手，一同启程。

【华杉讲透】

李渊说李密如果反叛，谈不上是放虎归山，无非是"以蒿箭射蒿中耳"。蒿草到处都是，低贱不值钱，但是，把草杆制成箭杆，那蒿箭就是贵重有力的武器，把蒿箭射入蒿草，是弃贵就贱，打回原形。一个人的力量，来源于他所在的组织，离开了组织，就是蒿箭回归蒿草而已。

李密呢，他是曾经沧海难为水，调整不了自己的位置和心态，徐世勣对他那么忠诚，更增强了他再起风云的信心，就要铤而走险了。

35 窦建德的首都乐寿，突然有五只大鸟降临，又有群鸟数万只跟从，过了一天多才飞去。窦建德认为是应在自己身上的祥瑞，改年号为五凤。宗城有人得到一尊黑色的玉器玄圭，献给窦建德，宋正本和景城丞、会稽人孔德绍都说："这是天帝当初赐给大禹的，请改国号为夏。"窦建德听从，任命宋正本为纳言，孔德绍为内史侍郎。

当初，王须拔劫掠幽州，中流箭而死，他的部将魏刀儿代领其众，占据深泽，在冀州、定州一带抢掠，部众发展到十万，自称魏帝。窦建德假装与他联合，魏刀儿松弛了防备，窦建德发动突袭，将他击破，于是包围深泽；魏刀儿的部下抓捕他，投降，窦建德斩魏刀儿，兼并了他的部众。

易州、定州等都投降窦建德，唯独冀州刺史麹稜不降，麹稜的女婿崔履行，是崔遐的孙子，自称有奇术，可以让攻城者自己失败，麹稜相信了。崔履行命守城者都端坐，不得妄斗，说："贼虽登城，你们不要害怕，我会让贼兵自己捆缚自己。"于是筑起高坛，夜里，拜表设祭，然后自己穿着丧服，手拿竹杖，登北楼恸哭；又令妇女登上屋顶，向四方掀动衣裙。窦建德攻城紧急，麹稜将要战斗，崔履行坚决制止。一会儿工夫城池陷落，崔履行还没哭完。窦建德见了麹稜，说："你是忠臣！"优厚礼遇他，任命为内史令。

36 十二月二日，皇帝李渊下诏任命秦王李世民为太尉、使持节、陕东道大行台，蒲州、河北诸府兵马都受他节度。

37 十二月三日，西突厥曷娑那可汗脱离宇文化及，前来投降唐朝。

38 隋将尧君素镇守河东，皇帝派吕绍宗、韦义节、独孤怀恩相继攻打，都不能攻下。当时城外围攻严急，尧君素制作一只木鹅，把奏章挂在鹅颈上，详细汇报局势，然后顺着河漂流下去；河阳隋军捞起来，送到东都。皇泰主杨侗见了，叹息，拜尧君素为金紫光禄大夫。

庞玉、皇甫无逸脱离东都前来，投降唐朝，皇帝派他们到河东城下，陈说利害，尧君素不从。又赐给金券，许以不死。他的妻子又到城下，对他说："隋室已亡，君何必自苦！"尧君素说："天下名义，非妇人所知！"引弓射击，妻子应弦而倒。尧君素也自知不济，但是志在守死，每每言及国家，未尝不嘘唏。对将士们说："我当年事奉主上于藩邸，按大义，我不得不死。如果一定是隋祚永终，天命有属，我自当砍下头颅，交给你们，让你们持取富贵。如今城池甚固，仓储丰备，大事还未可知，你们不可横生二心！"尧君素性格严明，善于驾驭部众，部下不敢叛变。时间长了，粮仓粟米吃尽，人相食；又俘获外面的人，隐约知道江都已经倾覆。十二月六日，尧君素左右薛宗、李楚客杀尧君素以降，首级送到长安。

之前，尧君素派朝散大夫、解县人王行本率精兵七百人驻防在其他地方；王行本收到消息，赴救，没有赶上，于是逮捕杀尧君素的党羽数百人，全部诛杀，再次登城拒守。独孤怀恩引兵包围。

39 十二月七日，隋朝襄平太守邓暠献出柳城、北平二郡投降；皇帝任命邓暠为营州总管。

40 十二月十一日，太常卿郑元璹攻击朱粲于商州，击破。

罗艺递表降唐，获任幽州总管

41 当初，宇文化及遣使招罗艺，罗艺说："我是隋臣！"斩其使者，为隋炀帝发丧，哀悼三日。窦建德、高开道分别遣使招他，罗艺说："窦建德、高开道，都是巨盗。我听闻唐公已定关中，人心所向。这才真是我的主公，我将跟从他，敢沮议者，斩！"正巧张道源慰抚山东，罗艺于是呈递奏表，与渔阳、上谷等诸郡都来投降。

十二月十一日，皇帝下诏，任命罗艺为幽州总管。

薛万均，是薛世雄之子，与弟弟薛万彻都以勇略为罗艺所亲待，皇帝下诏，任命薛万均为上柱国、永安郡公，薛万彻为车骑将军、武安县公。

窦建德既攻克冀州，兵威益盛，率众十万入寇幽州。罗艺将要迎战，薛万均说："彼众我寡，出战必败。不若派老弱兵出城，背靠城池，在河边列阵，敌军必定渡水攻击。我以精骑一百人埋伏于城旁，等他渡过一半，发动突击，一定取胜。"罗艺听从。窦建德果然引兵渡水，薛万均邀击，大破窦建德军。窦建德无法攻到城下，于是分兵抢掠霍堡及雍奴等县；罗艺再次邀击，取胜。前后相拒一百余日，窦建德不能克，撤回乐寿。

罗艺俘获隋朝通直谒者温彦博，任命他为司马。罗艺决定献出幽州，回归朝廷时，温彦博赞成。皇帝下诏，任命温彦博为幽州总管府长史，不久，征召入朝，任中书侍郎。温彦博的哥哥温大雅，当时为黄门侍郎，与温彦博对门而居，关系亲密，时人都认为是一种荣耀。

42 册封西突厥曷娑那可汗为归义王。曷娑那献上大珍珠，皇帝说："珍珠诚然是至宝；但是，朕以大王的赤胆忠心为宝，珍珠对我没有用。"将珍珠还给他。

43 十二月十五日，皇帝车驾抵达周氏陂，重访故居。

44 当初，羌豪旁企地以所部归附薛举，等到薛仁果败亡，旁企地来降，被羁留在长安，旁企地不乐，率其众数千人叛变，入南山，出汉川，所过烧杀抢掠。武候大将军庞玉出击，为旁企地所败。走到始州，旁企地抢了一位女子王氏，与她一起醉卧于野外；王氏拔下他的佩刀，斩首送到梁州，其部众于是崩溃。皇帝下诏，赐王氏号崇义夫人。

45 十二月二十二日，王世充率众三万包围谷州，刺史任瑰拒战，将他击退。

李密叛唐，为盛彦师斩杀

46 皇帝派李密把麾下部众一半留在华州，率领另一半出关。长史张宝德被安排在出关行列中，担心李密逃跑，自己也要被牵连获罪；上亲启密奏，说李密必叛。皇帝于是中途改变心意，又怕李密惊骇，于是下敕书慰劳，令李密留所部徐徐前行，自己单骑入朝，另有任务。

李密走到稠桑，收到皇帝敕令，对贾闰甫说："皇上派我去，无故又召我回，天子之前说，'有人坚决反对'，这就是又有人进谗言了。我今天如果回去，必定不能活命，不如击破桃林县，收其兵粮，渡黄河北上。等消息传到熊州，我已经走远了。如果能抵达黎阳，大事必成。你意下如何？"贾闰甫说："主上待明公甚厚；况且国家姓名，图谶上都写得很清楚（指李氏当为天子应在李渊身上），天下终当一统。明公既已归诚，又再生异图，任瑰、史万宝据守熊、谷二州，我们早上举事，他们的兵晚上就到，就算攻克桃林，军队岂能马上就集结起来，一旦被称为叛逆，谁还能容纳我们？为明公计，不如且应朝命，以表明本无异心，小人谗言自然不攻自破；如果还想前往山东，也可慢慢再想办法。"

李密怒道："唐国让我与周勃、灌婴之流站在同列，怎能忍受？！况且谶文之应，他姓李，我也姓李！今天他没有杀我，让我东行，足以证明王者不死；就算唐国平定关中，山东终为我有。天与不取，岂能束手投人！你是我的心腹，怎么这样？如果不与我同心，我先斩了你再走！"

贾闰甫哭泣说："明公虽然说起来是应了谶言，但最近观察天意人心，稍稍已经违背。如今海内分崩，人人都想自擅自专，强者为雄；明公一旦奔亡，谁肯听您的命令？况且自从杀了翟让之后，人人都说你弃恩忘本，今天又有谁愿意把自己所有的兵都交给你呢？他一定担心自己变成第二个翟让，坚决拒抗，你一朝失势，岂有容足之地？我如果不是蒙受您的厚恩，怎能深言不讳？希望明公深思熟虑，只怕大福不再。如果明公能有安身之所，我又何辞一死？！"

李密大怒，挥刀要砍贾闰甫；王伯当等坚决谏止，于是释放他。贾闰甫逃奔熊州。王伯当也劝阻李密，认为不可，李密不听。王伯当于是说："义士之志，不因为存亡改变自己的心意。明公如果一定不听，王伯当与公同死而已，但是，恐怕终究也无益于事。"

李密于是逮捕朝廷使者，斩首。十二月三十日，李密欺骗桃林县官说："奉诏暂还京师，家人请暂时寄居在县舍。"于是简选骁勇数十人，穿着妇人衣裳，头戴面纱，藏刀于裙下，诈为妻妾，自己带着进入县舍。一会儿工夫，变服突出，占据县城。裹挟部众，直奔南山，沿着险要道路向东进发，派人驰告故将、伊州刺史、襄城人张善相，令他以兵接应。

右翊卫将军史万宝镇守熊州，对行军总管盛彦师说："李密是个巨盗，又辅以王伯当，如今决策而叛，恐怕势不可当。"盛彦师笑道："请给我几千人去邀击，一定割下他的脑袋。"史万宝说："你有何计策？"盛彦师说："兵法尚诈，现在不能跟您说。"即刻率众翻逾熊耳山向南，据守要道，令弓箭手夹路把守在高处，刀盾兵埋伏于溪谷，下令说："等贼兵渡河一半，同时发动。"有人问："听说李密要去洛州，而您进山，为何？"盛彦师说："李密声言向洛，实际上是想出人不意，前往襄城，投奔张善相而已。如果贼进入谷口，我从后面追击，山路险隘，无所施力，他留一个人殿后，我们就过不去。如今我先得入谷，必定将他擒了。"

李密既穿过陕州，认为其他都不足为虑，于是拥众徐行，果然翻逾山南而出。盛彦师出击，李密部众首尾断绝，不得相救。于是斩李密及王伯当，都传首长安。盛彦师以功赐爵葛国公，并拜为武卫将军，仍镇守熊州。

李世勣在黎阳，皇帝遣使将李密首级送给他看，告诉他李密造反前后情形。李世勣北面拜伏号恸，上表请收葬；皇帝下诏，将李密尸体交给李世勣。李世勣为他穿丧服，备君臣之礼。大具仪卫，全军缟素，葬李密于黎阳山南。李密一向得将士人心，为他哀哭的人多哭到呕血。

47 隋朝右武卫大将军李景镇守北平，变民首领高开道包围，过了一年多也不能攻克。辽西太守邓暠率军增援，李景率其部众转移到柳城；后来准备回幽州，在路上为盗匪所杀。高开道于是攻取北平，进而攻陷渔阳郡，有马数千匹，部众近万，自称燕王，改年号为始兴，定都渔阳。

怀戎和尚高昙晟，趁着县令设斋会，士民大集，高昙晟与和尚五千人裹挟斋众造反，杀县令及镇将，自称大乘皇帝，立尼姑静宣为邪输皇后，改年号为法轮。遣使招高开道，立为齐王。高开道率众五千人归附他，过了几个月，高开道袭杀高昙晟，兼并了他的全部部众。

48 有犯法不至死者，皇帝李渊特命杀他。监察御史李素立进谏说："三尺之法，王者与天下共同遵守；法一动摇，人们就手足无措。陛下刚刚创下开国大业，为什么就抛弃法律？臣身为司法官员，不敢奉诏。"皇帝听从，从此对他特别恩遇，命有司授给他七品清要官（地位显贵、职司重要而政务不繁的官职）；有司拟任命他为雍州司户，皇帝说："此官要而不清。"又拟秘书郎。皇帝说："此官清而不要。"于是擢升为侍御史。李素立，是李义深的曾孙。

皇帝任命一位胡人舞蹈演员安叱奴为散骑侍郎。礼部尚书李纲进谏说："古代乐工不与士人并列，就算贤德如师旷、师襄，子孙们都一致继承祖业。唯独齐末封曹妙达为王，安马驹为开府，后世国君都引以为戒。如今天下新定，开国功臣还没有全部得到赏赐，高才博学之士还没有得到任用；而先擢升一个歌舞的胡人为五品官员，让他身上挂着玉佩，系着印信的丝带拖在地上，在皇宫中走来走去，这不是给后世的好榜样。"皇帝不悦，说："我已经授给他了，不可追回。"

【陈岳论曰】

受命之主，发号施令，都要考虑到子孙将来一定会效法；一件事不中理，就成为取祸的阶梯。如今高祖说："业已授之，不可追回。"如果授给他是对的，当然很好；如果授给他是错的，怎么不能追回呢？君人之道，不得不把"业已授之"这句话作为警诫！

49 凉帝李轨的吏部尚书梁硕，有智略，李轨常倚靠他为军师。梁硕见胡人势力越来越膨胀，秘密劝李轨应该加以防察，由此与户部尚书安修仁有矛盾。李轨的儿子李仲琰曾经去拜访梁硕，梁硕对他没有特别恭敬，李仲琰与安修仁一起在李轨跟前说梁硕坏话，诬告他谋反，李轨用毒酒把梁硕杀死。

有胡人巫师对李轨说："上帝会派玉女从天而降。"李轨相信，征发民夫筑台以等候玉女，劳民伤财。河右地区饥荒，人相食，李轨倾尽家财以赈济；还是不够，想要打开粮仓，发放储备粮食，召群臣商议。

曹珍等人都说："国以民为本，岂能爱惜粮食而坐视人民饿死？"谢统师等都是隋朝旧官，心中始终不服，秘密与胡人结党，排斥李轨的故人，于是诟骂曹珍说："百姓饿死的，都是自己身体羸弱，勇壮之士都不至如此。国家储备粮食，是用来防范紧急情况的，怎么能散发去喂养这些羸弱之人？仆射只想收买人心，却不为国家着想，不是忠臣。"李轨信以为然，于是士民离怨。

【华杉讲透】

唯有信义，宁死不可放弃

胡三省注解说："为李轨败亡张本。"胡三省的注解中"张本"是高频词，意思是作为伏笔而预先说在前面的话，为事态的发展预先做的安排，起源于、开始、缘由、依据。这是《资治通鉴》的一种写法，事先埋下话头，以后事态怎么发展，事机就在这里。或者说，这就是"危机"，危亡的扳机，他扣下了，事情的进程就启动了。

这一段也正好用于了解《论语》一段学术公案，和之前李密的"足食"是同一段，不过是后半段。

"子贡问政。子曰：足食，足兵，民信之矣。子贡曰：必不得已而去，于斯三者何先？曰：去兵。子贡曰：必不得已而去，于斯二者何先？曰：去食。自古皆有死，民无信不立。"

前半段好理解，子贡问政，治理国家的关键是什么。孔子回答说，关键就三条：足食，足兵，对人民讲信义。后半段，问题来了，子贡接着问，如果遇到危机，这三条不能都做到，先放弃哪一条呢？孔子说，去掉兵。子贡再追问，如果危机更大，剩下两条也不能都做到，再放弃哪一条呢？孔子说，去掉食。唯有信义，宁死不可放弃。

"去食"两个字，历代误解很多，两个误解，一是把第一句就解释错了，解释成"如果足食，足兵，人民就会信赖政府"。生活富足，军力强大，人民就安心。为什么会这么误解呢？因为很多统治者就是这么想的，你有吃有穿，我有兵，自然安定团结。这个错误比较明显，比较容易说清楚。因为下文子贡问，如果要去掉一条，这三条先去掉哪一条。可见这是有吃、有兵、有信，这三条是并列的，而不是因果关系。

第二个误解，去食，去谁的食？自古皆有死，是让谁死？很多人，包括朱熹、张居正，都理解成去人民之食，让人民去死。因为"自古皆有死，民无信不立"，似乎"民"是主语。人没有信义，还活着做什么？宁愿他死，也要他讲信义。这是希特勒的想法，如果德国战败，德国民族的生存就没有意义了，还活着干什么？

正确答案是，遇到迫不得已的危机，比如大荒年，先去掉军备。周朝就有"凶岁去兵"的规矩，《周书》说："年饥则军备不制。"去掉军备，不害怕吗？如果政府和人民互信，不怕人民推翻政府，自然就没有什么害怕。去兵而有食有信，与民固守，自足立国，也不怕别国打进来。

大荒年，去掉了军备，财政还是支撑不了，那就去食，去掉粮食储备。"自古皆有死，民无信不立。"是要谁死？要谁不怕死？是要君主不怕死，贵族们不怕死。军备没了，粮食财货储积都没了，我的政权靠什么呢？孔子说，大不了一死，身死国灭嘛，你为了人民，裁了军备，空了粮仓，就算死了，人民对你感恩戴德，你虽死犹生。再说了，你为了人民，可以放弃自己的一切，人民会放弃你吗？你想死还死不了呢！反过来，"民无信不立"，如果全国人民都在饿肚子，你守着粮仓，加强军备，以为那可以保护你，那全国人民都是你的仇敌，用不着别国侵略，你自己就垮了，那才要死。这个也有历史案例，东汉董卓为了防止自己失败，在长安城二百六十里之外，修筑超级军事堡垒郿坞，存了三十年粮食，还根据不同年龄段，从娃娃抓起，养了供他享用三十年的美女八百人，说："事成，雄踞天下；不成，守此足以终老。"他享受到了吗？别说民无信不立，他连和自己的干儿子吕布之间的信义都没有建立，被吕布捅死了。

李轨此时面对子贡问孔子的极端情况，他不能"去食"，就要败了。